NEURODHARMA

心福潛能

經典智慧與科學驗證的
七項幸福實踐法則

New Science, Ancient Wisdom,
and Seven Practices of the Highest Happiness

Rick Hanson, PhD

瑞克・韓森博士 ———— 著

鄭百雅 —— 譯

suncolor
三采文化

本書讚譽

「研究深入、充滿悲憫，在現今日益複雜的世界中，為每天的內心平靜提供一份容易遵循的指南。」

——蘿蕊·葛利布（Lori Gottlieb）
婚姻與家庭諮商師，紐約時報暢銷書《也許你該找人聊聊》
（*Maybe You Should Talk To Someone*）作者

「《心福潛能》是一本罕見的書，或許堪稱古老智慧與現代科學最令人驚嘆的一次結合。只有瑞克·韓森能夠讓完美的佛學精要與最新的神經科學發現交織在一起，揭示一條令人激動、實用且完全可行，通往人類幸福的道路。達賴喇嘛曾告訴我，他熱愛神經科學，但西方心理學仍在萌芽期。有了這本集大成之作，心理學又往前邁進了一大步！」

——瓊恩·波利森科（Joan Z. Borysenko）博士
《關照身體·修復心靈》（*Minding the Body, Mending the Mind*）作者

「以智慧之語和美妙方法來訓練心和心智。」

——傑克·康菲爾德（Jack Kornfield）博士
《踏上心靈幽徑》（*A Path with Heart*）作者

「這本書的企圖心很大，但世上只有少數人能夠駕馭——瑞克‧韓森就是其中之一。書中將智慧和科學做了完美而實用的結合，是任何有志於個人深度成長或希望世界變得更好的人不容錯過之作。因此，我希望每個人都來讀讀這本書。」

——尚恩‧艾科爾（Shawn Achor）
快樂專家、紐約時報暢銷書《共好與同贏》（*Big Potential*）作者

「透過本書，瑞克‧韓森將佛陀教誨、神經科學發現及他本人多年的實務心得出色地交織在一起。這部令人眼睛一亮的作品，以非常清晰的方式提供了廣泛的教導指引，幫助我們實現至高的願望。」

——喬瑟夫‧戈斯坦（Joseph Goldstein）
《正念：覺醒實踐指南》（*Mindfulness: A Practical Guide to Awakening*）作者

「瑞克‧韓森的過人之處，在於他能夠提供實用、強大又有科學依據的練習，引領讀者帶著愛心通往真正的快樂。這是一本帶來啟發和轉變的好書！」

——塔拉‧布萊克（Tara Brach）博士
《全然接受這樣的我》（*Radical Acceptance*）作者

「瑞克‧韓森透過七個覺醒步驟，精彩地展現了大腦、正念和冥想是如何相互關聯的。關於他對涅槃的理解，可能會讓一些人感到驚喜萬分。不過，你得好好看過這本書，才會知道我在說什麼！」

——雪倫‧薩爾茲堡（Sharon Salzberg）
《靜心冥想的練習》（*Real Happiness*）作者

「瑞克・韓森結合了自己對神經科學、佛家修行及哲學的深刻理解，完美地創造出了這個迷人的綜合體，展示了如何訓練心智去轉化大腦，讓自己活得更健康、更有活力。」

——丹尼爾・席格（Daniel J. Siegel）醫師
第七感研究中心（Mindsight Institute）執行長
《心腦奇航》（*Mind: A Journey to the Heart of Being Human*）作者

「瑞克・韓森博士是我們這個時代的思想先鋒之一，他將基本的修行練習精煉成簡單又強大的法門，帶領讀者走向至高的喜悅。」

——蕭娜・夏比洛（Shauna Shapiro）博士
《早安，我愛你：正念和自我之愛的練習》（*Good Morning, I Love You: Mindfulness and Self-Compassion Practices to Rewire Your Brain for Calm, Clarity, and Joy*）

「本書是前所未有的精彩饋贈，引導你攀登生而為人的潛能高峰。」

——狄帕克・喬布拉（Deepak Chopra）醫師
紐約時報暢銷書《超腦零極限》（*Super Brain*）
《超人類》（*Metahuman*）作者

「瑞克・韓森擁有一種罕見的能力，能夠激發我們最大的潛能，同時為我們的日常生活提供切實可行的工具。」

——瑪莉・佛萊奧（Marie Forleo）
《凡事皆有出路》（*Everything Is Figureoutable*）作者

「瑞克‧韓森根據他長期的實踐及教學經驗，以古老的冥想練習為經，以現代的大腦科學為緯，編織出一個完美無縫的整體。在貼近人心的溫柔筆觸中，藏有深刻的智慧，每個人都能從中受益。」

——馬克‧威廉斯（Mark Williams）博士
牛津大學臨床心理學榮譽教授
《八週正念練習：走出憂鬱與情緒風暴》
（*The Mindful Way Workbook*）共同作者

「過去數十年來，瑞克‧韓森一直在這個領域深耕，致力於研究喚起人類更高潛能的神經科學。他的成果——《心福潛能》簡直棒呆了。對於像我這樣有四個孩子的職業婦女來說，更是大大地鬆了一口氣。現在，無論我是在停車場、辦公室、臥室或廚房，都有實用的方法幫助我繼續走在靈性成長和追求幸福的路上。」

——克莉絲汀‧卡特（Christine Carter）博士
《微調5個地方，每天開心醒來》
（*The Sweet Spot: How to Find Your Groove at Home and Work*）作者

「在《心福潛能》一書中，瑞克‧韓森展示了他身為靈性老師的大家風範，與我們分享他充滿挑戰及轉變的個人經驗，並說明這些練習如何讓人卸下重擔，從小我、競爭與獲取等當代主流文化的危險誘惑中解脫出來。」

——史蒂芬‧波格斯（Stephen W. Porges）博士
印第安那大學金賽研究院創傷壓力研究協會（Traumatic Stress Research Consortium）創始主席與卓越科學家；北卡羅來納大學精神病學系教授

「深具啟發性又實用，生動地將佛陀的教導帶到了生活中，一步步引導讀者踏上覺醒旅程。韓森博士結合當代神經科學、多年的臨床經驗及深刻的個人實踐，從正念技巧開始到超越我們的傳統自我感，一路上指導我們完成旅程。無論是初入門者或是有經驗的靈修者，這都是一本必讀指南。」

——朗諾・席格（Ronald D. Siegel）

心理學博士、《正念解方：日常問題的日常實踐》

（*The Mindfulness Solution: Everyday Practices for Everyday Problems*）作者

　　「瑞克・韓森帶你踏上一趟關於滿足和慈悲的啟迪之旅，書中有容易操作的練習、令人欣喜的科學發現，以及對於什麼是真正的、至高的喜樂有深刻而專注的反思。這本書將為你我的生活，帶來影響深遠的改變。」

——達契爾・克特納（Dacher Keltner）博士

加州大學柏克萊分校教授

至善科學中心（Greater Good Science Center）創始人

《生而向善：有意義的人生智慧與科學》（*Born to Be Good*）作者

　　「這本深具說服力、開創性的著作是一顆光芒閃耀的寶石，智慧、務實、幽默、充滿指引性，還有一顆溫暖的心。這是一本陪伴你我走過人生道路的好書。」

——蘇珊・波拉克（Susan Pollak）博士

劍橋健康聯盟／哈佛醫學院正念與慈悲中心

（Center for Mindfulness and Compassion）共同創辦人

「讀《心福潛能》時，我感到一種深刻的解脫和平靜。書中巧妙地解釋了我們的大腦是如何運作的，以及我們如何運用這些知識來讓自己活得更真實、活在當下，並讓情緒更平衡，即使是在極端的逆境中。本書引人入勝又實際可行，將複雜的神經生理過程拆解成一條通往精神自由的簡單道路。」

——蘿蕊・德絲坎（Lori Deschene）
《紓解煩憂的簡單智慧》（*Tiny Buddha's Worry Journal*）作者

「在這本引人入勝、令人愛不釋手又非常實用的書中，瑞克・韓森揭示了活在當下的物理學、心理學和神經科學的奧祕，同時告訴我們現在就能起而行的方法，來達到這種提高生活品質、令人嚮往的心靈狀態。」

——丹尼爾・列維廷（Daniel J. Levitin）博士
麥基爾大學心理學與神經科學榮譽教授
《迷戀音樂的腦》（*This Is Your Brain on Music*）作者

「《心福潛能》將利人無數的冥想技巧與新興的心智、大腦科學成果結合在一起，提供你珍貴的體驗式學習與容易執行的獨特指南，活出你更好的人生。」

——伊麗莎・艾波（Elissa Epel）博士
加州大學舊金山分校教授
紐約時報暢銷書《端粒效應》（*The Telomere Effect*）共同作者

「韓森博士用他輕盈而堅定的手，帶領我們踏上古老智慧的道路。他用簡單、清晰、實際（又幽默）的語言，向我們展示了一個覺醒的、慈悲的、充滿喜樂的人生。他堅定地告訴我們，遭遇困境不要著急，我們需要的一切早已具足。我對這本書充滿了感激。」

——安德魯・德瑞瑟（Andrew Dreitcer）博士
美國威拉米特大學（Willamette University）靈學教授
克萊蒙特神學院慈悲利他中心（Center for Engaged Compassion）共同主任

「這是充滿智慧、實際可行、有科學依據、出色又親切的指南，引領我們成為更好的自己。《心福潛能》是一本很棒的書，瑞克・韓森是你在面對挑戰時，想要他陪在身邊、給你支持的人，他會在你擁抱自身經驗時，為你打氣。」

——詹姆斯・戈登（James S. Gordon）醫師
《轉化：從創傷看見完整與療癒》
（*The Transformation: Discovering Wholeness and Healing After Trauma*）作者
身心醫學中心（Center for Mind-Body Medicine）創始人與執行長

「本書有系統地整合了身心靈，採用的方法充滿了智慧及慈悲心，對所有人都適用。這本書是通往解脫之路的指南，而那樣的自由就近在眼前，等待被發現。」

——法蘭克・奧斯塔薩斯基（Frank Ostaseski）
《死亡可以教我們什麼：圓滿生命的五個邀請》（*The Five Invitations: Discovering What Death Can teach Us About Living Fully*）作者

「瑞克・韓森完成了一件不可能的任務：只用一本書，就提供了一條完整的靈性道路。事實上，其中的精彩、風趣、深刻、易懂、有效，都不過是錦上添花。從神經科學加上佛法的角度切入，真的太不可思議了。我大力推薦這本強而有力的好書。」

——麥可・塔夫特（Michael W. Taft），作家與老師

「韓森博士有一種少見的優秀能力，完美融合了偉大靈性導師的深刻智慧與他對現代神經科學的清晰理解，為我們提供實用的工具，使每個人都能活得更平和、更有愛、更完整。」

——羅伯・楚奧格（Robert D. Truog）醫師
哈佛醫學院教授暨倫理中心主任

「韓森博士將數千年的智慧淬煉成七個清晰又直接的練習，在本書中與我們分享。他讓我們明白，覺醒人人都能做到。」

——詹姆斯・多提（James R. Doty）醫師
史丹佛大學慈悲與利他主義研究教育中心創始人暨主任、紐約時報暢銷書
《你的心，是最強大的魔法：一位神經外科醫師探索心智的祕密之旅》
（ *Into the Magic Shop: A Neurosurgeon's Quest to Discover the Mysteries of the Brain and the Secrets of the Heart* ）作者

「本書對於自我超越的描寫極具啟發性，又擲地有聲。作者提供了容易奉行的指引，讓我們能在充滿變數的日常中好好生活。」

——大衛・布萊斯・亞登（David Bryce Yaden）
賓州大學心理學博士

「加入瑞克・韓森的探索之旅吧！一起來看看那些最重要又最難以捉摸的人生問題。你幾乎可以聽到千年智慧就在耳邊低語。」

——克里斯托弗・葛默（Christopher Germer）博士
《寫給專業療癒者的自我憐憫教授指南》（*Teaching the Mindful Self-Compassion Program : A Guide for Professionals*）共同作者

「結合古老智慧與現代科學，清晰闡述一條可行的覺醒之路。」

——克莉絲汀・聶夫（Kristin Neff）博士
德州大學奧斯汀分校副教授

「本書是傳統佛學思想和當代神經科學的有趣結合，以我們都渴望的方式提供清晰易懂的洞見和建議，去涵養自己的心與心智。」

——羅傑・渥許（Roger Walsh）醫師
加州大學博士、《終極靈修之道：喚醒心靈的七個核心練習》（*Essential Spirituality: The 7 Central Practices to Awaken Heart and Mind*）作者

「瑞克探討心智的方法，讓人覺得就像第一次認識自己一樣。他用極為清楚的方式，向我們展示大腦中所有大大小小的構造。我們因此學會如何專注於自己的心智、如何讓它安靜下來，以及如何療癒心智，並幫助它繞開負面的路障和死胡同，走上開放的快樂大道，讓自己自由。」

——茹比・韋克斯（Ruby Wax）
暢銷書《人生好難，到底哪裡出問題》
（*How to Be Human: The Manual*）作者

「瑞克・韓森又辦到了！這一次，他將自己敏銳的心智轉向佛陀的教導，透過深刻而實用的洞見，說明這些教導如何改變我們的生活。書中有豐富的冥想練習、實際的運用方式，以及紮實的科學理論依據。這本書簡直是珍寶！」

——黛安娜・溫斯頓（Diana Winston）
加州大學洛杉磯分校正念覺察研究中心正念教學主任
《自然覺知的修行指南》（*The Little Book of Being*）作者

「在這部令人耳目一新的作品中，韓森為讀者帶來獨具巧思的七個練習，讓我們能夠更容易接近那些深刻又通常難以理解的意識面向。這本書資訊豐富，強烈推薦給想要覺醒的每一個人！」

——馬克・科爾曼（Mark Coleman）
《從痛苦中平復》（*From Suffering to Peace*）作者

「在這本讓人欲罷不能、通俗易懂又意義深遠的作品裡，瑞克・韓森為我們描繪了一幅超脫痛苦、實現最高幸福的路線圖。他明白指出，內在的平靜不是長年修行者的專利，任何真誠使用書中原則及練習的人都能辦到。做得漂亮！」

——詹姆士・巴拉茲（James Baraz）
靈岩冥想中心（Spirit Rock Meditation Center）共同創辦人
《覺醒之樂：通往真幸福的十個步驟》
（*Awakening Joy: 10 Steps to True Happiness*）共同作者

「這本書是寶藏，是探索人類潛能的里程碑。韓森博士帶領讀者走在通往真正快樂的路上，巧妙地引導他們更深更高地到達終極的靈性境界。在我多年的相關涉獵裡，還沒見過一本書能用這麼清晰、清楚又全面的方法，切中接受西式教育的腦袋。以上是我閱讀本書的真實體驗，對於作者的成就，我深表欽佩與感激。」

——李察‧曼迪厄斯（Richard Mendius）
醫師、神經學家

「令人嘆為觀止的一本書！內容豐富，讀起來輕鬆有趣，書中提供的心智和大腦訓練方法，個人與公眾都能受惠。如果你正在尋找通往快樂和智慧的指引，就在這裡。」

——保羅‧吉伯特（Paul Gilbert）博士
《慈悲之心》（ *The Compassionate Mind* ）
《瘋狂人生》（ *Living Like Crazy* ）作者

「我熱愛這本書。真誠、充滿智慧，透過最新的神經科學發現，用非常親切又實際的方式來描繪佛教心理學的核心。書中也介紹了好幾種對讀者友善的冥想指導，支持你提升智慧和慈悲心。」

——鮑伯‧史鐸（Bob Stahl）博士
暢銷書《減壓，從一粒葡萄乾開始：正念減壓療法練習手冊》共同作者
《只想靜下來》（ *Living with Your Heart Wide Open* ）
《平息恐慌》（ *Calming the Rush of Panic* ）
《正念減壓療法》（ *A Mindfulness-based Stress Reduction Workbook for Anxiety* ）
《每天都要正念減壓》（ *MBSR Everyday* ）作者

謹以此書獻給我的老師們

彼學未來樂根福，又修施靜與慈心。

三之樂因修此法，無瞋樂界智者生。

——《如是語經》1-22

目錄
CONTENTS

日常的具體練習
及實踐

第1章

心智之於生活[1]

若棄於小樂，得見於大樂，

智者棄小樂，當見於大樂。[2]

——《法句經》（*Dhammapada*）第 290 偈

　　我經常爬山。有時，遠在前頭的朋友會轉過身來鼓勵我：「來，跟上……小心，這裡很滑！……你做得到！」多麼親切友好的態度！寫這本書時，我經常想起這樣的時刻。這是一本幫助你我實現更高潛能的書，是讓我們活得更有智慧、更強大、更快樂、更有愛的書。如果這樣的高度像是一座大山，覺醒就是帶你爬上山顛的美妙旅程。這世上許多真實存在的人已經走在前頭了——包括歷史上偉大的智者和老師，還有一些沒有聽聞過的人——我總想像，他們轉過身來，微笑著招手鼓勵我們，趕緊跟上，加入他們的行列。

　　攀越過這座山的人來自不同文化、有不同的性格，但在我看來，他們都有以下七個共同點：時時覺察；為人善良；即使在最艱難的時刻，也能帶著滿足的心並保持情緒平衡；完整而真實；活在當下；與萬事萬物有連結感；以及從身上散發出一道似乎不完全屬於他們的光。

　　或許你也有幾個能夠帶給你啟發及激勵自己的榜樣，你可能聽說過、讀過他們所說的話，或甚至親自見過面。像這樣的人，是我們「有為者亦若是」的典範，我就認識一些這樣的人，他們踏實生活、幽默、實際、樂於助人，而不是卡通漫畫裡那種躲在洞穴中隱祕傳教的異國人物。這些人對出名沒什麼興趣，其中有些人走上專門靈修的道路，有些人仍然過著俗世生活。但是，他們的覺悟是真實的，是親自走過這條道路的成果，而不是某種旁人無法企及的獨特轉變[3]。經由他們的經驗，證明了美好的道路就在前面，而且人人都能踏上這條道路往前走。他們的努力收穫了豐碩的成果，我們一樣能辦到。

　　值得注意的是，你也可以在內心深處看到他們擁有的某些特質，即使這些特質有時會因為壓力或其他干擾而暫時被掩蓋。這些存在方式不是專屬於某些人，我們每個人都有機會——本書將探討如何透過七個覺醒練習來發展以下這些特質[4]：

★ 心智穩定

★ 慈悲

★ 自在圓滿

★ 成為一個完整的人

★ 接受當下

★ 敞開心扉，進入全有（allness）

★ 尋找永恆

　　許多不同的傳承系統，就像通往覺醒之山的不同路線。然而，每一條路線都會發現同樣的步驟一次又一次地被採用，其中包括：穩定、愛、圓滿、完整、當下、全有、永恆。這或許是覺醒路上最深刻也最神聖的領域，最終它將超越科學和邏輯，所有用於說明的語言或文字都是不夠精確的，帶著隱喻及詩意的。

　　這七種存在方式的完全發展，代表著人類潛能的顛峰，也就是人們所說的開悟或覺醒[5]。不過，就算只是對這七個主題有著最簡單的認知，也能大幅改善我們的日常生活。例如，在面對壓力挑戰時，圓滿自足就能帶來很大的幫助，能讓我們安住在平靜、快樂及被愛的滿足感中。無論是這條道路的起點或終點，現在的我們都有一個前所未有的機會，有能力應用逆向工程的方式，從人類的身體去探討開悟覺醒的奧祕。

跟著前人的腳步登上峰頂

　　雖然神經科學是一門新興科學[6]，我們還是可以好好研究那些早已爬上山顛的人[7]，問他們：「你是如何做到的？當事態失去掌控的時候，你的身體一定發生了什麼變化，才能如此鎮定、不為所動？你的大腦也一定發生了什麼變化，才能在被他人傷害和威嚇時，依然強大且保有慈悲心？當你過著這樣無欲無求、無憎無恨且沒有任何妄念的生活時，維持生命的潛在神經機制是什麼？」

　　到目前為止，這些問題在神經學上還沒有明確的答案[8]。雖然我們還不完全知道怎麼回事，但也不是一無所知，而且新興科學也已經能夠解釋並強調哪些做法對此有益。此外，即便科學尚未有明確的定論，但是我們依然可以從現代心理學及傳統冥想中汲取合理的概念及方法。

　　縱觀歷史，我發現偉大靈性導師最發人深省的一點是：他們對覺醒的全心奉獻。他們長途跋涉，繪製出自己的路線，從塵土飛揚的平地、山麓、丘陵，再到高山，一直到開悟的頂峰。即使在最初階段，你也能從每天的幸福感及效率中發現實際的益處。這本書是為那些跟我一樣必須「養家餬口」的讀者寫的，而不是六根清淨的出家人。我們每天的時間有限，很難用正規的方式修行，我們需要立刻能派上用場的工具。我從一九七四年開始冥想，也渴望能爬到開悟或覺醒的山顛；這一路走來，有許多人遠遠在我前方，你會在這本書中看到我引用他們的話。就我來說，我更重視的是過程，而不是最終的目的地，希望同樣走在這條路上的你能從中得到一些幫助。總之，最終可能達到的目標是心靈與心智的完全自由，並擁有極致的快樂和平靜。

　　當我們越往高處走，坡度會越來越陡峭，空氣也會變得稀薄，所以手邊若有一本路線指南會大有幫助。為此，我有時會求助於佛陀對心靈的精闢開示[9]。我學的是小乘佛教，在東南亞這是主流的佛教支系，西方世界的追隨者也日益增多；有時，人們也用內觀或味帕沙那（vipassana）來稱呼它。小乘佛教奉行的經典是佛陀教誨的最早紀錄——《南傳大藏經》或稱《巴利三藏》（ *The Pāli Canon*，Pāli 是和梵文有關的一種古印度語言）[10]。此外，我對藏傳佛教、中國佛教、禪宗和淨土宗一向敬重，也有興趣了解它們的發展過程。

　　佛教是一個豐富又複雜的宗教傳承，歷經許多年的演變，因此我不想也不可能在本書中呈現佛教的全貌。相反的，我只是從中提取及調整某些關鍵概念和方法，以便能讓讀者實際應用 [11]。對於這點和我書中的其他內容，我想引用佛陀有愛的建議：親自見證，看看何者為真，並能歷久彌新 [12]。

神經科學與佛法的結合

　　佛陀開悟時，還沒有所謂的核磁共振（MRI）[13]。許多走在覺醒路上的人，不依賴先進的科技，也照樣在這條路上走了很遠。儘管如此，在佛陀走過塵土飛揚的北印度之後的兩千五百年，科學家對人類的身體和大腦已有了不少的新發現。佛陀和其他智者探究了痛苦和快樂的心理因素，而最近這數十年來，科學家則更進一步揭露了這些心

> 法（dharma）是了解及洞悉真實的本質，不是佛學所專有的名詞。法就是真理。事實上，我們真正擁有的唯一選擇是：努力與真理建立關係，抑或是活在無知之中。[15]
>
> ── 美國禪師威廉斯（Angel Kyodo Williams）

理因素的神經基礎[14]。無論從科學或佛家角度來看，這些新發現都是不容忽視的。

　　當我提到「法」（dharma）這個字時，只是指事物的真理。它既是事物本有的樣子，也是對它們最精準的描述[16]。不管真理為何，它都不是任何一種宗教傳承所獨有的財產，而是屬於所有人。我所謂的「神經法」（neurodharma）一詞由神經與法二字組成[17]，是立基於身體（尤其是神經系統）真相的心智真理，因此當然不能用以指涉整個佛學，也不是佛教徒（或任何人）必須採用的修行方法。我只是認為它可能對大家有幫助，用來達到以下目標：

★ 探索七種對覺醒至關重要的存在方式。
★ 明白它們和大腦運作有什麼關係。
★ 運用這些理解，來幫你強化這七種存在方式。

　　就算只是對大腦多點認識，也會很有幫助。以下這個比喻可能有點蠢：我試著想像開車時突然看見車前冒著濃煙、儀表板閃著紅燈。首先我必須靠邊停車，假如我對車子的運作和構造一無所知，那麻煩就大了。相反的，如果我知道車子裡有水箱，知道要加哪種液體來冷卻引擎，就能知道可以做點什麼來讓車子回復正常、繼續上路，並避免日後發生類似的情況。車子就像我們的身體。幾千年前，沒有人知道人體是如何運作的。但現在，我們可以運用幾個世紀以來的知識，去了解我們身體的神經「引擎」。

　　對剛入門的朋友來說，這些知識可以鼓勵你們：當你知道，你所做的練習確實可以改變大腦，就更有意願持續下去；而認真看待你的身體，也能讓你對導致這一刻意識的生理過程產生感激之情。當經驗在你的大腦中移動時，如果能弄明白大腦正在發生什麼，會讓正念練習更敏銳、更快產生洞見。一旦你清楚「意識」是由許多微小的細胞分子迅速傳導的結果，就能對來來去去的念頭一笑置之……了解其背後並沒有什麼首席工程師在操作開關。

　　從人體設計的角度來說，每個人的大腦都是一樣的。「神經法」的觀點為理解臨床心理學、個人成長（及各種世俗進修途徑）、古老智慧傳統的理念與工具，提供了一個共通的框架。它能幫助我們釐清優先順序，並教會我們使用早已擁有的關鍵工具。例如，針對大腦進化的負面偏誤，其相關研究（在本書第三章會提到）都在強調正面情緒經驗的重要性，例如快樂與良善。對於神經「硬體」的更多了解，甚至可以提供我們新方法來使用自己的心智「軟體」，例如神經回饋（neurofeedback）；同時還能根據個別情況去設計不同的練習。當你把自己的脾性——例如容易分心或容易焦慮——看成是大腦非常正常的一種振動時，你就更容易接受這樣的自己，進而找到最適合自己的練習。

　　這個方法邀請我們從生命中的重要體驗（例如快樂和滿足）去回推，探索這些感受的大腦生理基礎。我們可以從內而外、從外而內，既客觀又主觀地認識自己，而神經法就是這兩者的交集。與此同時，我們也會對於自己不知道的東西更加尊重，而不會只從智識角度去考量[18]。我謹記佛陀的教誨，試著避開理論問題的「複雜觀點」，而將注意力集中在如何離苦得樂的實踐上。

不斷進化的道路

　　本書的七個主題（心智穩定、圓滿自足等），都是在不同宗教中一再被探討的主題，許多人都曾以不同方式解讀過。這些主題都和開放、一無保留的心態有關：我們可以更用心去愛、更少渴求；我們生而完整；當下是唯一存在的時刻；每個人都與世間萬物相互依存。[19]

　　這樣的生存方式每個人都能辦到，而且不用多年的嚴格修行就能探得其精髓。在本書中，我會提出一些建議，讓你更明白如何把這些概念融入日常生活中。書裡也會有引導式的冥想，告訴你如何在冥想或日常生活中深化這些經驗。你還可以將它們融入平常的活動中，例如散步。你不需要有科學背景或冥想經驗，也能透過本書獲得更大的滿足感或幸福感，其他主題也是如此。只要你願意每天重複練習，即便每天只抽出十分鐘，長久下來也會是可觀的改變。要怎麼收穫先怎麼栽，投入越多，收穫就越多。我對此充滿了信心與希望，因為這是一條我們可以透過努力一步步走下去的道路，而不是某種快速解決問題的神奇魔法。

　　除非你已經穩坐在覺醒的山巔——我自己的功力還沒到那裡——否則，一定有什麼是你能做的。所以，我們該怎麼做呢？

• 如是存在並不斷精進

　　這個問題的答案有二。第一個答案強調的是一個漸進的過程，在這過程中，不快樂會越來越少，而慈悲、洞察力和平靜會越來越多。

第二個答案則是側重於辨識出自己生來就是完美[20]、一切具足的，也因此不假外求。這兩種方法都是有效的，而且能相互支持。我們需要療癒、成長，並在這個過程中，和內心深處的真實本性保持連結。

　　從心智層面來看，我們需要花點時間，才能發現自己是誰。「循序漸進，而後頓悟」[21]。西藏聖者密勒日巴（Milarepa）曾用幾句話描述自己畢生的修行：「起初什麼也沒出現，接著什麼也沒留下，最後什麼都沒離開。」[22] 與此同時，內在的覺醒和善念將會鼓舞你，幫助你撐過那些刻苦或無趣的時刻。

> 在漫長崎嶇的路上，太陽和月亮會持續照耀。[23]
>
> ── 一行禪師

　　在大腦內，創傷經驗與一般的神經渣滓都嵌入在神經迴路中，需要時間慢慢改變。要想培養快樂、情商和一顆有愛的心，也需要經過生理上的逐漸變化。此外，一旦抽離擔憂、緊張、痛苦或憂慮的狀態，大腦就會更容易進入固有的靜息狀態[24]，然後才能從一波波的擾動中慢慢修復，進而釋放出血清素和催產素等神經化學物質來支持正面的情緒，也讓你對他人更和善、更慈悲。平靜、滿足、關懷，是神經心理學的心靈港灣。不管你有多大的壓力和煩惱，我們永遠都能回到這裡。

• 讓生命更圓滿的三種練習

　　有三種練習可以幫助我們更大程度地達到圓滿、完整及覺醒[25]。首先是順其自然，你可以試著單純地與你正在經歷的一切同在：接受它、感受它，或甚至是探索它。當你和它同在，你的體驗可能會有所不同，但無論如何，都不要強勢地以這種或那種方式去改變它。其次是放下，你可以放下所有的痛苦和傷害，例如緩解身體的緊繃感、發洩情緒、挑戰不實或無益的想法，以及讓自己從傷害自己或傷害他人的渴望中抽離出來。第三是順勢而為，你可以培養那些讓你愉悅或對你有益的東西來取而代之，例如美德、技巧、韌性、感恩或慈悲。簡單來說，這三種練習就是：順其自然、放下、順勢而為。如果你的心智是一座花園，你可以觀察它、為它除草，然後種花。

　　這三種練習中，最重要的是順其自然。這不僅是我們練習的起點，有時候，這也是我們唯一能做的：安然度過恐懼或憤怒的風暴，不讓事情變得更糟。隨著技巧越純熟，我們就越能在風暴生起、消逝及發生變化時，簡單地靜待下一刻。但是，我們不能止步於此。我們不只要與心智同在，還必須與心智一起合作。例如佛教的八正道（八種達到涅槃的途徑），就和放下與順勢而為有關。以其中的「正語」來說，即是避談「不智」之言，並以明智的言論取而代之。與心智合作免不了會遇到陷阱（例如陷入必須自我糾正的迷思），同樣的，不與心智合作也可能是某種圈套。我就認識一些人，他們很善於觀察自己的心智……但也因此長期不快樂、不能與他人好好相處。與心智合作，不是為了逃避與它共處；同樣的，與心智共處，也不是為了不用對它下功夫。

　　順其自然、放下和順勢而為，形成了一個自然的順序。當你發現自己對某個對象心懷怨憎時，可以先去探索這個經驗，然後讓它該怎樣就怎樣。到了某個時候，你會自然而然地感覺到可以開始放下了，於是你放鬆身體、幫助情緒流動，並從惱人的思緒中抽離出來。等你清空這樣的思緒後，就能騰出空間，讓有益於此的正面感受流入，例如疼惜自己。隨著時間推移，這些內在發展出來的力量，就能回過頭來幫助你更徹底地放下。如果你想更進一步探索這個過程，下面這個冥想引導可以幫助你。其中，也包括一般日常經驗的練習建議。

冥想練習 1
順其自然、放下，以及順勢而為

·

　　針對這個冥想練習（以及本書其他練習），我會提供幾種不同的方法來幫助你與自身的經驗連結，你可以從中找到適合自己的部分使用。不是我的所有建議都適合你，請試著從中找到對你最有效的方法。例如，你可能喜歡透過身體的動作來喚起某種感受，或是將注意力集中在某些畫面，或是使用和我不同的字眼來描述。重要的是我們擁有的體驗，而不是獲得這些體驗的方法。
如果你很難對某件事產生真情實感──例如放下的感覺
──那是很正常的。我自己也經歷過這些挑戰。如果你
覺得沮喪、受挫，或開始批評自己，這也是很正常的反
應。你可以先在心裡認可這些感受──例如「我對此感
到沮喪」或「我正在批評自己」──然後再回到練習上。

如果你真的很難深入探觸某件事，不妨先記下來，
等到你有意願後再回來練習就好。本書所探索的存在方
式，都需要花時間反覆練習──想要進一步探究更是如
此。這真的就像爬山，有時因為坡度太陡，前進速度自
然會慢下來。這不是你的方法「錯誤」，也不是你做不
到。所以，請按照自己的速度前行，並且就像一位老師
在多年前告訴我的：繼續前進，堅持下去。

你可以把下面這個練習當成冥想來做。此外，當某
件事──我通常稱之為議題或問題（issue）──讓你感
到有壓力或不安時，也可以用更輕鬆而不那麼正式的方
式融入日常生活來做這個練習。總之，根據自己的需
求，想花多少時間練習都由你決定。

• 順其自然，隨遇而安

　　找一個能幫助你安住於當下的關注對象，比如呼吸的感覺。花點時間，讓自己的注意力更為集中。接著，讓聲音、感覺、想法及感受，都流經你的覺知。去單純體驗不抗拒、也不緊抓不放的那種隨遇而安的感覺。然後，記住這個感覺。

　　準備就緒後，把注意力放在讓你耿耿於懷的議題或問題上，尤其是和它有關的體驗。留意所有因它而起的念頭、情緒……或許你可以輕聲對著自己把當時的感受說出來：「緊繃……擔心……生氣……軟化……」接受這些想法和感受，讓它們順其自然地自由流動……

　　無論你的體驗是愉快或痛苦的，都要試著全盤接受。如果情緒來勢洶洶，就把注意力放在呼吸上，或任何能撫慰你、讓你平靜下來的事物上……你還在這裡，你會沒事的……

　　注意和這個問題有關的身體反應，以及與這個問題相關的渴望、需求及打算……同樣讓它們順其自然地自由流動……

　　你可以繼續深入探索，例如探索藏在憤怒底下的傷痛或恐懼……年輕時候的你……感受這一切……隨遇而安，不要試圖去改變……

• 放下，才能更輕鬆前行

當你的感覺對了，就可以開始釋放。注意到當你想
到這個問題時，身體有沒有哪裡出現緊繃感？接著，釋
出緊繃感，放鬆、軟化、緩解下來。讓所有感覺順暢流
動……你可以想像它們就像小小的一片雲，會隨著你的
每一次呼氣而離開你的身體。辨認出所有不正確的、誇
大的或自我設限的想法，讓自己脫離它們……放下……

覺知到所有和這個問題有關的欲望，例如某些不切
實際的目標，或是可理解、但不可能實現的期待……透
過一次次的呼吸，讓自己放手……你也可以進一步放下
對自己無益的說話與行動方式……透過一次又一次的呼
吸，學著放下，讓它們都過去吧……

• 順勢而為，用正面感受取而代之

接下來，請把注意力放在有用的、明智的且能讓你
愉快的事情上。或許你會生出某種舒心或安心的感覺，
讓你覺得可以打開心扉……或許那是感恩、愛或疼惜自

己的感受……每一次吸氣時，請想像你吸入了任何對你
有益的東西……

　　或許你的心中會清出一個空間，就像暴風雨過後的
天空……你可能會覺得身體變輕鬆了……好好感受這些
體驗……把自己交給它們……

　　你可以邀請某種力量或決心到來……你可以確定關
於這個問題的想法或觀點是真實且有用的……並把心敞
開去接收任何直覺或內在智慧之語……在接下來幾天，
你會越來越清楚地知道你想怎麼做……

　　歡迎所有能為你帶來幫助的東西……讓這些對你有
益的事物在你內在累積，並擴散到全身各處……讓所有
的美好都在你的內在沉澱下來……

如何使用本書

　　這本書要探討的是七種通往覺醒目標的存在方式。我們將透過練
習，逐步來發展這些能力：反覆經驗它們，從一探究竟到完全沉浸其
中。這七種方法一點也不深奧難懂，也不是遙不可及。它們就根植在
你的身體裡，是我們每個人與生俱來的權利。

　　本章與第二章的內容，主要提供與大腦有關的基本知識，以及如
何採取練習的通用建議。接著，我會先介紹前面三種存在方式——穩

> 允許教導進入你，就像聽音樂一樣，
> 或是像大地允許雨水滲透它一樣。[26]
>
> ——一行禪師

定、慈悲及圓滿，這三者可以自然歸為一組。這是覺醒的基石，即使你對它們已經很熟悉，仍要持續投入。例如，圓滿自足可以幫助我們發展更深刻的平靜、滿足及愛，不要小看它的作用，圓滿自足可以幫我們做到廣義的「離貪」，而貪欲會給自己和他人帶來非常多的痛苦及傷害。

接下來的三種存在方式也自然形成一組，它們分別是完整、當下及全有。這三個主題強調的是一種能夠深入探查所有經驗本質的洞察力——奇妙的是，這也是宇宙中每個原子的深層本質。一開始，這樣的洞察力可能只是對於概念的理解，但沒有關係；因為許多深刻的教導，都涉及到滲透進心智的理解。如果某個概念對你來說不是很容易明白，可以先停下來想想它如何能應用在你的個人經驗中。細細咀嚼這些概念，慢慢地它們就會內化成為你的一部分。如果全有這一類的概念對你來說太過抽象，那就回到前面的章節，重新找到你的立足點。

最後一種存在方式是永恆，意味著不受時間限制。這是對於脫離「因緣條件」現象的探索，與那些由於某種原因而受到「制約」的現象不同，例如事件及情緒[27]。例如，暴風雨的形成和大氣的條件有關，而暴怒的生起則與心智條件有關。這是一個很大的主題，我們可以從三方面來探討。首先，我們可以慢慢練習「卸下」讓自己痛苦或造成傷害的習慣性反應（去條件化）。第二，我們可以在日常生活中試著進入一種超然的心智狀態，在這種狀態下，不再用平時習慣的、受到制約的方式去建構經驗。第三，我們可以透過某種真正的超覺體驗來超越日常現實。這三種途徑，在本書探討永恆的章節中會提到。對所有人來說，這是最深刻的一種練習，歡迎你用任何自己喜歡的方式參與其中。

　　以上每一個主題都能寫成一本書。撰寫本書時，我把重點放在個人實踐最關鍵的部分，尤其是與神經科學有關的部分，並在書末的「附註」中加進了許多評論及引用資料。關於這些主題有大量文獻可供參考，並帶著強烈的個人觀點，其中也包括對重要詞彙應該如何翻譯才正確的討論。本書內容都是我親自驗證過的方法[28]，而在書末的附註裡，你還可以找到其他方法。

　　我是從一個中產階級、美國白人中年男性的有限視角來寫這本書，還有許多其他談論這些主題的方式，以及許多相關的修持方法[29]。我不可避免地會遺漏一些重要的實踐方法，但這不表示我不認可或不重視它們的價值。如果你在書中看到我曾經發表過的內容[30]，可以大概翻閱一下，或是換個角度再看一次。有些重要的關鍵術語，第一次提到時，會以粗楷字體呈現。引用出處如果不是英文，例如 *Dhammapada*（《法句經》）或 *Itivuttaka*（《如是語經》），都是出自《南傳大藏經》的篇章。本書每一章的最後會以「日常實踐」的小單元結尾，提供可以融入日常生活中的額外建議。唯一的例外是最後一章，在最後一章我們會討論如何將你這段時間的探索成果運用於未來的日子裡。

　　閱讀本書就像參加僻靜營，既有概念的陳述，也有引導式的冥想練習。這些概念很重要，因為它們能幫你更了解自己，帶來深刻的洞見，以及釋放出身上不必要的痛苦和衝突。這種理解涉及更深層次的問題，因此可能需要付出一定程度的時間和努力。我在四十年前第一次聽聞這些教導，至今我還是為之深深著迷，並仍有困惑不解之處。現在的我仍在咀嚼、消化。

　　冥想的部分也很重要，我非常鼓勵你們去做。你可以先慢慢消化文字，再花點時間去體會。你還可以錄下自己讀這些內容的聲音，或

延伸閱讀

‧

1. 《像佛陀一樣快樂：愛和智慧的大腦奧祕》（*Buddha's Brain*）／瑞克‧韓森、理查‧曼度斯（Richard Mendius）

2. 《隱世之燈》（*The Hidden Lamp*）／佛羅倫斯‧開普洛（Florence Caplow）和蘇珊‧沐恩（Susan Moon）

3. 《心智生活》（*Mind in Life*）／埃文‧湯普森（Evan Thompson）

4. 《解讀覺醒意識》（*Realizing Awakened Consciousness*）／李察‧波優（Richard P. Boyle）

5. 《心湖上的倒影：與丹津‧葩默心靈對話》（*Reflections on a Mountain Lake*）／丹津‧葩默（Ani Tenzin Palmo）

是聽我的有聲書來練習。在本書後段的冥想中，我通常不會重複前幾次冥想提過的基本引導；如果這會讓你難以進入狀況，可以參考前面的冥想。當你越常從這些體驗中獲益、冥想時間越長越深入，就越能透過神經系統建立更多的快樂、愛及內在力量。

練習過程中，有時你需要在觀察實際發生的事情時，也試著讓心智運轉起來，例如保持注意力。偶爾覺得力有未逮是正常的，這就是我們必須持續練習的原因。我也見過有些老師低估學生的能力，我會盡量避免發生這樣的事。我帶過許多朋友上山，過程都是相似的：你看，我們要去的地方很棒喔……這是我們上山的路線，很不錯的一條路……我們每個人都得自己爬上去，來吧，趕快上路。我們的步伐是輕快的，在你之前，已經有許多人走過這些道路，所以你要相信自己能夠跟上。我也走過這些道路（有時還會跌倒），我會和你們分享在跌跌撞撞中學到的教訓。有時你會想慢下來、喘口氣、思考和反思，並讓自己沉浸在眼前的景色中。當然，我也是這樣過來的。想要前往美妙的山巔，必須先走過這條路上的陡峭路段。

一路走來，請照顧好自己。當你坦然面對當下的體驗時，有時會生起痛苦的念頭或感覺。隨著練習越來越深入，你和萬物的邊界會變得越模糊，你有可能會感到困惑或不知所措。你探索的強度越高、範圍越廣，內在是否扎實、資源是否豐富就越重要[31]。慢下腳步、後退一步，把注意力集中在那些能讓你感覺穩定、安心及滋養的事物上。有些人會因為正念這樣的心理練習而感到不安或苦惱，尤其是心裡藏著某些問題時，例如抑鬱、創傷、解離或其他精神疾患[32]。正念、冥想，或本書提到的其他練習，並不是絕對適用於每個人，也不能作為治療任何疾病的手段，更不可取代專業的醫療照護。

這是一個過程，你可以慢慢來。讓它以自然的方式在你身上發揮作用，並與你同步運作，提升你，帶著你前進。覺醒歷程有它自己的節奏，有時緩慢向上，有時是平坦的高原，有時則走在下坡路上，而有時則會走出瓶頸。一直以來，我們每個人的內心深處都有真實的一面，無論這樣的本性是逐漸顯露或是突然被揭示。這些特質包括：覺知、智慧、愛及純淨。這才是你真正的家，你可以信任它。

──────── · 日常實踐 · ────────

以下幾個建議，可以將這一章的概念和方法融入日常生活中（我提供的是適合日常應用的練習或修持，並不意味著只有這些方法才是好的）。這些方法不是探索本章內容的唯一方式，你也可以結合自己熟悉的其他練習一起做。特別是，請好好想想還有什麼是我沒有提到的，例如體能活動、其他靈性或宗教實務、各地傳統文化的教導或工具、藝術創作、走入大自然、音樂，或是志願服務等等。

試著把每一天都視為練習的機會，每天都是你更進一步了解自己、管理自己的反應、療癒及成長的機會。當你每一天睜開眼時，就可以喚起這種好好實踐的意圖，並在每晚入睡前感謝自己今天所做的努力。

試著把你尊敬或仰慕的人時刻放在心上，對方可以是你認識的人，也可以是你聽過他們的話語或讀過他們所寫的文字而受到鼓舞的人。從對方身上找出你所欣賞的特質，接著看看你是否也能從自己身上發現到同樣的特質。你會發現，有些特質你早已經具備，這種感覺可能很微妙或細微不可察，但卻是千真萬確的，而你可以繼續培養這些特質。你可以用一整天或更長的時間，專注於把這些特質帶入你的體驗與行動中，看看你會有什麼感覺。然後，再繼續從另一個你尊敬的人身上去找出另一種特質並繼續培養，如此反覆練習下去。

每隔一段時間就放慢腳步，深入去理解你的生活，尤其是你的身體與大腦在這一刻所體驗到的、所想的、所聽見的、所看到的，以及感覺到的。哇！

如果你願意，可以花至少一分鐘的時間沉浸於當下的體驗，不要試圖以任何方式去改變它。這是最基本的練習：如實接受你的感覺、感受及想法，盡可能地不添加任何東西，就讓它們按自己的方式自由流動。總的來說，這樣做可以讓你更能隨遇而安，不再被外物及境遇隨便牽動。

第 **2** 章

大腦，潛力無限的
魔法織布機

莫輕於小善，謂我不招報。

須知滴水落，亦可滿水瓶，

智者完其善，少許少許積。[1]

——《法句經》第 122 偈

　　我家外面樹上住著兩隻金色的松鼠，我喜歡看著牠們在樹枝上追逐嬉戲。雖然牠們無法說出自己的感受，但顯然聽力及視力都不錯。松鼠寶寶認得出媽媽的氣味，等牠長大後，同樣也會奮不顧身地保護自己的孩子。就和人類一樣，這些美麗的生物也會以自己獨特的方式來體驗這個世界。理所當然的，讓人類可以看見、聽見、學習及產生欲望的神經構造，也以類似的形式存在於松鼠小小的腦袋裡。

　　人類的大腦比松鼠的大腦更大、更複雜。人腦大約有八五〇億個相互連接的神經元（神經細胞），透過幾百兆個神經節點交織成神經網絡[2]。即便如此，無論是松鼠或人，看向窗外時所獲得的體驗都與大腦的活動有關。一般情況下，神經元每一秒能「發射」（fire）好幾次，將神經化學物質釋放到被稱為「突觸」的微小連接中，數千個突觸加起來也才差不多等於一根頭髮的寬度。在你閱讀這些文字時，你大腦中的數百萬個神經元正一起有節奏地產生脈衝，創造一波又一波的腦電波。正如神經學家查爾斯・謝靈頓（Charles Sherrington）所說，人類的經驗就像錦緞一樣，是由魔法織布機所織成的[3]。有些時候我們可以覺知到自己的身體，但我們的身體卻無時無刻不充滿了各種心思。

痛苦與快樂的生命真相

　　心智（mind）是什麼？我們能對它做些什麼？我在美國郊區一個充滿愛的家庭長大，和許多人比起來，我算是很幸運了。然而，在我童年的大部分記憶中，無論大人或孩子，生活中總是莫名地充滿了一股似有似無的不快樂。即便沒有什麼糟糕的事情發生，但緊張、爭吵、擔憂和緊繃的氛圍似乎總是如影隨形。長大離家後，我正好搭上一九七〇年代人類潛能運動（human potential movement）的浪潮，並成了一名心理學家。這時我才了解，那些看似純屬我個人的不快樂，其實是非常普遍的現象。從強烈的傷痛到一種淡淡的遺憾，不快樂有各種不同的形式。在這兩個極端之間，還存在著許多種情緒表現，例如焦慮、受傷、悲傷、沮喪及憤怒。

　　簡單來說，就是受苦[4]。這是佛陀談人生經驗四聖諦中的第一個真諦——苦諦。苦並不是生命的全部，生命中還有愛、喜悅、和朋友一同歡笑，以及在寒冷的日子裡穿上一件暖和毛衣的舒服感。然而，我們每個人都必須在某些人生時刻面對痛苦的事實，甚至有許多人一生多半在受苦。

可嘆的是，大部分的苦都是我們添加到生命中的。當我們杞人憂天、毫無意義地批評自己，或者一遍又一遍地在腦袋中重播某段自我對話，都是在為生命加諸痛苦。當我們在位高權重的人面前嚇得手足無措，或是因為一點小錯誤就感到羞愧時，就是在為生命加諸痛苦。人生在世免不了有身體病痛或情感傷痛，但我們卻還繼續火上澆油。難怪有句話說：「痛苦是難免的，但可以選擇是否受苦。」[5] 舉例來說，我們會因為生病而感到尷尬，或是為了麻痺傷痛而酗酒。

這些外加的痛苦不是偶然的，究其根源就是佛法所說的貪愛或渴求（craving）[6]。這是一種少了什麼就覺得渾身不對勁、非得到不可的感受。大多數的貪念看起來不像是成癮，因此你往往會置之不理，覺得不需要糾正。貪念也包括固執己見、不計代價追逐不值得的目標，以及對他人的不滿。貪是追逐享樂、遠離痛苦，以及對人際關係充滿依戀。這是四聖諦中的第二諦——集諦（產生痛苦的原因）。不過，幸好我們不會被困在這裡動彈不得。既然我們是自身痛苦的始作俑者，當然就能親手終止這些痛苦。這種充滿希望的可能性，就是四聖諦中的第三諦——滅諦（消滅產生痛苦的原因）。而四聖諦的第四諦——道諦[7]，則是透過實踐去履行這個承諾的途徑[8]。

四聖諦始於對生命真相的清醒審視[9]，無論那是在數千年前的印度農村，或是在現今科技發達的城市。我是在娛樂文化豐富的洛杉磯長大的，後來又成了自我成長圈子的一員，也因此看多了強顏歡笑、虛偽做作的假笑，好像裝久了就能弄假成真似的。然而，我們都需要對自己夠誠實、夠堅強，才能看穿生命經驗的真相。我說的是全部的真相，包括不滿足、孤獨、不安，以及內心深處對真實幸福的渴望。我曾經問過美國佛學教師吉爾‧方斯戴（Gil Fronsdal）都做些什麼樣的修行功課？他停頓了一下，然後微笑說道：「讓自己離苦。」這就是修行開始之處：面對自己和他人的痛苦。

　　然而，這並不是修行的終點。佛陀被描述為「快樂的人」[10]，修行的目的在於離苦得樂。正如我們將看到的，像慈悲這種讓人感到完整、喜樂的體驗，不僅能讓我們在日常生活中狀態更好，也對覺醒有益。當痛苦消失，剩下的不是一片空白，而是油然而生的感激、對他人的美好祝福，以及輕鬆與自由。在我認識的人中，走上這條道路的人總是活得坦率、無畏，有無盡的耐心及開放的心胸。無論他們的話語是幽默或嚴肅、溫柔或熱烈，你都能感覺到背後有一股無法被擾動的定靜。他們融入這個世界，努力讓它變得更好，內心也因此得到平靜。

人生苦與不苦的關鍵

　　這些人是怎麼辦到的？或者應該說：我們要如何做到這一點？讓我們從身體來找答案。

　　人體是經過數十億年生物進化的結果[11]。大約在六億五千萬年前，多細胞生物開始出現在原始海洋裡。到了六億年前，這些早期生物已經複雜到感官系統需要和運動系統彼此快速溝通的程度：「那裡好像有食物……快游過去。」於是，就演化出了神經系統。無論是古代的水母或今天的我們，神經系統都是用來處理訊息的。

我在這本書所說的「心智」（mind），就是由神經系統所代表的經驗及訊息共同組成。一開始可能令人費解，但我們周圍處處可見以具體形式來呈現訊息的例子，比如你正在用眼睛掃視的文字形狀（如果你正在聽有聲書，那就是指聲音）。正如諾貝爾醫學獎得主艾力克·肯德爾（Eric Kandel）所言：

> 腦細胞以特殊的方式來處理訊息並相互交流……[12]
>
> ……電訊號是心智的語言，也是神經細胞彼此溝通的方式……[13]
>
> ……所有動物都有某種形式的心智活動，這反映了每種生物神經系統的結構。[14]

當你聞到咖啡的香氣，或試著回想鑰匙放在哪裡時，你的整個身體都參與了這些體驗。與此同時，你的身體也與更廣大的世界連結。不過，與想法和感受最直接相關的生理構造還是神經系統，尤其是它的總部——大腦[15]。

光線落在視網膜上的模式，如何變成了某種神經活動的模式？而這些神經活動的模式代表了訊息的模式[16]，最終組成了你朋友的臉孔。這一切究竟是如何發生的？到目前為止，還是個未解之謎[17]。儘管如此，目前已經有成千上萬個關於人類及動物的研究發現，在我們的感受和大腦行為之間建立了緊密的聯繫[18]。就日常生活的自然運作而言，我們所有的體驗都倚賴神經活動[19]。

你的每一個感官體驗、每一個想法、每一個欲望，以及每個當下的意識，都是由你腦袋裡那三磅重、像豆腐一樣的組織所形塑而成的[20]。意識流（stream of consciousness）就是涉及訊息傳送的一連串神經活動[21]，而心智活動則是立基於生活的一種自然現象。你會受苦的主要原因及終止痛苦的方法，都根植於你自己的身體。

心智改變大腦，從而改變心智

科學家一直在試著從有益（甚至是令人改頭換面）的經驗中，找到與神經活動之間的關聯——我們可以用非常實際的方式來運用身心之間的這些關聯。例如，在接下來幾章，我將解釋如何活化與「當下覺知」、平靜力及慈悲心有關的神經因子。隨著時間推移，這些有用的心理狀態會逐漸編寫進神經系統，成為你的正面特質[22]。

會發生這些生理變化，是因為我們的所有體驗都涉及到神經活動的模式，而神經活動的模式（尤其是那些重複模式）能夠留下持久的生理痕跡。這就是**神經可塑性**（neuroplasticity），是神經系統被流經它的訊息所改變的能力（神經可塑性的運作機制，請見下面說明）。套用心理學家唐諾・赫伯（Donald Hebb）一句有名的話，就是一起放電的神經元會連結在一起（neurons that fire together, wire together）。這意味著，你可以用心智來改變大腦，進而讓心智變得更好。

• 神經可塑性的運作機制

人們早已發現，任何一種學習過程——無論是幼兒學步或成人學著更有耐心——都和改變大腦有關。神經可塑性並不是爆炸性的新發現，真正令人眼睛一亮的是，近年的研究發現這種神經可塑性有多迅速、規模有多大且有多持久。以下是神經可塑性的主要發生方式：

★ 使現有的神經元突觸連結變得更敏感（或更不敏感）[23]

★ 增加（或降低）個別神經元的興奮程度 [24]

★ 改變神經元細胞核中的基因表達（**表觀遺傳學**效應）[25]

★ 在神經元之間建立新的連結 [26]

★ 產出新的神經元（**神經新生**）[27]，並將它們編入現有的神經網絡

★ 增強（或降低）特定腦區的神經活動 [28]

★ 重新塑造特定的神經網絡 [29]

★ 改變大腦中支持神經網絡的**膠質細胞** [30]

★ 改變血清素等神經化學物質的濃度 [31]

★ 增加**神經營養因子**（neurotrophin factor）[32]，幫助神經元存續、生長及相互連結

★ 在學習新事物的第一階段，**海馬迴**和**頂葉皮質**會快速變化 [33]

★ 海馬迴中的「事件重播」[34]，可以增強初始編碼

★ 將訊息從海馬迴移轉到**大腦皮質**長期儲存 [35]

★ 強化海馬迴與大腦皮質的協調性 [36]

★ 在「系統層級」對皮質中的學習進行一般性的鞏固加強 [37]

★ 在慢波期與快速動眼期等睡眠階段進行鞏固加強 [38]

意識到心智與生命息息相關（有堅實的生物學基礎），並不表示要把自己和他人視為某種上了發條的機器人。沒錯，心智必須透過有形的神經系統來表達，但心智絕對不可能簡化為那些細胞與膠質傳遞的電化學過程。你的心智遠遠超過打造它的肉身。

想像今天你和朋友聊著跟她的寵物狗有關的趣事，在你說話的同

延伸閱讀

●

1.《佛教，然後呢？》（*After Buddhism*）／史蒂芬 · 巴切勒（Stephen Batchelor）

2.《首批自由女性：比丘尼早期詩選》（*The First Free Women*）／麥提 · 韋加斯特（Matty Weingast）

3.《追尋記憶的痕跡》（*In Search of Memory*）／艾力克 · 肯德爾

4.《踏上心靈幽徑—穿越困境的靈性生活指引》（*A Path with Heart*）／傑克 · 康菲爾德（Jack Kornfield）

5.《鹹水禪：一個衝浪者的海中修行》（*Saltwater Buddha: A Surfer's Quest to Find Zen on the Sea*）／賈墨 · 尤吉斯（Jaimal Yogis）

6.《訓練你的心靈，改變你的大腦》（*Train Your Mind, Change Your Brain*）／夏倫 · 貝格利（Sharon Begley）

時，一波波的資訊流像瀑布一樣，以它們自己的邏輯流經你的神經系統，並透過潛在的神經活動來表達。假設明天你再一次談起同樣的事件，和今天相同的任何訊息，都將會由不同的神經活動模式來表現。即使是像二加二等於四這樣簡單的概念[39]，明天也會透過不同於今天的神經元來理解。這意味著，我們的許多經驗跟它們所仰賴的身體基質不存在著因果關係。也就是說，心智有它自己的因果力量[40]。

也因此，心智活動與神經活動能夠相互影響。兩者之間的因果關係是雙向的：心智影響大腦，而大腦又影響心智。心智和大腦是同一個系統中的不同面向，正如人際神經生物學家丹尼爾・席格（Daniel J. Siegel）一針見血的總結：心智利用大腦來打造心智[41]。

讓冥想改變你的大腦運作

正念冥想能如何幫助大腦改變呢？[42] 僅僅經過三天的練習，額頭後方的**前額葉區**就能對**後扣帶迴皮質**（posterior cingulate cortex，PCC）施加更多由上而下的控制[43]。這點很重要，因為 PCC 是**預設模式網絡**（default mode network）的關鍵部分[44]，當我們陷入思考或停在「自我參照[*]的過程」（例如，為什麼他們要用那種眼神看我？我怎麼了？下次我該怎麼說？）時，大腦的預設模式網絡就會啟動。也

---

[*] 編按：自我參照過程（self-referential processing）是一種認知過程，是指把新資訊與記憶中跟自我相關的資訊比較後，用來解讀新資訊的方式。

就是說，對 PCC 施加更強的控制力道，就能減少習慣性的思緒遊蕩，並降低以自己為主的思考方式。

當人們花更長時間練習，例如連續數個月進行正念減壓練習，就能加大對**杏仁核**（amygdala）由上往下的控制[45]。杏仁核是靠近大腦中央一個杏仁狀的部位，負責持續監測你的經驗與你本身之間的關聯。杏仁核對任何的痛苦或威脅——從生氣的臉到體檢報告的壞消息——會像警鈴一樣做出反應，並觸發神經／賀爾蒙的壓力反應[46]，因此對杏仁核施加更多控制，意味著能夠減少過度反應。在這些訓練中，人們大腦中的海馬迴也會生出更多組織[47]。海馬迴是大腦中一個狀似海馬的構造，負責協助我們從經驗中學習。活躍的海馬迴能使杏仁核平靜下來，因此不難想像，接受過正念練習的人在遇到挑戰時，身體分泌的壓力賀爾蒙（**皮質醇**）會相對較少[48]，也因此變得更有韌性、復原力更強了。

持續練習多年的正念冥想後，前額葉皮質的神經組織會增厚[49]，從而增強這些人的**執行能力**，例如制定計畫或自我控制。他們的**腦島**（insula）也會增生更多組織[50]，這和自我覺知及同理心有關。除此之外，有助於集中注意力、專注於目標的**前扣帶迴皮質**也會被加強，這是大腦相當重要的部位。連結左腦與右腦[51]的**胼胝體**（corpus callosum）也會增加組織，意味著這些人對文字、圖像、邏輯和直覺都有更強的整合能力[52]。

還有一些禪修者，其冥想總時數已超過數千或數萬個小時。例如，藏傳佛教的高僧（冥想經驗超過兩萬個小時）可以預知痛苦的到來，除了在面對痛苦時表現出不同尋常的冷靜之外，通常還能很快就回復過來[53]。這些高僧也有極度活躍的γ（gamma）腦波活動[54]：他們的高速γ波能達到每秒二十五至一百次，與加強學習相關的大片皮質腦區[55]同步共振[56]。整體來說，這是一種漸進的過程，不管是冥想或日常生活中，都會從有意識地刻意自我約束[57]，逐漸轉變為一種越來越自然的存在方式及安適感。

　　科學家也曾針對修習超覺靜坐（Transcendental Meditation）[58]、慈心禪[59]的人，以及虔誠祈禱的基督教徒[60]、回教徒[61]進行大腦研究。與任何新興領域的研究一樣，關於這方面的研究需要更多資料，並隨著時間而日漸完善[62]。儘管如此，許多研究結果還是帶給我們很大的希望。即便只是簡短的冥想，也能改變大腦中掌管注意力、身體覺知、情緒調節及自我意識的部位[63]。持續的長期練習，可以顯著地改變大腦[64]。大腦的這些變化會促進心智改變，帶來更強的復原力及

線上資源推薦

·

1. 內觀之道——南傳佛教經典：https://www.accesstoinsight.org/
2. 解構自我（Deconstructing Yourself）：https://deconstructingyourself.com/
3. 佛法種子（Dharma Seed）：https://www.dharmaseed.org/
4. 法理（Pariyatti）：https://pariyatti.org/

幸福感。

這些關於正念和冥想的研究發現，和其他心智訓練的研究成果不謀而合。心理治療或心理復原療程等專業介入手段，同樣能讓大腦產生持久的轉變；而像感恩、放鬆、慈心禪及正面情緒的練習等非正式手段 [65]，同樣也能達到改變大腦的效果。老話說「相由心生」，這句話也適用於心智方面 [66]，近年來的科學研究表明，大腦的形狀取決於注意力所停留之處 [67,68]。透過一次次地擁抱穩定、愛、圓滿、完整、當下、全有及永恆等正面感受，你就能把這些特質編入自己的神經系統。

覺醒的七個步驟

我們將在接下來的章節中深入探討這些步驟。在此，你可以先透過一個簡單的冥想來了解每個步驟的方法。想要了解這種體驗性練習的更多資訊，包括如何根據自己的速度和時間去探索某些深遠且精微的主題，可以參閱第一章冥想練習 1「順其自然、放下，以及順勢而為」。針對接下來的冥想練習，我建議你找一個舒服、不會被打擾的地點，並留給自己一段足夠的時間（至少二十分鐘）。如果你對接下來的步驟不是那麼有感覺，可以回到前面的步驟。

冥想練習 2
覺醒七步驟的體驗性練習

找到一個舒服又能保持清醒的姿勢。對你的身體保持覺知，完全放鬆下來。當你將注意力依序集中在接下來的每個冥想主題時，可以讓他物（例如周圍的聲音或你的思緒）單純在你的意識中流過，不需要刻意去抗拒或被它們左右。

穩定：把注意力放在一個選定的關注對象，例如呼吸的感覺或是像「平靜」這樣簡單的字眼，並且全程關注。例如，假設你決定把注意力放在呼吸上，每次一吸氣就要開始全神注意，一直到吸飽氣，吐氣也是同樣的做法。每一次呼吸都要這麼做。身體放鬆，把心敞開……感覺自己心如磐石般越來越安定、平靜及穩定。與你所關注的對象要全程不離不棄……每個當下都是穩定的，你的覺知變得寬廣、開放、不受拘束，所有一切都能流經它……而你仍然不偏不倚地安住在每個當下，毫不動搖。

　　愛：當心智越來越穩定後，就可以把注意力集中在一種溫馨的感受上。想想你關心的人或寵物，專注在你對他們的愛與善意。保持著這樣單純的思緒，把注意力放在感覺上……想想那些愛你的人，就算你們的關係不盡完美也無妨。你只需把注意力放在被關心、被欣賞、被喜歡或是被愛的感受上。過程中如果有其他念頭或感受生起，就讓它們自由地來去，不需要抗拒，你只需要把注意力集中在溫馨的感受上。當你呼吸時，可以感覺愛正隨著氣息進出你的胸腔和心臟。你的心很安穩又覺得溫暖，與這樣的愛同在，深深潛入愛中，一如它深深地潛進你的心裡。

　　圓滿：把心打開，注意力集中在當下的滿足感：有足夠的空氣呼吸，即使有病痛、擔憂，依然好好活著。讓自己盡可能有安全感，此時此刻，你是安全的，放下所有焦慮和煩躁不安，你的內心越來越平和。同時，感謝你現在擁有的一切……專注於單純的內在感受，例如快樂等正面情緒，並放下所有的失望與挫折感。你的壓力和緊繃感都消失了，內心覺得越來越滿足。接著，溫馨的感受再次觸動了你，愛流進流出，所有傷痛都隨著一次次吐氣被撫平、釋放……所有憎恨也被撫平、釋放……所有對他人的執著和貪戀都已消失不見。你心中的愛不斷增長，與愛同在，多花點時間沉浸在這種圓滿、充實的感覺裡，現在的你充滿了平和、滿足及愛。

完整：你輕鬆地與圓滿同在，覺知到呼吸將氣息帶到了左胸腔，然後是右胸腔，再同時帶到左右兩側。意識到氣息進入整個胸腔的完整感，這是由許多感覺組合在一起的單一體驗。接下來，逐漸擴大你對呼吸的覺知，把胃和背部也包括進來……再加入頭與臀部，然後是手臂和雙腿。現在，你的整個身體都沐浴在這個體驗的唯一場域中，用你的整個身體呼吸，並持續將覺知放在整個身體上，包括所有聲音……一邊聽，一邊呼吸。接著是視覺、感受，以及你所覺察到的所有一切。全然接受你正在體驗的所有一切，歡迎及接納這個完整存在的你。接受你之所以是你的每個組成部分，每個部分的你共同組成了一個整體，包括你的覺知在內。所有一切的你構成了一個完整的你，而且永遠不可分割。

當下：你作為一個整體並活在當下，感受每一次呼吸分分秒秒的變化。在放下時你依然處在當下，敏銳且清醒地經歷著這些變化，看著正在發生的所有一切。你不需要被它們牽著走，也不用想清楚是怎麼回事。你只是單純地存在著，在每個當下找到安慰，找到一種即使外在世界再怎麼變化，你依舊是你的存在感。你意識到下一刻會持續不斷地到來，放心，你會沒事的……就在這裡，就在這一刻，變化還在持續……迎接這一刻，迎接並安住於每個當下。

全有：你作為一個完整的存在活在這個當下，透過呼吸，感受氣息的進出。你吸入綠色植物釋出的氧氣，再呼出二氧化碳給它們，因此每一次呼吸都是一次施與受的循環。你所接收的成了你的一部分，而你付出的也成了其他事物的一部分。明白這一點，你就會深切地感受到自己與這個世界的關聯，與其他生命的關聯，與植物、動物、人們、空氣和水、山巒及整個地球的關聯。所有這些都會流入你之內，同樣也有東西從你身上流出後再流入它們之內。你明白自己和日月星辰、宇宙間所有一切都息息相關，現在你心智內及身體上發生的一切，都和世間萬物有關。每一個想法、萬事萬物，都是「全有」這座大洋中的一道波浪。軟化你與世間萬物之間的界線，因為萬物本是一體。所有的經驗都是在這全有大洋中轉瞬即逝的波浪……持續去感受「全有」，那感覺是如此平和……全有是唯一。

永恆：持續處在當下……無條件地向直覺張開雙手，你感覺到有什麼是不受制約的，它尚未成形，總在每個當下到來之前就消失……每當你有這方面的想法浮現時，就要放下……讓自己回到一種不受任何條件制約、無以名狀的感覺中。所有受到條件制約的想法和物質，從根本上就已經大不同。那或許是一種直覺、一種暗示，或是一種可能性，隨之而來的是空間感及靜默……有條件制約者會不斷變化，而無條件者則會不生不滅，因此是永恆不朽的。不要思考，不生起任何念頭，也不要試圖讓事情發生……在這一刻，時間在永恆中流逝。

感覺對了，就讓自己回到此時此地，回到現在……回到你的身體及所在的地方。你可以動動手和動動腳、張開眼睛，然後做幾次深呼吸。你會再一次被圓滿及溫馨的感覺所觸動，你就在這裡，好好呼吸著，一切安好又平靜。

．日常實踐．

當你為某事感到痛苦、背負壓力或心煩意亂時，試著放慢腳步，觀察你對該痛苦的反應。問問自己：「我是否刻意淡化或否認對自己來說很難度過的難關？」如果你能乾脆地直接說出自己的反應，會發生什麼事。例如：「我真的好累……我好受傷啊！……我有點難過！」除了坦承你的真實感覺之外，也試著用支持及自我疼惜的態度來對待自己。

有意識地觀察自己是否在日常生活中，會為所承受的痛苦添加柴火。或許你不斷在腦海中重演讓人生氣的記憶片段，或對雞毛蒜皮的小事大作文章。好奇自己都用什麼方式「自討苦吃」，將對你非常有幫助。一旦你看見自己又走在老路上，要先讓自己慢下腳步，看看你能否經由深思熟慮的選擇，停止助長及強化痛苦。要改變舊習慣需要時間，但只要你一次次地做出同樣堅定的選擇，它就會逐漸被新的好習慣取而代之。

不時地想一下：某個經驗正在以正面或負面的方式一點一點地改變你的大腦。明白這一點後，你會如何改變應對人生境遇的方式呢？

探索這七個存在方式——穩定、愛、圓滿、完整、當下、全有與永恆，並試著對每一種方式有更清晰的認識。想像或實際覺得它們對你來說是無比自然的存在，已經成為你的一部分。

堅不可摧的核心

第**3**章

鍛鍊穩定的心智

一個落水的人，
只能在洶湧湍急的河水中隨波逐流，
又如何能幫助他人渡河呢？[1]

—— 《經集》（*Sutta Nipata*）[2]2-8

　　我是在大學畢業前夕才開始冥想的，那時我一頭長髮，戴金邊眼鏡，有時還隨身帶著笛子，一個人坐在南加州的山丘上。看起來有點傻氣，但努力是有回報的：事實是我變得更沉穩、更能安靜下來，不再容易被干擾，我帶著這樣的覺知度過一次又一次的煩惱。

　　接下來的幾十年裡，我雖然沒有養成規律冥想的習慣，但遭遇壓力時，冥想仍是我最好的避風港。我結了婚、讀了研究所，還當了父親。後來，我加入了克莉絲汀・費曼（Christina Feldman）的冥想工作坊，當時她讓我們說說自己的冥想經驗，等大家都說完後，她拋出了一個震撼所有人的問題：「那你們專心嗎？」

培養專心的力量

　　克莉絲汀所說的專心，指的是心智的堅定及穩定程度。以佛教來說，有三個相關的重要修行基礎——戒[3]、定、慧[4]。其中的定，就是專心。專心是保持穩定的注意力，並讓注意力能像雷射一樣聚焦，從而培養出解脫的洞見[5]。我曾在一個冥想僻靜營裡聽過一個比喻：你發現自己置身於痛苦的森林中，但抬頭就能看見遠方有一座寧靜的幸福之山。你不需要砍完整片森林，只需要清出一條穿越森林的道路，就能獲得解脫。明白這一點，令人鬆了一口氣，但是怎麼做呢？你可以用刀子慢慢砍，但可能得花一輩子；你也可以拿一根厚實的棍子敲打樹幹，但它可能會反彈回來。或者，你可以用刀子加上長棍做成一把鋒利的砍刀，這把好用的工具能幫助你一路披荊斬棘。在這個比喻中，鋒利的刀片指的是你的洞察力[6]，而力量強大的棍子就是專注力[7]。

　　就像工作坊裡的許多同伴一樣，我從來沒有學過如何專心。但要是沒了它，就很容易因為這樣那樣的事情分心。難怪，冥想帶給我的是舒服和放鬆，卻總是流於表面。除此之外，我也未能達到佛家所說的**靜慮**，那是一種叫做禪定或**禪那**（jhana）的狀態，包含四種超凡的禪那體驗：

　　　　當人們脫離感官欲望，遠離心智不完滿的狀態，即進入初禪。在初禪狀態下，能持續運用專注力，是為離生喜樂。
　　　　帶著這樣的專注力繼續冥想，即進入二禪。在二禪狀態下，能擁有清晰的洞見，不需要持續刻意專注也能精準聚焦，是為定生喜樂。

隨著喜樂消退，進入持續的平靜、正知及正念，但身體仍能感受到快樂，即進入三禪。也就是聖者所說的：「離喜捨心、正念、正知、身心受樂。」

當人們能夠放棄快樂與痛苦，遠離欣喜和憂慮，即進入四禪。也就是不苦不樂，並由於定心寂靜而一直保持著心念清淨。[8]

如你所見，這四種禪那指的都是人們的心理狀態[9]，不是什麼神祕玄妙的術語。當然，這些確實不是尋常的體驗，而是佛教八正道的經典修行步驟。事實上，《南傳大藏經》就重複提到，上述四種「有形有相」的禪那是開悟之路的起點。經歷這四種有色界禪那之後，會進入到四種超凡的狀態——「無形無相」的無色界禪那，也就是「斷離」一切凡俗意識[10]。而後，即能進入開悟的**涅槃**（在此我沿用《南傳大藏經》的 nibbana，而非梵文的 nirvana，因為後者在現代有更多的延伸用法，例如「噢！這個按摩手法簡直是『必殺技』。」）這一切聽起來似乎遙不可及，但我確實認識許多過著俗世生活的人，在經過上述的冥想訓練後也經歷了禪那狀態，並深深影響了他們。

克莉絲汀的問題和教導，將我的冥想練習提升到了另一個層次。我在冥想時變得更專注、收穫更多。在僻靜期間，我開始進入前三種禪那，體驗到它們非凡的強度及專注。在嘗試提升專注力的過程中會出現陷阱，例如因為進展不如預期而深感挫折；而不管輕忽戒定慧中的哪一種，都會讓你的開悟過程窒礙難行。

通常只在有智慧的老師指導之下[11]，經過多日的僻靜才能體驗到上述的禪那狀態[12]。不過,即便沒有進入禪那,我們仍然可以在每日的生活中鍛鍊更穩定的心智。這就是本章的重點。

狡猾的注意力

我們不只在冥想時需要維持穩定的心智,在日常生活中,穩定的心智也扮演著相當重要的角色。我們必須有能力將注意力從無益的事物移開,集中在對自己有益的事物上。注意力既像聚光燈,也像吸塵器,能照亮所仰賴的東西,並將它吸進大腦中。

不過,要管理注意力不是件容易的事,原因之一是每個人的稟性不同。在這稟性的光譜上,一端是專注且謹慎的「烏龜」,而另一端則是容易分心且興致高昂的「兔子」,這兩個極端中間,還有各種不同的稟性。人類祖先以小型的採集聚落方式生活了數百萬年,這些聚落需要有各種不同稟性的成員來因應不斷變化的環境,並與其他聚落爭奪食物及居所。所有的稟性都是正常的,沒有任何一種是失調的疾病——不過,如果要求兔型稟性的孩童,去學習專為龜型稟性孩子設計的課程,或要求兔型稟性的人使用為龜型稟性的人所設計的修行方法,不僅會效率不彰,還可能讓當事者痛苦不堪。

與此同時,現代文化還充斥各種令人分心的事物,不斷有新的亮點讓人追逐。我們已經習慣各種刺激源密集地源源流入,因此任何強度不及於此的事物就像用吸管呼吸一樣的不暢快。人類史上諸多的壓力、痛苦或甚至創傷經驗,讓我們習慣時時提防著周遭的威脅。而現

我們活在缺乏正念的狀態下，但始終都有機會讓我們
過得圓滿。喝水時，意識到我們正在喝水；走路時，
意識到我們正在走路。正念適用於每時每刻。[13]

—— 一行禪師

代人的生活環境，例如工作上的挑戰或健康問題，也會挾持我們的注
意力。難怪我們會有一顆「猴子心」（monkey mind）[14]，放任注意力
像關在塔裡的猴子一樣，從一個窗口竄到另一個窗口：任何畫面、聲
音、味道、觸感、氣味及想法，都會讓我們心猿意馬。

　　想要處理這些習性，培養能提升專注力的特定心理／神經因子，
將會很有幫助。在我們介紹這些要素之前，我想先談談培養的技巧[15]，
這些技巧也將幫助你發展本書後續章節提到的其他覺醒面向。

透過心智訓練，快樂是可以培養的

　　十五歲是我人生重要的轉捩點。那時的我，有好幾年都過得痛苦
不堪，緊張、彆扭、退縮、不快樂，一切彷彿毫無希望。直到後來，
我才開始意識到，無論情況看起來有多糟，每一天我都可以讓自己變
得更好一點。我可以和其他孩子多說點話，可以少怕他們一點，還可

以知道要怎麼在父母爭吵時置身事外。每一天，我都可以變得更快樂、更強大。我無法改變過去，也無能改變現在，但我永遠可以從此刻開始成長。這令我充滿希望，也是我可以做的事。每一天的進展通常微不足道，但時間一長就能積少成多。**學習**是一種優勢力量，因為透過學習能夠培養其他的優勢。

學習包括：從過去中走出來、擺脫壞習慣、養成好習慣、以新觀點看待事物，以及簡單地自尊自重。學習可以帶來內在持久的改變，讓你不再隨便被外在世界左右，也不再受到內在反應的衝擊。境遇和人際關係來來去去，想法和感受也來來去去，但無論發生什麼，你永遠都可以依靠內在堅忍不拔的力量[16]。

> 因為大腦的結構和功能，讓系統性的心智訓練變得可行。心智訓練是指，透過有意識地選擇、專注在正面的精神狀態及克服負面的精神狀態來落實真正的內在轉變，培養快樂[17]。
>
> —— 達賴喇嘛與霍華德·卡特勒（Howard Cutler）

• 讓大腦進入學習位置

那麼，你要怎樣才能讓自己變得更好，並保持下去呢？其本質非常簡單。任何一種有效的學習，都包含以下兩個階段：

1. 想培養什麼就實際去體驗什麼 [18]
2. 把那段體驗變成你大腦中持久的改變

　　我把第一個階段稱為**活化**（activation），第二個階段稱為**安裝**（installation）。這就是**正面的神經可塑性**（positive neuroplasticity）：把轉瞬即逝的狀態轉化為持久的**特質**（trait）[19]。第二階段是絕對必要的。體驗不等於學習，如果神經結構或運作沒有產生變化，就不可能對心理狀態有持久的改善。遺憾的是，我們通常都是從一種體驗快速地轉換到另一種體驗，以至於每個當下的想法或感受幾乎沒有機會留下持久的痕跡。在做心理諮詢時，我們或許認為這能為求助者帶來某些好的影響。對某些人來說確實如此（雖然不是很有效），但對許多人來說，心理諮詢的影響其實很有限，或只有短暫的效果 [20]。

　　結果就是，大部分有益的體驗就像水流過篩網一樣地流經大腦，沒有留下任何價值。你才剛和朋友暢談了一番，或是在冥想中讓自己更加平靜；過了一小時後，這一切就像沒發生一樣。若說覺醒是一座山，有時你會發現自己已經爬到山腰了，但問題是，你能穩穩地待在這裡嗎？或是你會一直往下滑落到原地？

• 負面偏誤，讓我們更容易接收消極的訊息

　　另一方面，壓力體驗往往會被編入記憶之網中。這就是大腦的負

面偏誤，是在惡劣條件下演化出來的產物[21]。簡單來說，我們的祖先需要得到「胡蘿蔔」（例如食物）的同時，還要避開棍子（例如掠食者）。這兩件事都很重要。想像一下百萬年前的生活：今天沒有找到胡蘿蔔，明天還有機會；但要是今天沒避開棍子……砰！一棍打下來，這輩子都不用想吃胡蘿蔔了。

於是，大腦學會時時掃描壞消息，不僅過度關注、過度反應，還快速地將整個訊息納入記憶庫中，包括殘留的情緒及身體反應[22]。皮質醇是一種伴隨壓力或沮喪體驗而產生的賀爾蒙，它會使杏仁核變得更敏感，同時削弱海馬迴的功能[23]。於是，大腦的警鈴響得更大聲，而海馬迴卻無力讓它平靜下來，這就導致更多的負面經驗，從而讓人們更頻繁地反應，形成一個惡性循環。

實際上，我們的大腦一遇到痛苦、有害的體驗就會化身為魔鬼氈，而遇到舒服、有益的體驗卻像不沾鍋。這樣的機制在百萬年前能幫助人類祖先活下來，但到了今天，卻只會為我們製造出許多不必要的痛苦與衝突。

幸運的是，你可以專注於第二個學習階段（安裝），來補償、矯正大腦的負面偏誤，培養更堅定、更穩定的心智及其他的內在力量。這與正向思考不同，因為你仍然會看到問題、不公及痛苦。你所要做的，只是把心敞開去接納任何有益的體驗。透過這樣的方式，你的內在資源會不斷擴大，你也將更有能力處理人生困境。當你逐漸充實自己的內在，就更能斷了貪念的根，而因貪念引起的痛苦也會減少（我們會在第五章進一步探討）。隨著時間推移，你的學習將可以看出成果，也就不再需要積極地做培養練習了：人既然已到達彼岸[24]，自然不再需要船筏。

• HEAL 的四個步驟，重新形塑大腦

在沒有刻意努力的情況下，有時可能會從實際的體驗中獲得一些「意外的學習」[25]。只要幾個簡單的步驟來強化經驗留下的神經軌跡，就能大大提高自己的成長曲線——自我療癒和自我成長的速度。以下是具體步驟的摘要，並以 HEAL（療癒）的字母為序。

活化階段

1. **擁有**（Have）：找出一個對自己有益或愉快的正面體驗，可以留意那些已經發生過的相關體驗，或者自行創造新的類似體驗，例如喚起自己的慈悲心。

安裝階段

2. **深化**（Enrich）：讓這個體驗持續停留一次或多次呼吸的時間；強化它；用身體感受它；看看它有什麼新鮮或新奇之處；並且（或）找出自己和這個體驗之間的關聯。

3. **吸收**（Absorb）：帶著意圖去感受這個體驗正在沉入你的體內，把注意力集中在其中令你感到愉快或有意義之處。

4. **連結**（Link）：把正負面的事物連結在一起，這個步驟可做可不做。首先，把注意力放在對你有益的事物上，將它們置於覺知最明顯的前景處；接著，把讓你痛苦或傷痛的事物縮到很

小，並置於覺知最不明顯的遠景處。如果你感覺到自己的注意力被這些負面事物強拉過去，就放棄它們，只專注在正面的事物上。雖然這個步驟很強大，但不是必要的步驟，原因主要有兩個：其一，只需要前面三個步驟就足以發展所需要的心理資源；其二，負面事物的影響力有時會大到讓人難以承受[26]。

在上述步驟中，你會調動社交、情緒和身體學習的不同神經因子。接著，我們可以透過以下步驟來深化學習成果：

★ **把這個正面體驗持續停留一次或多次呼吸的時間**：個別體驗在**工作記憶**（working memory）中存在的時間越長，越有可能轉化為長期記憶[27]。

★ **用身體來感受**：杏仁核與海馬迴是緊密合作的夥伴。身體和情緒豐富的體驗會刺激杏仁核釋出更多訊號到海馬迴及其他大腦部位[28]，意味著這個體驗相當重要，值得被編寫進神經構造或功能中，成為持久的改變[29]。

★ **專注於愉快和有意義的體驗**[30]：我們從體驗中感受到越多的正向回饋，**多巴胺**與**正腎上腺素**這兩種神經化學物質就會更活躍。於是，身體會知道需要保護並優先處理這個體驗，將它轉移到長期記憶區儲存[31]。

透過上述 HEAL 的四個步驟，可以培養任何你想要的特質。例如冥想時，你可以專注地把平靜感擴展到全身。這麼做除了可以開發特定的內在資源外，還能提高大腦對正面體驗的敏感程度[32]，讓大腦在遇到正面體驗時變成魔鬼氈，而在遇到負面體驗時化身為不沾鍋。當你的內在變得越來越好，現實生活中的工作與人際關係就會出現更多的良性循環，也就是人們所說的：「如果你心中有綠枝，鳴唱的鳥兒就會飛來。」[33]

> 持續以健全的方式去思考，就能推動心智往健全方向靠近。[34]
>
> ──無著比丘（Bhikkhu Anālayo）

安頓自己，培養踏實感

　　通常來說，內化正面體驗的過程相對來說更簡短，包括本書提到的練習也一樣。不過，你也可以花幾分鐘或更長的時間，以更有系統的方法來走過上述 HEAL 步驟。現在，就讓我們運用這個方法來培養穩定感，目的當然就是幫助你的心智更堅定不動搖。

　　為了加強這種踏實感，我們可以運用古老又強大的神經學原理，找出自己目前的定位。大約兩億年前，早期哺乳類動物開始發展出有空間定位及記憶能力的海馬迴[35]，這也是我們今天能透過大腦學習的重要基礎。無論古時候或現代，人們都需要知道哪裡有美味的食物，哪裡的食物發臭不可食用；在哪裡能找到志同道合的朋友，哪裡有必須避開的敵人。當我們在一種情況或一段關係中，找不到自己的定位時，注意力就容易發散，心智也就很難穩定下來。相反的，當你能確認並站穩自己的位置時，就能從中獲得支持——就像佛陀在覺醒的那個夜晚所做的一樣，他俯身觸碰了大地。一旦你的內在充滿了踏實感，這種踏實感就會從內在基地向外延伸到現實的生活中 36。

以下的冥想練習可以幫你培養踏實感。

冥想練習 3
培養踏實感

·

這個冥想練習是以前述 HEAL 步驟為架構來設計的，我將針對每個步驟詳細說明，你可以根據自己的情況調整。這是一種自我修持，而不僅僅是觀察你的心智（觀察心智也是很重要的冥想練習，這裡略過不談）。當你開始以不同的體驗來嘗試這個練習時，可能會發現有些體驗更容易上手。這很正常，透過練習，你會發現自己更有能力去喚起某些特定的經驗。

1. **擁有**（Have）：找一個舒適的位置，有意識地感覺自己在這裡安頓下來。注意呼吸時，內在有什麼感受……感覺空氣經過鼻腔、進入喉嚨後再進入肺部……感覺胸腔的起伏……明白自己正用這副身體在這個地方呼吸著，意識到在下方支撐著你的地面，你能從中找到穩定及踏實感嗎？一般來說，冥想時要把能帶給你踏實感的東西當成冥想對象，並把注意力集中於此。

2. **深化**（Enrich）：盡你所能，在一次次呼吸中，一直保持著這種踏實感。當你準備好後，可以有意識地強化這種扎根於某個特定地方的感覺，並讓這種感覺充滿你的意識。探索其他可以讓你產生踏實感的對象：環顧四周，認清自己在這個環境中所處的位置。你也可以用腳摩擦地面，感受腳下的土地，並在心裡想著：「這是我的地方，我很好地待在這裡。」留意跟這種踏實感有關的情緒，例如平靜、安心、自信……留意這種踏實感會帶給你什麼渴望，例如喜歡這種感覺或想要更常擁有這種感覺……留意還有哪些可以讓你產生踏實感的東西，你要把心打開，不帶任何預設立場地探索這個體驗……認知到這種踏實感與你切身相關且對你非常重要……

3. **吸收**（Absorb）：有意識地將這種踏實感吸收到你之內，深深沉入你的體內……感覺它就像溫水滲入海綿一樣，在你之內擴散……接受它、臣服於它，讓它在你之內滋長。覺察到踏實感帶來了哪些舒服的感受，以及有哪些與它相關的令人愉悅或特別有意義的地方。

4. **連結**（Link）：最後這個步驟可做可不做。首先，把那些讓你覺得不安或困惑的記憶或感受放到一邊，同時把強烈的踏實感擺在心智的前景位置。擴大你的覺知，同時涵蓋以上兩者：一方面要保持踏實感，一方面要防止被不安或困惑感所挾持。踏實感可能會擴展到焦慮或不確定的心智地帶，緩解及安撫這些負面感受……你不需要被任何念頭或故事困住，只要同時覺察到不安及踏實這兩種感受，然後允許或輕輕協助踏實感去緩解你的不安與困惑，甚至最終取代它們……

　　當練習接近尾聲時，讓自己完全安住在踏實感中……感覺自己在這裡安穩地好好呼吸著，此時此地既踏實又穩定……

穩定心智的五個要素

接下來，我們將探討五個穩定心智的不同方法。每一個方法都會提供一個體驗練習，並說明發生作用的神經基礎。在你嘗試過這五個練習後，可以回過頭來將五個練習合併成一組來做。你對這些因素越

延伸閱讀

1.《佛陀地圖》(*Buddha's Map*)／道格．卡夫特（Doug Kraft）

2.《內觀體驗》(*The Experience of Insight*)／喬瑟夫．戈斯坦（Joseph Goldstein）

3.《自然覺知的修行指南》(*The Little Book of Being*)／黛安娜．溫斯頓（Diana Winston）

4.《快樂呼吸十六法》(*Mindfulness, Bliss, and Beyond*)／阿姜．布拉姆（Ajahn Brahm）

5.《正念：邁向覺醒的練習》(*Mindfulness*)／喬瑟夫．戈斯坦

6.《理工腦的冥想練習》(*The Mindful Geek*)／麥可．塔夫特（Michael Taft）

7.《啟蒙之心》(*The Mind Illuminated*)／約翰．葉慈（John Yates）

8.《禪定練習》(*Practicing the Jhānas*)／史蒂芬．斯奈德（Stephen Snyder）、蒂娜．雷穆森（Tina Rasmussen）

9.《念住：通往證悟的直接之道》(*Satipatthana*)／無著比丘

是熟悉，就越能隨時進入這樣的狀態，不一定只能透過冥想。最後，我將以一個整合上述五要素的總結練習來收尾。完成這個練習後還有一個挑戰等著你：將注意力穩定集中在呼吸上，持續五分鐘。看看你是否能做到。

● 練習的基礎

　　在正式做任何練習之前，明白自己為什麼要花時間做這個練習，對你會很有幫助。例如，說說看，為什麼穩定性對你來說很重要？為什麼你要培養更多的慈悲心？你可以為自己找到幾個理由，或是單純出自一種難以名狀的感覺。總之，這樣做，有助於了解你為什麼要做這個練習。好好想一想這些問題：你希望在哪方面獲得療癒？你希望自己能夠放下什麼？你希望自己在哪方面獲得成長？此外，你做這些練習可以是為了自己，也可以是為了其他人 37。當你練習時，把這些答案放在心裡，就會很樂意及很用心去做。對跟你一起生活或工作的人來說，你的療癒或成長是怎樣的一份禮物呢？

　　冥想時，找到一個能讓自己集中注意力的對象會很有幫助 38。我總把它想成是漂浮在熱帶海洋上的一個救生圈，你把手臂放在上面，當各種經驗如浪潮般來來去去時，你一直與它不離不棄。有時你會在浪潮間看見美麗、奇妙的生物，但牠們只是從你身邊經過，並不會把你帶走。在**集中注意力**的練習中，集中注意力的對象可以是某種特定的感覺、情緒、字句或圖像，例如呼吸、慈悲心、「平和」這兩個字，或是記憶中山上大草原的畫面。在這裡，我通常會引導你將注意力集中在呼吸上。呼吸時，你可以把注意力放在鼻子和上嘴唇之間、喉嚨與肺部、胸腔或肚子上，或是觀察整個身體的感受。在**開放覺知**（open awareness）*的練習上[39]，我會引導你把注意力放在持續流動的體驗上面，讓這些體驗只是來去，你不會被它們帶著走。你甚至可以**安住於覺知**，如此就可以把大部分的體驗放在覺知上[40]。

　　以上這三種冥想練習——集中注意力、開放覺知及安住於覺知——形成了一個自然的順序。你可以在一次冥想中依序體驗這三者，也可以在一段更長的時間（數月或數年），遵循這個順序練習。此外，這些練習不只適用於初學者。我通常會建議從集中注意力的冥想練習開始，集中注意力通常也是進入深度冥想階段之前會用到的練習。把注意力集中在特定對象上非常簡單：你將注意力完全放在這個對象上，並讓自己越來越專注，其他一切都不重要。如果你在過程中走神了，一發現就要馬上把注意力帶回來。通常情況下，冥想時還有其他的許多想法、感受和畫面也會浮現在你的覺知中，你只需要迅速切斷與它們的連結，不去餵養它們或追逐著它們。我曾經在僻靜時聽到尤金・凱許（Eugene Cash）說明如何集中注意力，我很喜歡他的說法：「專注於呼吸，放下其他一切。」

　　選定一個足以抓住你注意力的刺激源會很有幫助，尤其當你的性格是偏向跳躍的兔型稟性，而不是穩定的龜型稟性時。呼吸時，將注意力放到整個軀幹或全身的感受，會比專注於上唇更讓你投入；而步行冥想的刺激程度比靜坐冥想更高。情感豐富的有益體驗，例如感恩

---

* 編按：開放覺知指的是廣泛注意周遭的狀況，而不再專注於某個特定對象。

或慈悲心，也有助於保持你的注意力。用來投入注意力的對象只是達到冥想目的的手段，因此不需要太拘泥於冥想的對象，而是只要找到能幫助你達成目的的對象就可以了。當你的心智穩定下來後，就可以選擇溫和一些的對象來幫你強化注意力「肌肉」[*]。

無論你選定的對象為何，試著始終保持對它的穩定關注。去覺察你把注意力放在某個對象上有什麼感覺，那就像把聚光燈移到它身上一樣。同時，也要覺察到你正持續地關注某個對象，也就是注意力始終都不能離開該對象。例如，假設你把注意力放在開始吸氣時，然後維持這份注意力直到完全吸飽氣，接著再把注意力放在吐氣上，一直到吐完氣，如此周而復始。如果你冥想的主要目的是穩定與專注，就更要注意監控每一次注意力被干擾而讓你離開目標對象的起始點，然後迅速切斷這些讓你分心的事物，再一次把注意力拉回來。實際上，你還可以把全部注意力都放在你的注意力上——這是一種**後設認知**（metacognition）的概念。

上述注意力的投放、維持及監控的全部過程，不只用於冥想而已，對日常生活也很有用！在大腦中，與這些作用相關的腦區包括前扣帶迴皮質及前額葉部位（位於額頭後方）。經過一次又一次的練習，你的注意力會更趨穩定，不需要刻意調節，這些大腦相關部位的神經活動也會自然減少[41]。越是勤於練習，就越容易集中注意力。

就像本書其他練習一樣，上述建議在實際練習時可以調整成最適合你的版本使用。

---

[*] 編按：作者認為注意力就像肌肉，可以透過一些基礎鍛鍊來加強。

• 設定意圖

　　找到一個能讓你感覺舒服又能保持清醒的姿勢，覺察你的身體，選定一個安放注意力的對象（在此我會以呼吸為例）。接下來，當你專注於我們正要探索的穩定五要素時，這個對象有可能會自然退到意識背景中，這是正常的，但要試著與它保持聯繫，即便若有似無……吸氣的時候專注於吸氣，吐氣時也完全專注於吐氣[42]。

　　現在，明確建立一個穩定心智的意圖。首先，有意識地對自己下指令，例如帶著這樣的意圖：「把注意力放在……堅持下去……」你可能會感覺彷彿有一個更堅定的自己正在設定目標或目的……現在你應該知道這種「由上而下」的意圖是什麼樣的感覺了……

　　接著，想像你是一個非常沉穩、心智堅定的人。你感覺自己完全處在當下，而且非常專注……讓這樣的感覺時時跟著你……完全臣服於這個意圖，對你所關注的對象保持穩定的覺知……現在你應該知道這種「由下而上」的意圖是什麼樣的感覺了……

　　最後，允許這兩種意圖交融在一起，帶著放鬆的心態、堅定的決心，在每次呼吸時致力於保持穩定的覺知……

　　由上而下的意圖與額頭後方的前額葉皮質有關，大腦的這個部位主要負責執行的功能，包括有意識地控制注意力、情緒及行為。像這樣的意圖雖然有用，卻非常耗神，因此很容易**意志力疲乏**（willpower fatigue）[43]：不斷給自己下指令、提醒自己要怎樣做，是非常累人的。此外，達成意圖的獎勵被往後推遲，也可能會削弱動機。另一方面，由下而上的意圖會調動你的情緒及感覺，使用的大腦部位是皮質層底下更古老、更基礎的神經結構。在這種由下而上的意圖中，你會有一種已經完成目標的真實感受，然後讓自己完全沉浸在這個感受中。這樣的感覺本身就是獎勵，也因此能激發出更多的動力。你不用辛苦地逆流而上，而是輕鬆地順勢而為。

• 放鬆身體

　　覺察你的身體及呼吸……允許你的身體休息、放鬆……做幾次呼吸，注意每一次的吐氣要比吸氣更長……讓氣息自然流動，每一次呼吸都越來越柔和、越來越輕鬆……

　　如果對你有幫助的話，可以試著回想或想像某些舒服或輕鬆的情境，例如美麗的海灘……準備一張舒服的躺椅……以及與靜修的夥伴在一起……

　　讓身體放鬆下來……冷靜，以及好好休息……吸氣，讓身體完全平靜下來……吐氣，讓身體完全平靜下來。每一次呼吸都要處在當下，持續保持平靜。此時此刻，你的身體是冷靜的、安止的……覺察平靜下來的身體是如何幫助心智也穩定了下來……

　　處於放鬆狀態時，**交感神經系統**（SNS）會被安撫，與壓力相關的賀爾蒙（例如皮質醇與**腎上腺素**[44]）濃度也會降低。這些生理系統的進化，是為了幫助我們在面對威脅或追逐機會時，做出戰或逃的反應。當它們變得活躍時，你的注意力會更容易跳躍，和穩定心智的目標背道而馳。這就是為什麼冥想練習會一再強調平靜和紓壓的重要性。

　　拉長吐氣時間也有幫助，因為掌管「休息與消化」的**副交感神經系統**（PNS）能透過吐氣來放慢心跳速度。所以吐氣時間越長，自然會感覺越放鬆。副交感神經與交感神經系統的關係就像蹺蹺板，一個上升，另一個就下降。一般來說，增加副交感神經的活躍程度，就能降低交感神經的興奮程度，因此能幫助心智穩定下來。

• 全程要一心一意

　　在心中想一個或幾個你關心的人，全副心神都放在這樣的關心上，而不是關係中任何複雜難解的部分……你心中還可能浮現出其他的感受，例如疼惜、友好，或甚至是愛……

　　想一想你與對方待在一起的感覺，或許對方是朋友、寵物或家人……不需要想得太複雜，只要專注於被關心、被欣賞、被喜歡及被愛的感覺……

　　透過呼吸，去感覺這樣的溫馨感來回進出你的心輪部位……當你吸氣時，愛意湧進了你的心輪；吐氣時，愛意也隨之流出你的心輪。感覺你的心完全敞開了……覺察到這種一心一意的感受如何幫助你的心智穩定下來……

　　溫馨的感受能讓人自然獲得慰藉，整個人也會跟著安定下來。產生這類感受的來源之一是稱為**催產素**的神經化學物質[45]，當我們感覺被愛或與他人親近時[46]，**下視丘**就會分泌催產素。催產素會抑制杏仁

核的作用 [47]，使其平靜下來。當催產素大量流入前額葉皮質時 [48]，焦慮程度通常會降低 [49]，讓注意力更加穩定。

關心他人是**照料及結盟反應**（tend-and-befriend）[*]的一部分 [50]，它能減輕壓力，從而穩定心智。被照顧、被關懷的感覺，通常是保護和忠誠的指標。在人類祖先分散群居的漫長歲月裡，被遺棄是一種對生存的主要威脅——時至今日，被照顧的感覺仍能令人感到安心，也為接下來的這個練習帶來更大的效果。

● 安全感的營造

幫自己建立真實的安全感，就在這個當下，就在此刻。覺察到你周圍提供給你的保護，例如四周堅固的牆壁及身邊有善良的人……請注意，即使放下不必要的恐懼，你還是能覺察到自己所在的環境……覺察到你內在的力量……幫助自己感覺更平靜、更強大……

覺察到任何不安，以及任何不必要的焦慮。看看你能否把它們放下……每一次吐氣，都要釋出你的恐懼、釋出你的憂慮……現在，你感覺更安全了，注意那是什麼樣的感受。你不需要追求百分百的安全感，只要幫助自己了解你實際是安全的……放下防備、放下緊繃、放下抗拒……樂於接受你是安全的、是解脫的……你覺得更平靜、更平

---

[*] 編按：照料及結盟反應是常見的一種心理慣性，在壓力情境下，會選擇先確保後代的安全，並與團體中有相同目標的成員結盟；或是在面對威脅時，自然而然地尋求他人的支持及照顧，來緩解強烈的情緒。

和……用心覺察，放下恐懼是如何幫助你的心智穩定下來……

　　我們都需要處理真正的危險，但很多時候我們會高估了威脅的危險性——這是大腦負面偏誤的效應之一——因而無法如實感受到自身的安全。這種感覺糟透了，時間一長會對身心造成極大的耗損。尤其焦慮時，我們的注意力會四處游移，不停掃描周遭的世界，包括人際關係、身體及心智，尋找可能出問題的地方。幫助自己感覺到合理的安全情況，可以讓壓力回應系統冷靜下來，並幫助你把注意力放在關注的對象上，而不是時刻提防著會有隻老虎突然撲過來。

● 用感恩與歡喜的正面情緒來強化注意力

　　想著一或數個讓你心生感激的人或事，例如一路以來幫助你的朋友或愛人、你獲得的禮物、大自然之美……而或許生命本身就是一份禮物……

　　打開心去感受這種感恩之情，以及伴隨而來的歡喜、安慰，或許還有幸福感。如果你感覺到悲傷或挫折，那也沒關係，只要意識到它們，然後把注意力帶回到讓你感激的人事物身上就好……

　　把注意力放在讓你心生感激和歡喜的對象上，讓自己深深潛入其中，並將這些感覺吸收到身體裡……或許和他人在一起會讓你感到幸福，或許是為他人感到開心……那是充滿溫暖的幸福感……你不需要去追逐或抓住這些正面的感受，只需要溫柔地敞開自己去接受它們……覺察到平靜的幸福感如何幫助你穩定心智……

在大腦中，心智的穩定意味著工作記憶的神經基質以穩定的狀態活動著。與工作記憶相關的腦區，包括前額葉皮質的上外側部位[51]，這個部位有閘門一樣的作用[52]，能影響內部發生的事。閘門一關起來，我們的注意力就能專注在一件事情上；閘門一打開，新的經驗就會流入工作記憶，取代原有的訊息。穩定心智就是在練習如何控制大腦的這道閘門。

這道閘門由多巴胺控制。多巴胺是一種神經化學物質，會追蹤人們對獎勵的期待與經驗。當多巴胺活躍時，表明當下進行的事物值得你投入注意力——這時大腦閘門會關上，於是你會持續專注於所關注的對象。當多巴胺因獎勵回饋變少而不再活躍時，閘門便會打開，讓分散注意力的其他刺激源進入大腦。也就是說，只要持續投入能獲得獎勵回饋的經驗，就能幫助閘門維持緊閉。獲得新獎賞的可能性會提高多巴胺濃度，也會讓閘門關閉。正因如此，若能體驗強烈的感恩情緒或其他正面情緒會非常有幫助，這將使多巴胺濃度持續處於高峰——打開閘門的可能性就會降低[53]。

• 五要素綜合練習

找到一個舒服且能保持清醒的姿勢……設定穩定心智的意圖……身體放鬆……全程要一心一意……建立安全感……感恩和歡喜……

專注於呼吸（或你選定的其他關注對象）……把注意持續集中在每一次的呼吸上，穩定覺察每一個呼吸。一旦走神，就要馬上把注意力拉回來……讓自己越來越沉浸在呼吸的感覺中……

現在，持續專注於呼吸五分鐘，不要走神……

當你完成這個練習時，仔細覺察心智更穩定是什麼感覺。對這樣的穩定感毫不保留地完全接受，然後持續保持穩定……一次又一次地呼吸……

・ 日常實踐 ・

花一個小時的時間，觀察有哪些讓你分心的事物，導致你無法專注於正在做的事。然後想想，你能做些什麼來改變這些外在干擾，例如請別人不要隨便在你工作時打擾你，除非是遇到緊急或非常重要的事情。同時，想想你能做哪些心理建設，幫助自己更不容易分心，例如從拉走你注意力的事物中，辨認出哪些是虛有其表的「愚人金」（fool's gold）*。

留意大腦的負面偏誤會以什麼方式出現在你和他人身上。觀察你習慣以什麼方式過度關注負面的事物，又習慣以什麼方式忽略正面的事情。在負面事物出現時要即時覺察，並確保你也能同時覺察到你周圍和內在的美好事物。

每天都要找機會放慢腳步，將對你有益的體驗內化。這不僅僅是嗅聞玫瑰香氣而已——當然，這也是很棒的體驗！這些有益的體驗包

---

* 編按：愚人金是指看上去像黃金，但其實一文不值的礦物。在此指虛假的獎賞、不值得的事物。

括：你下定決心的時候、你付出關心的時候、你承諾要多運動的時候，或是有個更好的方法與伴侶溝通的時候。讓這樣的體驗持續停留一段時間（一次呼吸或更長的時間），用身體去感受這個體驗，並把注意力放在讓你感覺很好之處。這就像用一個又一個的小小綠洲來填滿一天的時間。

每天至少冥想一分鐘。你可以把它當成入睡前做的最後一件事，但一定要至少堅持一分鐘（或更長的時間），並且每天都要做。

冥想時，要專注於呼吸或其他用來集中注意力的對象，並且時間至少持續十次呼吸。從一數到十或從十數到一輕輕默數，如果你的心夠大，也可以挑戰持續一百次呼吸（完成十個呼吸後可以伸出一根指頭來代表，方便你計算次數）。

在冥想過程中，記得騰出空間來體驗正面的情緒，例如平和、愛或快樂。不需要刻意去追逐或執著於這些體驗，只要敞開心歡迎及接受它們到來。這有助於把它們編寫進你的神經系統，還能幫助你的心智更穩定。

第 **4** 章

充滿慈悲的柔軟心

慈心對眾生，發展無量心；

上下普四方，盡皆無障礙；

泯除憎恨心，亦無敵對意。[1]

—— 《經集》1-8

　　大約二十年前，我有幸成為靈岩冥想中心（Spirit Rock Medita-tion Center）董事會的一員。不久之後，我受邀參加達賴喇嘛在中心會議的一場演講。達賴喇嘛是西藏的領導人，身邊有嚴密的保安措施。這些佩帶槍枝的安全人員在這氣氛如嘉年華的場合上說說笑笑，會場上擠滿了數百名參加者——有西藏人，也有來自美國與歐洲的老師和修道士——在現場的我們看得眼花撩亂。我和其他人魚貫進入一間大廳，等待達賴喇嘛到來。幾分鐘後，他帶著翻譯及另一名男士一起走了進來。那天他主要用英文演講，一如既往地親切、友善、坦率、冷靜又機智。當時，我覺得他的演講精彩極了，但後來回想時卻記不起多少內容。我記得最清楚的是和他一起進來的那個人，他穿著一套灰色西裝，低調地站在會場前側一旁，面帶微笑地看著每個人。

我觀察他好一陣子，他就像個舞者一樣輕鬆站著，西裝筆挺的身材有如大學足球隊的後衛；他一直面帶微笑，眼光卻不時掃射過整個房間。我這才意識到，他是達賴喇嘛的貼身保鑣——最後的一道防線。在他身上看不到任何威嚇的影子，他散發出來的只有幸福與愛，你卻同時能明顯看出他的身手了得。他輕鬆地雙手垂放在身側，站在那兒祝福著所有人，眼睛卻不停地觀察著四周的動靜。

從那之後，我便經常想起他。對我來說，他就是體現慈心修習的一個例子。他有職責在身，必要時得馬上變得強大、果斷，但他身上卻無一絲一毫侵略性或敵意。下面這兩句經文是他的最佳寫照：

不以多言故，彼即為智者。
安靜無怨怖，是名為智者。[2]

—— 《法句經》第 258 偈

覺醒看似專注的是個人的內在世界，但實際上，許多重要的元素都涉及人際關係。例如，佛教修行教導人們要說有智慧的話（正語）、採取有智慧的行動（正業）及過有智慧的生活（正命），這些主要都表現在人際關係上；此外，佛家也強調慈悲、善良及造福眾生[3]。佛教的三寶（佛寶、法寶及僧寶）中，就有代表社群的僧寶；而所謂的菩薩，則意味著為眾生修行的人。我也曾在其他宗教傳統中看到側重愛與服務的教義，包括世俗人文主義（secular humanism）*。

那麼，為了我們自己，也為了他人，我們該如何讓心變得溫暖、慈悲、善良？[4] 正念是必要的，但只有正念還不夠。

　　針對正念與冥想所做的研究發現，不管是正念或冥想都能改變和注意力、自我覺知及自我控制有關的神經網絡。這確實很棒，但卻無法直接強化對慈悲心來說最關鍵的神經基礎；因為這是由有連帶關係的另一組神經網絡所負責的[5]。例如，愉快的社交經驗會活化幫助產生身體愉悅感的腦區[6]，慷慨、合作及公平可以刺激神經的獎勵中樞[7]，而社交痛處（例如被排擠或孤獨）則與生理上的疼痛共用同一個神經網絡[8]。

　　只有當我們專注於慷慨、熱心、樂於助人，心智才能獲得最充分的體驗，而相關的神經系統也才能充分發展[9]。專注於慈悲的冥想會刺激大腦中與連結感、正面情緒及獎勵有關的特定部位，例如位於眉心正後方的**眼眶額葉皮質**（orbitofrontal cortex）[10]。長期做慈心禪冥想的人看到陌生人和自己的臉時[11]，會產生類似的神經反應，意味著他們會越來越有「你就像我一樣」的感覺。這些修行者在海馬迴的關鍵部位還會長出神經組織，以支持對他人的同理心[12]。

　　此外，那些不慈悲、不善良的感覺（例如傷痛、憎恨或恥辱）也可能持續籠罩著我們的心智。經驗形塑大腦，本來就是大腦的原始設計，其中又以童年經驗最重要，尤其是與他人相關的痛苦經驗。這些經驗留下的痕跡經久不散，還可能成為日後揮之不去的陰影。發生在

---

* 編按：世俗人文主義認為人類是自然界的一部分，不是被創造出來的，也沒有來生。人類一切具足、具有自主性，不需要任何救世主。並鼓勵人們積極參與世俗事務，透過經驗來理解世界。

大腦的這些具體變化，不可能只透過時時監測心智活動就能逆轉。人們需要透過刻意練習，才能療癒並找到新的方式與他人相處。

　　接著，就來看看我們如何培養對他人的慈悲和善意，當然，也包括對我們自己。

慈心與悲心

　　簡單來說，慈心（kindness）是希望眾生快樂[13]，悲心（compassion）是希望眾生不受苦（離苦）[14]。慈心與悲心都是祝願，也因此是一種欲望。於是，在此我們必須先探討一個重要的問題：有欲望是可以的嗎？

• 善意可以無窮大

　　佛陀曾清楚定義兩種不同的欲望：健康的欲望（例如想要變得更有耐心、更有愛心）[15]，以及不健康的欲望（也就是第二章提到的「貪愛」）；而不健康的欲望會造成非常多的痛苦。例如，當我們試著逃離痛苦或對抗痛苦、追逐快樂或沉迷於快樂，或試圖給別人留下深刻的印象時，都是第二種欲望蠢蠢欲動的時候。

　　所以問題不在於欲望本身，而在於：

★ 我們的所求是否能對自己及他人有益？

★ 我們能否用**善巧**的手段去追求？以幫孩子學習認字為例，即使目標是正面的，但要是父母用大吼大叫的方式教孩子，就談不上是有技巧的做法。

★ 我們能平靜看待所有發生的事嗎？大腦處理**喜歡**（享受或偏好）與**想要**（渴求）的欲望是不同的腦區 [16]，這意味著我們有可能在雄心壯志地設定高目標的同時，可以不被壓力和緊迫感所耗盡（下一章會談到更多）。當然，人們可能會因為沒能實現目標而失望，但也可能坦然接受，並且熱切地迎接下一個機會。

簡而言之，健康的欲望就是：用善巧的手段追求好結果，同時平靜看待所發生的一切。如果是這種方式，我們當然可以希望所有人都幸福快樂，包括貓狗、街上的陌生人、家人和朋友，以及我們自己。

• 一個甜蜜的承諾

《慈經》（*Metta Sutta*）對健康的欲望提供了以下美麗的詮釋。在巴利文中，metta（慈）的字根是「朋友」的意思，而我一向用英文的 kindness 來翻譯 metta 這個字 [17]。

所有一切諸眾生，體弱瘦小強健者；

高矮肥壯中等者，為人能見或不見。

如是近者或遠者，無論已生或未生；

平等慈眼視眾生，祈願彼等心安住。

　　一切時中一切處，對他莫欺莫蔑視；
　　不生嗔恚不敵對，無有侵害他人心。
　　猶如慈母愛獨子，奮不顧身善守護；
　　吾人亦應依此心，捨命慈愛護眾生。

　　如是慈愛施世間，橫越上下皆瀰漫；
　　遍布十方無阻礙，無有嗔恨無悔怨。

　　行住坐臥四時中，不昏不昧醒覺中；
　　恆常修習此正念，是謂清淨妙正行。

　　這是多麼美好的祝願啊！同時也鼓勵我們不斷訓練和成長，培養更多的慈悲與愛，這是持續一輩子的功課。

• 高尚的情操

　　據說佛陀曾將四聖諦示予眾人——聖（noble）指的是卓越與高尚之意[18]。然而，更精確的譯法應該是「聖人的真理」。這種差異對今天的我們來說，格外重要且具啟發性，更和每個人息息相關。佛陀說一個人真正高尚的不在於出身，而在於思想、語言及行為的意圖[19]，這樣的話在他那個時代是非常激進的。這就是聖人的真理，我們之所以受到聖人吸引，也是因為自己內在也有神聖高尚的一面，而且我們可以透過更多練習來進一步培養這些高尚的品質。因此，我更喜歡把四聖諦想成是四致聖諦[20]。

　　要想榮耀最好的自己並發展這些品質，其中一個方法就是培養慈悲心。你可以在私底下這麼做，對象甚至包括你不認識的人：在每一次擦身而過時，默默祝福對方。如果想要更正式的練習，可以在冥想時把注意力集中在慈愛、溫暖的感受上，並把它當成是冥想的全部主題或部分內容。上一章我們曾經提過，若能讓心智沉浸於這些經驗中——持續時間至少是一次呼吸的長度、用身體感受這些經驗，並覺察到讓你感到愉悅或有意義的部分——就可以逐漸把慈愛編寫進你的神經網絡中。

　　培養慈悲心，也和刻意創造有益的想法、感受和意圖有關。我們可以把心智往良善的目的推動，這是創造堅韌、健康的人際關係與靈性修持的關鍵[21]。如果對你來說，創造某個經驗就像用濕木柴點火一樣困難，那就先全心全意地專注於呼吸，稍後再試試看。

• 祝願眾生

　　在小乘佛教的傳統中，有一個充滿愛的冥想練習，為五種人提供四種溫暖的祝福。我建議你以下面我改寫過的版本試試看，也可以把這個練習運用到你的日常生活中。

　　這四個給他人與自己的祝願是：「平安、健康、喜樂、自在」。你可以用溫柔的意念表達，並配合呼吸節奏，或單純只用一種無聲的感受與心態來進行；你還可以選擇一些最能觸動你的話語表達出來，包括某些非常具體的話，例如：「願你減輕痛苦……願你找到工作……願你平靜地接受失去所愛……」

這五種人包括：施恩者、朋友、中立者、自己，以及給你帶來挑戰的人 [22]。前三種人無庸置疑，尤其是施恩者，我們很容易對他們產生感激及關懷的心意。相反的，要對那些挑戰我們的人心懷慈悲，確實不容易做到。一開始，你可以挑一個挑戰性較低的對象，有意願的話，再接著嘗試其他對象。

> 我等實樂生，憎怨中無憎。
> 於憎怨人中，我等無憎住。[23]
>
> ——《法句經》第197偈

祝願自己也不是簡單的事，除了持續練習，還要放下自我評判，才有可能改善這樣的情況。時日一久，這些重複念誦的祝福會讓你感覺更真實。如此一點一點地，透過一個個神經突觸的變化，這些經驗就能真正內化，形成接納及支持自己的特質。

在日常生活中，你將會發現自己更常處於一種平和、友善及更有愛的狀態下，並感覺到愛在你身上流進流出……活在愛中。

冥想練習 4
培養慈心與悲心

‧

覺察你的身體，踏實地待在這裡……覺察呼吸時胸腔的起伏，想像氣息在你的心流進流出，你可以把手放在胸口上……

想一個或幾個相處起來很舒服的對象，可以是朋友、家人或寵物。他們欣賞你、喜歡你，或是愛著你。把注意力放在和他們相處時那種舒服的感覺。如果注意力跑到其他情境或問題上面，請把注意力再轉回來，只單純去感覺和關心你們在一起的感受。把心完全敞開去接納這些感受，讓它們走進你的心……

選擇你生命中的一個貴人或幫助過你的人，亦即你需要感謝的對象。把對方放在心裡，試著對自己說：「願你平安……願你健康……願你幸福快樂……願你心無罣礙。」覺察到心中生起溫暖的感覺。你也可以改用其他的祝禱詞，或只是充滿著默默無言的關心及美好的祝福……

接著，想一個朋友、你喜歡的人或你愛的人，同樣祝福對方：「願你平安……願你健康……願你幸福快樂……願你心無罣礙。」讓慈悲充滿了你的覺知，感覺它們在你之內擴散……

再想一個中立者，例如你的鄰居、同事或路上的陌生人……同樣以慈悲祝禱這個人：「願你平安……願你健康……願你幸福快樂……願你心無罣礙。」

接下來，把對象換成你自己：「願我平安……願我健康……願我幸福快樂……願我心無罣礙。」如果你喜歡，也可以直接稱呼自己的名字，或想像你就坐在自己面前。你可能會感覺到這些溫暖的祝禱深深潛進你之內，就好像你正將它們一一接收一樣。

然後，想一個對你有挑戰性或一直在考驗你耐心的人，先從挑戰性較低的對象開始。想像對方的核心，它深埋在讓你不喜的那些特質之下；你甚至可以把對方想成是一個幼小的孩子。即使我們不同意或不認同對方，仍然可以帶著慈悲心給予祝福：「願你平安……願你健康……願你幸福快樂……願你心無罣礙。」

最後，讓自己單純地安住在慈悲心中，並讓這樣的感覺像漣漪般從你向外擴散，沒有特定的目標……你安住在這樣的溫暖及善意裡，或許還包括愛。愛深深潛入你之內，而你也在愛中深潛。

捨離種種惡習，無過之樂

佛陀也是為人父母者，他的獨生子羅睺羅年輕時就跟著佛陀一起修行 [24]。根據經文記載 [25]，有一天，佛陀聽說時年七、八歲的羅睺羅故意撒謊。他對兒子說，在做出任何行為之前，必須謹慎考慮自己的行動是否善巧，以及是否能帶來有益的結果。佛陀要羅睺羅在每一個念頭、言語和行動之前、之中及之後，都要這麼反思。如果能做到善巧且能帶來有益的結果，那很好；若非如此，就不要做（在我想像的場景裡，這可是最高潮的一幕，為了烘托出喜劇氛圍，我想像由勞勃‧狄尼洛來扮演佛陀一角）。

> 要想擁有深刻的洞察力，我們的心智必須安靜又有可塑性。要達到這樣的心智狀態，首先必須培養調節身體和語言的能力，讓一言一行都不引起任何衝突。[26]
>
> ──丹津‧葩默

「戒、定、慧」三學中的戒，其巴利文是 sila，通常翻譯為持戒或道德戒律，我稱之為美德（virtue）。戒似乎是修道者入門的第一要件，要完成它之後才可能繼續往「真正」的開悟前進。但實際上，帶著慈悲心行動是一種深刻而必要的修行，這讓我們必須直接面對我們內在最陰暗的一面，同時也鼓勵我們最好的一面。做正確的事（即使無比艱難）可以培養正念與智慧，知道你已經做了所有你能做的，於是就帶來了「無可指責」的「無過之樂」

> 願我有愛，願我敞開，願我覺知每個當下。若我此刻不能愛、無法敞開、不能覺知，那就讓我懷抱善意。若我無法懷抱善意，那就讓我不妄加評判。若我無法不妄加評判，那就讓我不造成任何傷害。若我無法不造成任何傷害，那就讓我把傷害降到最低。[27]
>
> ── 拉里・楊（Larry Yang）

然而，在情緒激動時，要做到這一點並不容易──尤其是當你被衝動和惡意衝昏頭的時候。這時，了解**迷走神經**會有幫助[28]。迷走神經是從**腦幹**延伸而下的兩個腦神經分支[29]，較古老的分支向下調節內臟，包括心臟與肺臟。這古老的分支與有助於放鬆和恢復的副交感神經系統有關，能在吐氣時減緩心跳速度。進化較晚的分支則向上進入耳朵、眼睛和臉部，同時也是**大腦社交神經系統**（Social Engagement System）的關鍵部分。由於這兩個分支同屬於單一神經網絡，任何一方的活動都會影響到另一方。這意味著，首先，放鬆並讓身體穩定下來，可以幫助你更冷靜、更和善地對待他人。其次，更有同情心和更有愛能夠幫助你更專注、更平穩，也能更好地控制自己 [30]。想要讓自己的善心變得更堅定、扎實，可以進行下面的冥想練習。

冥想練習 5
更堅定的善心

・

做幾次深呼吸，讓身體平靜下來。無論你在哪裡，找一個可以讓自己安穩下來的地方。你可以坐在椅子上或地面上，提醒自己待在這裡一切安好。找一個能同時讓你感覺放鬆和穩定的姿勢……感覺自己的存在、沉穩及自在，想像有條線從地心往上經過你的身體一直延伸到天空，因此你可以感覺到自己非常安穩、踏實、身體挺直……每一次呼吸，都感覺到自己越來越踏實，根扎得越來越深。

覺察到每一次呼吸時，心臟部位有什麼感覺……找到一種純粹的善意，例如你可以想想你關心的人……覺察到這些溫暖的感覺，以及氣息進入心臟的感覺。充滿善意的溫馨感可能包括慈悲、友善、幸福、忠誠、愛……，它們或許正在從你身上向四面八方輻射出去。

意識到你現在有兩種感覺：踏實感及愛……抱持著敞開的心……覺察到踏實感如何讓愛自由流動，以及這樣的愛既讓你平靜，又讓你感覺強大有力量。一次又一次的呼吸，讓你感覺更踏實，充滿了愛……

彼人不了悟：我等將毀滅。
若彼等知此，則諍論自息。[31]

——《法句經》第6偈*

• 不傷他人，不害自己

帶著善心生活，顯然意味著盡可能不去傷害別人。來自八正道的教誨曾為我帶來實用的指引[32]，許多人也曾因此受益：

★ 正語（明智的言語）是有意的、真實的、有益的、不苛刻的、

---

* 白話譯文：除了智者之外，他人都不了解「世人終須一死」，因而為此爭論不休。等他們明白這個道理，所有爭論就會停止了。

及時的、理想的，以及他人願意傾聽的。

★ 正業（明智的行為）是不殺生、不偷盜、不淫邪、不妄語、不使用麻醉品。

★ 正命（明智的生活）是不販售武器、不販賣人口、不買賣肉類，以及不買賣毒品與毒藥。

　　不造成傷害也包括不傷害自己，這或許不易察覺，也可能經常被忽略。然而，世間眾生當中，你最明白也最能緩解的痛苦，就是你自己的苦。你可以把不傷害他人的通透及道德約束力，轉而用在自己身上。例如，你可以在喝下明知會後悔的飲料之前對自己喊「停」，同樣的，你也可以對那些不斷打擾你的人勇敢說「不」。我們可以透過下面的「我們是如何傷害自己的？」一文，進行結構性的練習。

我們是如何傷害自己的？

　　你可以在心裡練習，也可以透過書寫或與他人對話來做這個練習。想像一下，你會怎麼對待自己親愛卻脆弱的朋友，把這份溫柔的關懷用在自己身上，然後問自己下面的第一個問題 [33]。得到答案後，再問問自己：
「如果是這樣，停止這樣做會怎樣？結果會不一樣
嗎？」接著再問下一個問題。

- 我是否扼殺了內在任何充滿生命力的部分，例如熱
  情、感受、渴望或創造力？
- 我是否違背了自己的意願，讓別人或某些習慣占用了
  我寶貴的時間、注意力或精力？
- 在性方面，我是否傷害或削弱了自己？
- 我是否在某些事上欺騙自己，例如我在某人身邊的真
  實感受、我的工作能否讓我滿足，或是我推遲夢想
  （再等一個月、再等一年……）的代價是什麼？
- 我是否一直放任毒素進入身體或心靈，例如藥物或酒
  精、不健康的食物，或他人輕蔑的評論？

• 奉獻的心

　　要展現善心，除了除惡務盡之外，還包括揚善。許多道德規範都
是以否定的句型來表達（例如不殺生），但從肯定的角度來思考這些
規範也能帶來珍貴的意義。例如，你可以想想如何透過植樹或保護兒
童來維護生命，或者用鼓勵和讚美來取代嚴厲的批評 [34]。

　　動物界很少有慷慨的行為，因為對多數物種來說，寬待他人就是降低自己的生存機率。不過，由於人類祖先是在小群體中生活，因此利他行為可以幫助擁有相同基因的人生存及演化。此外，隨著大腦在演化過程中逐漸變大（在過去的數百萬年間增加了兩倍），我們的祖先也越來越懂得感謝並回饋他人的付出，並對不勞而獲的人給予批評和懲罰。這促進了社會和道德演化的良性循環，過程中留下的痕跡都被編寫進我們的 DNA[35]。

> 如我所知，若眾生知布施、均分之果報，
> 則不與而食將不存，不住懷慳吝之汙心。[36]
>
> ——《如是語經》26[*]

　　大多數的慷慨之舉都與金錢無關，而是與付出注意力、鼓勵及耐心有關，而且每天會上演多次。儘管如此，我們有時卻連這樣的舉手之勞也吝於付出，例如再多安靜地傾聽一分鐘、說句讚美或感謝的話，或甚至只是看一眼來表達「我支持你」。你可以選擇一個目前對你來說重要的人際關係，然後花一天時間對那個人更慷慨一點[37]，看

---

[*] 白話譯文：如果眾生和我一樣，也知道布施分享的果報，就不會不施予食物而獨食，心也不會被慳吝所汙染。

看會發生什麼。

　　至於對你自己，可以想想你有多麼吝於稱讚自己、吝於安撫自己，或是吝於疼惜自己。透過年幼時**社會學習**（social learning）的過程，我們傾向把他人對自己的忽視和蔑視內化，然後再用同樣的方式對待自己。雖然這很正常，卻仍令人悲傷。如果想採取行動改變，可以每天給自己一段專屬的時間，或者在感覺到壓力沉重時，有意識地讓自己慢下腳步。還有一個更通用的做法──培養自我疼惜。

自我疼惜，請善待自己

　　慈悲是能敏銳感知到他人痛苦，以關懷的態度回應，並盡可能協助對方改善；而**自我疼惜**（self-compassion），就是用以上的態度對待自己。研究顯示，自我疼惜能帶來許多好處，包括減少自我批評、增加面對逆境的韌性及復原力、建立價值感、願意嘗試新事物，並具有企圖心[38]。自我疼惜不會讓你變得以自我為中心，事實上恰恰相反。例如痛苦時，我們往往會專注在自己身上，尤其是我們受到他人傷害時。慈悲心就像療傷止痛的膏藥，不僅能撫慰我們的傷痛及失去，還能讓因為受苦而高漲的自我感鬆緩下來，不再把事情看得很個人化[39]；而自我疼惜也不是自艾自憐。自我疼惜通常只需要短短幾分鐘，然後就會進入更積極的應對方式。遭遇困難時，先從善待自己、疼惜自己開始，但這並不是我們的終點。

　　同情他人很容易，但我們通常不容易同情自己。了解這是人性的共通之處會很有幫助[40]：我們都會犯錯，都會感到壓力、擔憂及受傷，因此每個人都需要慈悲及憐憫心。生活不會放過任何人，生命隨時都會出現裂痕，正如加拿大傳奇創作歌手李歐納・科恩（Leonard Cohen）所寫的歌詞：

> 萬物都有裂縫，
> 那是光照進來的地方。[41]

• 苦與甜

慈悲心是苦樂參半：受苦是苦，關懷是甜。如果你被痛苦壓垮，包括你自己的痛苦，就很難持續關懷。因此，請試著讓心中的甜多過於苦。你可以把注意力放在溫柔關懷、善心、忠誠和支持等正面感受上，讓它們成為覺知的前景，同時把痛苦放在一旁，就能達到這樣的結果。

如果你被痛苦和相關的想法、感覺挾持了，請試著暫時切斷與它們的連結，抽離出來一陣子。讓自己回到簡單、踏實且有益於你的體驗中，例如雙腳踩在地面的感受，或是看看窗外的景色。接著，再一次找回自己強大、溫暖的心，在你準備好的時候，重新回到受苦的覺知中，以慈悲心來對待它。

延伸閱讀

•

1.《全然愛著這樣的我》（*Radical Compassion*）／塔拉‧布萊克（Tara Brach）

2.《生而向善：有意義的人生智慧與科學》（*Born to Be Good*）／達契爾‧克特納（Dacher Keltner）

3.《不與自己對抗，你就會更強大》（*The Mindful Path to Self-Compassion*）／克里斯多福‧葛莫（Christopher Germer）

4.《真正的愛》（*Real Love*）／雪倫‧薩爾茲堡（Sharon Salzberg）

5.《正念溝通》（*Say What You Mean*）／奧朗‧傑‧舒佛（Oren Jay Sofer）

6.《寬容，讓自己更好》（*Self-Compassion*）／克莉絲汀‧聶夫（Kristin Neff）

7.《男女親密對話》（*You Just Don't Understand*）／黛伯拉‧泰南（Deborah Tannen）

• 自我疼惜的練習

除了私底下練習自我疼惜之外，你還可以透過更正式的練習把它當作一種特質來培養。例如，克莉絲汀‧聶夫與克里斯多福‧葛莫就設計了一個內容豐富且效果卓著的自我疼惜正念練習課程（Mindful Self-Compassion program）[42]。你也可以在冥想時培養自我疼惜。練習方法有很多，以下是我覺得非常有效的一個練習。

　　覺察你的呼吸，找到一種輕鬆自在又踏實的感受……找到一種單純為自己而存在的感覺……

　　想一個關心你的人，想像你與對方在一起的感覺……幫自己辨識出來自他人真實的關心，並敞開心扉去感受對方的關心。再想著同樣關心你的另一個人……接受對方的關心並深藏在你的心中……

　　想一個你關心的人。要覺察到他的負擔、失去，或甚至是他遭遇的不公……還有他的壓力、痛苦與掙扎。感受到你對他的疼惜與不捨，或許你可以溫柔地為他祝禱：「願你不再受苦……祝你早日找到工作……祝你治療順利……」祝禱時，你可以把手放在胸口上。如果同時有其他感覺（慈心或愛）生起也沒關係，然後你可以再想一個你關心的對象，同樣感受你對他的疼惜與不捨……意識到這樣的感受深深潛入你之內，你也深潛在這樣的感受中……

　　現在，你已經明白疼惜、不捨是什麼樣的感覺，把這樣的感覺帶回到你身上。覺察到你的負擔、失去以及遭受的不公……覺察到你的壓力、痛苦與掙扎……然後找到對自己的疼惜與不捨。把注意力放在對自己的美好祝願、溫暖及支持等感覺上，痛苦或許還在，但可以把它們放到覺知的一旁。你還可以溫柔地祝禱：「願我不再如此擔憂……願我找到好伴侶……願我平靜地接受失去……」祝禱時，可以把手放在胸口上或臉頰上⋯⋯感覺這樣的自我疼惜觸碰你的傷口、傷痛及渴望⋯⋯感覺疼惜及不捨深深潛入你之內，你也接受它們進入你⋯⋯

　　如果你願意，還可以想像更年輕時的自己，或許就是在那段你特別艱難的時期。覺察到當時的你正面臨挑戰，也明白這些挑戰為何會落在你身上，那帶給你什麼感覺⋯⋯然後在你心裡找到對那個年輕人的疼惜與不捨。你可以觀想自己「就站在那兒」，將美好的祝願送給當時的你，也送上理解、溫暖及支持，或許還包括一些具體的想法，有可能是那時的你很想聽到的話，例如：「一切都會過去的⋯⋯這不是你的錯⋯⋯你會沒事的。」你可能會感覺到這樣的疼惜與不捨進入你內在那個更年輕的地方，緩解了長久以來的傷痛。

　　接著，將你的注意力移走，不再聚焦於任何痛苦，而是安然地待在溫暖、有愛的感覺中⋯⋯你覺察到自己的呼吸⋯⋯允許事情在你心中沉澱下來⋯⋯你感覺到心無罣礙、輕鬆自在。

納入全世界，無一遺漏

　　直到大約一萬年前，隨著農業逐漸發展起來，以製作工具為主要活動的人類祖先是以小規模聚落的方式群居在一起，典型聚落的人數大約有幾十個人[43]。這些聚落經常相互爭奪珍稀資源，其中擅長協調並更關心「我們」（而不是我）的聚落，透過慈悲、凝聚力、語言、團隊合作、信任、利他行為和愛攜手合作，有更多機會延續他們的基

因 [44]。至於那些擅長恐懼和對抗「他們」的聚落，則透過不信任、蔑視、惡意與報復，爭取更多的機會延續他們的基因。這兩種能力所帶來的優勢，成為過去數百萬年間大腦進化過程的主要驅動力 [45]。

● 你想餵養心裡的哪匹狼？

於是，最後每個人心中都有兩匹狼（請容我援引寓言故事的比喻）[46]，一匹是愛，一匹是恨，而發生的所有一切，都取決於我們餵養的是哪一匹狼。仇恨之狼是我們與生俱來的天性之一，我們殺不掉牠，而仇視牠只會讓牠更加壯大。此外，仇恨之狼的特質有時也大有用處 [47]。憤怒是一種能量，它就像一盞聚光燈，照亮了暴虐及不公。許多人師出有名的怒火都會受到壓抑或懲罰，其中也包括社會力量的干預 [48]。我們都需要在自己的內在為憤怒留出空間，並理解自己為什麼生氣。同樣的，我們也需要留給他人一個憤怒空間，以及理解他人為什麼生氣——說不定他們生氣的對象正是我們。

儘管如此，憤怒仍是誘人又強大的力量。很多人不喜歡焦慮、悲傷或受傷的感覺，但熊熊怒火直衝腦門的感覺卻很爽：「都是你的錯……我當然生氣了……是你自找的！」此時，憤怒會讓大腦分泌多巴胺與正腎上腺素，讓你感覺像是受到了獎勵 [49]。但對方卻可能被你的怒火波及，做出後果不堪設想的決定。把憤怒發洩到別人身上就像徒手拋滾燙的煤炭，雙方都會受傷 [50]。我在感情上犯下的大部分過錯，都是從憤怒開始的。

但話說回來，憤怒本身並沒有帶著惡意，它不是有意造成傷害、撕裂或消滅。如果說憤怒是一面黃旗，那麼惡意就是紅豔豔的一面旗子，而仇恨之狼的這一面既狡猾又強烈。人很容易感到委屈，而委屈又很容易產生恨意及報復心理。或者，我們也可能不把他人當一回事：他們不重要，只要利用他們就行，不需要為他們設想。哲學家馬汀‧布伯（Martin Buber）曾經提出兩種基本類型的關係：我與你（I-Thou）及我與它（I-It）[51]。當我們把別人看作「它」，「我」就很容易看輕、忽視或剝削對方。想想被別人看成「它」是什麼感覺——被當作無關緊要的人對待，只是達到目的的工具或手段。這就是別人被我們看成「它」的感覺。縱觀歷史和當今的世界，無論是一對一的關係或是在群體和國家之間，仇恨之狼的破壞力是明顯可見的。

雖然我們無法移除身上的這個惡狼特質，但我們能看清牠的起源與力量，並注意牠會以多敏捷的速度嗅到獵物並撕咬一口。此外，我們也能透過餵養愛之狼來管束並引導這匹惡狼。

• 擴大「我們」這個圈圈

一旦我們在兩個群體之間劃清界線，就很容易偏好「我們」而輕視「他們」。事實上，對「我們」的濃烈溫暖感及忠誠，會讓大腦中的催產素變得活躍，從而助長對「他們」的猜疑與敵意[52]。所謂「我們」的這個圈子，甚至可以極端到縮小至只剩下自己一個人。例如，我就曾在為一對夫妻諮詢時，看見兩個理應關係親密的當事者就像各自生活在孤島一樣。另一方面，「我們」這個圈子也可以擴展到涵蓋整個世界。

地球為我們提供食物、氧氣和一切所需，我則將一顆
心獻給對所有人的關心，直到人人都覺醒。為了有情
眾生之善，願慈愛生於我。[53]

—— 美國藝術家莫琳‧康納（Maureen Connor）

　　透過練習（例如下面的冥想練習 6），我們可以看出，世間眾生
都與我有某種程度的相似之處：「就像我一樣，你也會痛苦；就像我
一樣，你也擁有希望；就像我一樣，你總有一天也必須面對死亡。」
當你擴大這樣的相關性，在與他人互動時，就會獲得更多神經系統的
正面回饋；當我們得到更多正面回饋，就會更願意善待他人[54]。「我
們」這個圈子可以涵蓋所有人類（如果你願意的話，甚至可以涵蓋所
有生命），而且很快地，就會有八十億人生活在這個暖化越來越嚴重
的星球上。如果有足夠多的人都有這樣的想法，競爭與衝突雖然還會
存在，但我們不會恨不得把對方撕裂，而是能以無量心來包容整個世
界，不遺漏任何一個人。

冥想練習 6
我們都是一體的

·

　　想一個能讓你輕易就覺得自己是其中一分子的群體，例如某個朋友圈或是工作群組。留意心裡面那種「我們」都是同一個圈子的感覺，也留意身體此時對於自己是這個群體的一員產生了哪些感覺。當你明白「我們」的感覺後，試著把這個圈子擴大。從你容易接受的對象開始，例如有恩於你的人、你愛的人與朋友……接著繼續擴大到更多人，他們都是你不會排斥納入「我們」這個圈子的人。

　　然後，再繼續擴大這個群體，將那些中立者也拉進來。注意你和對方也可能有某些共通之處，比如你可以這樣想：「就像我一樣，你也愛你的孩子……就像我一樣，你口渴時也要喝水……就像我一樣，你也想活下來……」持續把注意力放在對「我們」的單純感受，然後納入更多的人。

　　現在，開始把那些對你有挑戰性的人再加進來……看看你和這些一向處不來的人有哪些共同點……再把你不喜歡的人、跟你唱反調的人都拉進來，再找找看你們的共同點是什麼。要知道，找出共同點並不代表你要放棄自己的觀點或權益……注意當你擴大對我們的認知，將這些對你有挑戰性的人容納進來，可能會讓你感到更平靜，並更清楚知道下一步該怎麼走……

「我們」的圈子逐漸擴大，開始涵蓋你身邊的所有人、周圍幾公里之內的所有人、這個國家的所有人……一直擴大到地球上的每個人，全都拉進了這個稱為人類的圈子裡……我們都是人類，擁有共通的人性……

「我們」的圈子持續擴大，逐漸涵蓋了所有生靈，包括動物、植物……大大小小的生物……甚至小到只能在顯微鏡下看見的那些微生物，所有生靈都在這個圈子裡，匯聚成這個稱為「生命」的大圈子……所有生命都在這裡自在安然地棲息……

·　日常實踐　·

在一天的開始，找一個意圖讓你可以發自內心去幫助別人，這既是為了他們，也是為了你自己。例如，你可以對自己說：「今天的我要很有愛」或「希望我的所作所為對他人有幫助」，或「為了世間眾生，願我這一生能覺醒」。

你可能會感覺到有一種與生俱來的慈悲心（別人也有），安住在這樣的善意之中，這會給你什麼感覺？當你體驗到愛的各種面向（例如慈悲）時，請讓這些感覺深深潛入你之內。當愛從你身上往外流出，就像寒冬散發著熱度的暖爐，你有什麼感覺？與他人一起分享這種暖意。如果你被他人影響，這是很正常的事，但基本上，這份愛是屬於你的，只會單獨從你身上向外發散。

從你現在的生活中選定一個領域（例如工作），或選擇一個更具體的對象（例如某個專案或計畫）。問問自己：我的努力對自己及他人有益嗎？我有沒有用善巧的方式在追求這些目標？無論發生什麼，我都能心平氣和嗎？然後再想想有哪些地方是你想要改變的。

冥想時，加入培養慈悲心的練習，有意識地喚起對他人的善意，並把注意力放在這裡。你還可以輕聲讀《慈經》給自己聽，思考其中的某些字句。

用一天或一個小時，凡是出口只使用正語（正語是有良好意圖的、真實的、有益的、不苛刻的、合時宜的，而且盡可能在對方願意聽的時候說），尤其注意說話的語調。如果願意的話，可以把那些你認為有挑戰性的人當成練習對象。

選一些你不認識的人，例如一起排隊等待結帳的陌生人，在你的心中花點時間將善意及慈悲默默傳遞給他們。

別忘了要疼惜自己。當你感到負擔沉重或有壓力時，請放慢腳步，關心一下自己，為自己加油打氣。把自我疼惜擺在第一位。

任何一個人都不應該被錯待，但我們所有人都可能遭受到不當的對待，沒有誰能例外。然而，這並不表示被錯待是司空見慣、無關緊要的事，而是我們要試著從一個更宏觀的角度來看待，不是把事情個人化，而是要把它當成人類共通的天性來看，因為不只是你，世界上還有許多人都曾經遭受過這些不當的對待。在你採取適當的行動前，把這些謹記在心會有幫助。

　　注意每段人際關係的另一方，你是把對方視為有主體性的「你」，或是視為工具人的「它」。如果你把對方當成「它」，試著慎重地把對方視為一個完整的人。如果你感覺有人用「它」的角度看待你，請想想自己要如何回應（記得保持冷靜、友善，以及無所畏懼）。

第**5**章

自在圓滿

接觸世間法，其心不動搖，

無憂離塵安穩，此是最上吉祥。[1]

——《大吉祥經》（*Mahàmaïgalasuttaü*）

在這一章中，將探討在我眼中佛陀成道開悟的核心——離貪。廣義來說，貪念是世間如此多痛苦的深層根源[2]。佛陀開悟後，為世人帶來四聖諦的教誨，這不僅是四個真理，也是四種修行功課[3]。也就是：

★ 苦：了解世間是苦
★ 集：放下貪欲或渴求
★ 滅：體驗到離貪離苦
★ 道：踏上覺醒的道路

這是一生的修行！我們會在本書中一一闡述這些主題，在這一章中主要聚焦於前兩者。

內心深處的記憶幽境

我們要了解苦，不能只知道苦是什麼。所謂的了解苦，是以尊重和開放的心去認識它，無論它是微不可察的苦或是極度的痛苦，無論它是自己的苦或他人的苦。有時，苦是顯而易見的，例如一陣陣襲來的偏頭痛、為入院治療的母親擔心，或是習以為常的疲憊或憂鬱像烏雲一樣籠罩著你。但是，還有許多苦深埋在心底，深埋在童年記憶的心靈深處。

• 那個年幼弱小的你

孩子在剛出生的那幾年特別脆弱。其中一個原因是，大部分的孩子在出生之前，主要觸發壓力和恐懼經驗的大腦神經構造——杏仁核——就已經發育成熟了[4]。在你呱呱墜地、吸入第一口氧氣時，腦中的「警鈴」就準備好了隨時響起。其次，位於附近、能夠安撫杏仁核的構造——海馬迴——要到三歲左右才能完全發育成熟[5]。海馬迴是建立**情節記憶**（episodic memory）的關鍵構造[6]，使我們能具體回想起個人經驗。我們之所以難以回想起幼年的經驗，正是因為當時海馬迴尚未發育成熟。海馬迴還負責發出訊號（「已經夠了」），讓腦下垂體停止分泌壓力賀爾蒙。於是，蓄勢待發的杏仁核加上仍需時間發育的海馬迴，這樣的組合就像左右開弓一樣聯手出擊：年幼的孩子本就容易心煩意亂，又缺乏內在資源來安撫自己，無法正確看待發生的事件。第三，在你出生後的十八個月期間，**右腦**將有一個跳躍性的發展。這一點很重要，因為右腦容易放大對威脅的感知以及對恐懼等的痛苦情緒，同時也容易觸發**迴避行為**[7]（例如退縮或僵滯）……這也會使杏仁核＋海馬迴的組合效應更往負面方向發展。

　　因此，年幼時的你就像每個孩童一樣，需要從外界獲得安撫的資源：你需要有人哄、安慰和關懷。然而，孩子年幼時，大部分的家長也在承受著巨大的壓力，許多父母得不到支持，有些還會感到憂鬱、沮喪。於是，在你出生後的頭幾年，日復一日、每時每刻的大小事件，都發生在你神經系統特別脆弱的時期，也是你打造心理基礎的時期[8]。

　　這些幼年時的感覺、感知及渴望都存放在你的**內隱記憶**（implicit memory）中，但你卻無法回想起確切的發生情境。直到今日，這些埋藏已久的資料仍然在你之內。任何與當時情況雷同的線索都能再次觸發這些記憶，例如感覺被忽略、被忽視或漠不關心。後續成長過程直到成年，還會發生與創傷經驗類似的事件。這些事件留下的痛苦印記，可能被情緒記憶的網絡捕捉，但卻缺少事件具體發生的背景或視角。正如芭貝特・羅斯柴爾德（Babette Rothschild）書中所言，心智有可能忘記，但身體都會記得[9]。

　　痛苦埋得很深。如果你覺得靠正念或冥想就能把這些深埋的資料抹除，很容易就會演變成約翰・威爾伍德（John Welwood）所說的**靈性逃避**（spiritual bypass）[10]，並且無法真正了解痛苦，包括深埋於心底的那些苦。這些資料被嵌入到身體的記憶系統中，而記憶系統的設計就是牢牢抓住其中的內容。要想揭開並釋放這些痛苦，需要全神貫注地下功夫，除了正念和自我疼惜（包括穩定的心智和一顆溫暖的心），還需要在適當時候使用善巧的工具。這些工具包括各種不同的心理治療和自我成長方法（參見書末附註）[11]，通通都是將光帶入心靈底層的好工具，想要真正了解痛苦，它們也會成為很好的幫手。

• 安撫並替換痛苦

你可以自我探索的其中一個工具，就是 HEAL 步驟中的「連結」（參見第 73 頁）[12]。在這個步驟中，將正面經驗與負面經驗連結，從而安撫負面經驗，或甚至替換它。例如，你可以把注意力放在被朋友視為自己人的那種歸屬感上（也就是把歸屬感置於意識前景），同時把幼年時被忽視的悲傷放在意識的一旁。在大腦中，正面經驗往往會和負面經驗連結在一起，而要放進記憶網絡儲存時，這些連結則會跟著負面資料走。事實上，在負面資料從意識中消失的至少一小時之內，會出現一個**記憶重新鞏固窗口**（window of reconsolidation）[13]，在此期間，神經活動並不穩定。此時，你有機會干預這個過程，透過重新聚焦在正面資料上 [14]，就有機會「重寫」大腦中的負面經驗。每一次運用連結技巧只需要幾秒鐘，但反覆進行下來，你心靈花園中的雜草將會被花卉逐漸取代。

儲存的負面資料可以是想法、情緒、感覺、欲望、圖像、記憶，或以上全部都是。有了連結，你就不會去否認或抗拒這些資料。你會像對待一個正在受苦的朋友那樣如實地接受這些負面資料，同時為它們和你自己帶來安慰、觀點、鼓勵和其他各種形式的支持。

負面資料可能源自孩童時期（或成年後）所欠缺的東西，也可能來自過去的傷痛。沒能擁有的美好，可以像實際發生的壞事一樣讓人

難受，並造成傷害。例如，雖然我求學時沒有實質受到其他孩子的欺
負，但作為一個內向、安靜又敏感的低年級生，大部分時候我可以感
覺自己並不受同齡人歡迎，甚至很多時候遭受到排擠。這在我心裡留
下了一個痛苦的洞，後來有了許多次被朋友珍視的正面體驗，才逐漸
將這個洞填補起來。雖然每一次的效果都很短暫，但仍然是真實的。
在其他情境下，人們也可能出於一些可以理解的原因，對父母或其他
理應保護自己、跟自己同一陣線的人感到失望。所以，當你想要了解
自身所受的苦時，也一定要把以前或現在欠缺的、錯過的東西都包括
進來。

　　建立連結時，首先要找出與自己有關的特定負面資料，或許你可
以明確指出來，像是「上次老闆對我大吼大叫的記憶」，或是「受到
傷害的感覺」。接著，找出可以緩解或安撫它的正面資料——甚至過
一段時間後，可以取代它。例如，平靜且強大的力量感可以撫慰焦慮
或無助；對生命中美好的事物心存感激，可以幫助你消除悲傷和失落
感；感覺被欣賞、被喜歡，可以覆蓋曾經遭到拋棄或感到羞愧的經
驗。在連結的過程中，負面資料會縮小並放在意識的一旁，而正面資
料則占據意識前景而被放大。或者，你可以讓注意力在兩者之間快速
地來回移動。如果負面資料不斷拉走你的注意力，記得要放下它，只
專注在正面資料上。

　　在這一天中，每當有正面的體驗出現，你可以想像它正在觸碰、
軟化並緩解相對應的負面資料（在本章後面，你將會看到更多相關的
例子，用於說明哪種正面資料與負面資料最速配）。或許可以想像一
下，這些有益的想法和感受正深深潛入你內在那些受過傷害及渴望的

地方。或者，想像智慧和愛兼具的你正在和年幼那個受傷的你溝通。你也可以刻意去創造有益的正面體驗，並將它們與內在的負面資料連結，就像下面的冥想練習 7 所示。

冥想練習 7
運用連結技巧

·

　　開始之前，先要知道想處理的負面資料是什麼，並知道哪一種正面資料能對它有幫助。當你有了正面的體驗，請花點時間讓自己深化（E）及吸收（A），這兩個步驟是「安裝」階段的關鍵。

　　負面資料越是強烈或創傷越嚴重，就越需要慢慢來，好好照顧自己，並在需要時尋求專業協助。在此我的建議是，只有當你有信心不被負面經驗劫持或壓垮時，才去探索那些痛苦的經歷。一旦負面經驗緊抓著你不放，請停止練習，讓注意力只專注在能讓你重回中心並覺得舒適的對象上面。想要了解更多正負面資料連結的過程，可以參考我的另一本書《大腦快樂工程》（*Hardwiring Happiness*）。

1. **擁有**（Have）：找出一個對自己有益或愉快的正面體驗。如果你已經擁有這種感受，請試著辨認出來。或者，你也可以主動創造這樣的正面體驗，例如回想曾經讓你出現這種感受的時間和地點。讓這個經驗在你的心智中浮現。

2. **深化**（Enrich）：將這個經驗留住一段時間，以便深化它，並讓身體感受它。

3. **吸收**（Absorb）：有意識地感覺這個正面經驗像溫暖、舒適的香脂滲入你之內……留意過程中讓你感覺舒服的是什麼。

4. **連結**（Link）：把正負面的體驗連結在一起。首先，對負面經驗有個大概的了解，同時讓正面經驗大大地占據你的意識前景……接下來，你會感知到更多負面經驗的細節，但仍讓它置於意識的一旁，正面經驗依舊大大地占據著你的意識前景。然後，試著讓正面經驗連結並覆蓋負面經驗，就像在為心靈傷口上藥一樣。正面經驗要一直保持鮮明、顯著且強大。在幾次呼吸之後，把負面經驗放下，讓自己完全安住在正面經驗中。

佛說「人生是苦的」，為什麼？

佛說**諸行皆苦**（All conditioned things are suffering）[15]，這是佛教的中心思想之一。所謂的「諸行」在這裡指的是一切「有為」的事物，意思是每一件事物都是因緣和合、有條件（conditioned）而構成的，世間萬事萬物都不是毫無來由、憑空出現的。例如，一把木椅是集結種種「因緣」的結果，其中包括提供木材的樹木、製作椅子的工匠。我們能感覺到呼吸也需要許多因素的配合，包括神經迴路的運作，以及你是否剛剛深深吸了一口氣。同樣的，造就這些結果的因素也有各自的因緣和合……最終擴及到整個宇宙、整個時空。

那麼，真的諸行皆苦嗎？我不這麼認為。如果我們要圓滿此生的功課，了解痛苦的緣由，就必須好好拆解這句話，才能探討它是否為真。所以，接下來我將針對這句話，談談我曾聽說過的幾個解讀版本。

就字面上來說，「諸行皆苦」這句話不可能成立，因為世間上的事事物物（諸行）不可能都是苦的。苦是一種體驗，但椅子不可能有自己的體驗。椅子是因緣和合而生的產物，是一種實際的物體，但它不會產生任何體驗，所以說所有椅子都會受苦，是沒有道理的。

另一個我聽過的相近版本是「眾生皆苦」（Life is suffering），是嗎？通常用到「體驗」這兩個字，都需要具備神經系統才可能獲得。植物與微生物沒有神經系統，也因此不可能有體驗，當然也就不會受苦。骨骼、血液和神經元也不會受苦。這不只是語意上的：苦不是「外在」的，也不存在於某個實體中。大部分因緣和合而生的事物都沒有在受苦。當我們認識到苦只是世間萬事萬物的一小部分時，除了大感震驚外，還會覺得鬆了一口氣。

　　讓我們假設所謂因緣和合而生的事物（conditioned things）所指的，只是我們的體驗，而不包括像椅子這樣的物體。於是，就出現了另一版本的說法：「所有人類的體驗和經歷都是苦的」[16]。那麼，這句話是真的嗎？

　　有時候，我們的心智會感受到身體的疼痛、哀傷、恐懼、氣憤、沮喪，或其他大到讓人難以承受的痛苦。我也有過這樣的經驗，在那個當下，會覺得人生除了這苦以外，再無其他。此外，每天也有無數人必須承受疼痛、疾病、失去、殘疾、貧窮、飢餓或不公之苦。人生可能在眨眼之間就風雲變色，比如在高速公路上被後面的車子追撞，或是被信任的人背叛，從此改變了你的一生。苦確實就在我們身邊，也常駐在我們之內，而慈悲心呼喚我們要為此竭盡所能。但問題仍在——我們所有的體驗都是苦的嗎？

　　苦是重要的，因為它是一種特別的體驗，一種不舒服的體驗。但也因為如此，代表一定還存在著其他種體驗。吃到一顆汁多味美的桃子會令你愉悅，不是讓你受苦。戒定慧不苦，覺知本身也不苦。恐懼和悲傷固然是人類經驗的一部分，但並不是人類經驗的全部。此外，我們的任何經驗，即便是痛苦的經驗，都是高度像素化的——每一個經驗都是由多種元素構成，就像一筆筆堆疊完成的畫作；而這些元素多半和痛苦沒有關係。紅的色調、球的形狀……所有這些，沒有一樣是苦的。

　　上述內容雖然看起來只是技巧性的拆解，但如果我們忽略了不苦的部分，就無法真正明白什麼是苦。如此一來，我們將會錯過那些可以增進健康和幸福、減少痛苦的經驗與資源。辨識出他人和自己內在的痛苦，能幫助你打開心扉，也能讓你更有動機去修行。然而，誇大痛苦無法幫我們達到這些美好的結果。

於是，我們可以把範圍再縮小，仔細想想這句話：「人類的經驗都是苦的，即便是充滿愛的、美好的和鼓舞人心的經驗也免不了受點苦。」這句話似乎更可能為真——但為什麼苦這樣一個元素總會存在於意識的某處呢？

這時，我們可以用一種更廣義也更寬鬆的方式來看待苦，例如「不滿意或不滿足」就是一種苦。但我們仍需要進一步釐清。在經驗發生的當下，例如聞到肉桂香，或完成了一件工作，這種氣味或認知只是如實存在，本身並不是令人不滿足的原因。有些人會說，因為短暫、**無常**（impermanent）是所有經驗不可避免的結局，所以才會令人不滿足。但，無常本身也不是問題所在，因為有些時候我們反而巴不得短暫或無常趕快來，例如希望痛苦快點消失，好把空間留給快樂。即使每一個經驗結束時都會讓人悵然若失，但下一刻新經驗到來時就能馬上獲得平衡 [17]。

正因為所有經驗都是無常的，它們不可能永久地、持續地滿足我們。然而，只有當我們試圖抓住這些經驗時，才會成為問題。痛苦、壓力和不滿都不是源自經驗本身或無常，而是來自你對該經驗的**執著**（holding）。你可以給自己一些時間慢慢體會其中的意思。在這一生中，我們不可避免地會遭遇身體或情感上的痛苦，以及面對所有生命經驗的短暫無常，但只要能學會放下、不再執著，就不需要因此受苦。

那麼，我們能怎麼做呢？

• 兩種執著

執著有兩種。第一種，就是我們很容易執著於佛陀所說的四取（四種執取），也就是四種煩惱：

★ 欲取（對五欲生起的貪執，也包括抗拒痛苦）
★ 見取（對自己的意見、信念及期望特別重視）
★ 戒禁取（對儀式慣例或現代的規範有不正確的信念）
★ 我語取（執著我說的話、我的主張，也就是我執）

例如，想吃冰淇淋卻發現冰淇淋桶空了，我知道那是什麼感覺。首先，我強烈認為誰都不應該在沒有先問過我的情況下，就擅自吃掉最後一口冰淇淋；接著，我想要在家裡立起一條與此相關的新規矩；我還會因為有人吃掉「我的」冰淇淋而大為光火……像這一類的執著就是貪念，透過正念可以覺察到它。貪念就像覺知中的其他元素，也會有高低起落。透過練習，你就能更自在地放下而不執著，這也是貫穿本書的主題之一。此外，在本章後半部你將會看到圓滿的自己、自在放鬆的自己，已不再需要緊抓住任何一個時刻不放手。對第一種執著來說，即便在執念最強的時候，它也只是你意識的一部分而非全部。只要透過練習，這類執著就能逐漸釋出。

還有第二種執著，那是我們與生俱來的。本質上，我們的神經系統會試圖保持穩定的狀態（恆定性），並分割那些快速變動且相互連接的過程。為了服務於它居住的這具身體，神經系統會試圖抓住每一刻經驗背後的觸發模式⋯⋯即使這些經驗不斷在消散或正在轉變成其他形式。當你的心智安靜、穩定時,很容易就能觀察到這個現象。這個過程會帶來一種持續又微妙的緊張感,而這就是痛苦的來源之一。這種緊張感並不是我們唯一能體驗到的感受,卻存在於我們的所有經驗當中。從這個觀點來看,苦確實是我們生命的固有特徵。雖然這種緊張感已經根深柢固,無法憑一己之力抹除,但如果能夠對它有所理解,就能讓我們變得更通透、更平靜。此外,如果我們可以接受神經系統的這種特性而不抗拒,就不會苦上加苦。這種對恆定性的執著,單純就是來自大腦的運作。人生在世總有這樣那樣的緊張與壓力,但同時也伴隨著許多其他的體驗,例如開放的心、不受干擾的意識空間,以及對於真善美的感謝之情。

人為什麼會有貪念?

第一種執著帶來的苦,大都源自於貪。於是,就衍生出這個重要

> 不傷深固根,雖伐樹還生。
> 愛欲不斷根,苦生亦復爾。[18]
>
> ——《法句經》第 338 偈

的問題：「是什麼導致了我們的貪念？」

● 三種貪念來源

人的貪念有三個來源。首先是**社會**因素，例如不安全型依附（因為缺乏安全感而渴望依附）[19]、匱乏感、孤單、嫉妒及憎恨。以上這些因素都與人際關係有關，可以做的練習包括培養對他人的悲心、慈心及祝福他人。

其次是**心理**因素，起因是需求未被滿足，例如感覺缺了什麼東西，或是感覺哪裡錯了。巴利文（佛教早期使用的語言）[20]的 tanha，字面意思是渴求，特別能說明貪念背後的驅動力。針對這個因素的修持練習，是培養特定的內在力量來滿足自我需求，以及培養足夠的感覺及情緒平衡。

最後是**認知**因素，來自以下這些想法：

★ 認為某些事物應該永遠持續下去，但事實上，萬事萬物都是變動的、無常的；

★ 認為某些事物會持續滿足自己，但事實上，沒有什麼東西能夠持續滿足你；

★ 認為內在有一個固定不變的「我」，但事實上，內在的「我」是不可能不變的。

透過**認知**練習去辨識出這些無知與困惑，就能處理導致這部分貪念的原因。

• 三種對治貪念的練習

　　不論是人際關係、圓滿或認知練習，這三種練習（或修持）都同等重要，而每種練習也都有支持另外兩者的效果。這三種練習都需要用到穩定的心智與內觀（vipassana），要想得到真正的解脫，必定與內觀有關，並且必須具體顯化出來。

　　這三個練習呈現出一種自然的節律，通常會從德行與自我疼惜等關係導向的練習開始。隨著心變得更加柔軟、開放，便可以開始轉向圓滿練習，以培養復原力及平靜。有了這種穩定性後，就能進行更多的認知練習。接著，你就可以將這些新領會反饋到人際關係及圓滿感中，形成一個正向的循環。

　　上一章我們已探討過人際關係的練習，在這一章中，我們要探討的是圓滿的練習；接下來幾章，則會把重點放在認知練習上。

　　通常來說，人們會自然而然地被某些特定的練習主題所吸引，這無所謂。儘管如此，如果能問問自己，是否有其他主題更適合現在的你，會對你很有幫助。例如，如果沒能充分處理好貪念的社會與內心源頭，就一頭栽入認知練習，這樣的修持會因為太著重分析而顯得枯燥無趣。但在某些環境下，單一主題的修持也可以占主導地位。我經常自問：「如果佛祖不是一個男性及父親，而是一名女性及母親，佛教會如何發展？」或者在接下來的兩千五百年裡，「在制度上，持家者能擁有更大的權力，又會怎麼樣？」我並不是說這樣會更好，而是這樣的可能性所產生的不同結果值得我們深思。真理始終為真,無論它的信使是誰;但不同信使的表達方式與實現真理的做法,卻取決於許多不同因素,例如性別、階級和歷史背景[21]。無論是個人修行或推行某個制度,我們通常都會說要做到「不遺餘力」[22],但我們還可以提出這樣的疑問:有沒有什麼東西或是哪個人被我遺漏了呢?

> 此世諸欲樂,與及天上樂,
> 不值愛盡樂,十六分之一。[23]
>
> ——《自說經》(*Udāna*)2-2 *

貪念的實際形式

貪念最深的根源,來自我們與其他動物共享的一種生理上的**驅力狀態**(drive states)**,也包括猴子、老鼠和蜥蜴等簡單的動物[24]。觸發這些驅力的基礎神經構造在幾億年前就演化出來了,遠早於辨認複雜認知錯誤的能力。認知錯誤是貪念最根本的原因[25],那不只和大腦

---

* 白話譯文:任何世間感官的快樂、任何天堂的極樂,其快樂都不及終結欲望的十六分之一。

** 編按:驅力狀態是指為了滿足心理或生理要求,內部會出現一種喚醒或緊張狀態來驅使有機體去從事某種活動。一旦滿足需求,驅力狀態就會解除。

的生理構造有關，也和演化的時間有關。

當我們在滿足某項重要的需求，出現匱乏感或干擾時，就會進入驅力狀態。身為一個依附肉身存在的你，會有哪些需求呢？

廣義來說，任何動物（包括人類）最基本的需求就是**安全、滿足與連結**。或許你可以停下來想一想，這些需求是如何在每一天中以各種不同的方式出現。大腦可以透過調節和動機系統來避開傷害、取得獎賞並依附他人[26]，分別滿足這些需求。這些系統大致與我們的**爬蟲腦**（腦幹）、**哺乳腦**（腦下皮質）[27]及**靈長腦**（新皮質）[28]有關。舉例來說，如果你在與朋友發生誤會後，感覺有需要與對方重新建立連結，就可以透過新皮質區的同理心和語言能力，以讓你感到舒服的方式去依附對方，來滿足你重新建立連結的需求。

擁有需求是很正常的，而透過神經心理系統去試圖滿足這些需求也是必要的。覺醒不需要終結所有需求，也不會改變大腦的基本構造。問題在於：我們是否能明智地滿足自己的需求，而不是受貪欲擺弄，並承受隨之而來的痛苦？了解我們的神經構造，將有助於回答這個問題。

• 大腦中的三大神經迴路

大腦中有三個主要網絡能幫助你在起伏不定的人生中，依然保持平衡及穩定。首先是能突顯需求相關訊息的**警覺網絡**（salience network）[29]；其次是**預設模式網絡**（default mode network）[30]，在我們做白日夢、發呆、沉浸在過去或未來，或是專注於自己身上時，這個網絡會活躍起來；第三是**執行控制網絡**（executive control network）[31]，它和解決問題與決策制定有關（書末附註有這三個網絡的更多說明）。

　　這三大網絡共同合作，也相互影響。簡單來說：當某事物引起警覺網絡注意後，它會通知預設模式網絡別再神遊，同時敦促執行控制網絡開始思考應該怎麼做。

• 你有多快樂？來看看你的快樂調性

　　上述網絡透過追蹤經驗裡的**快樂調性**（hedonic tones，亦即快樂程度）[32]，來評估和每一個需求有關的挑戰及機會。其中的**不適感**（unpleasant），突顯出對安全感的需求；而**愉悅感**（pleasant），則突顯出對滿足感的需求。第三種快樂調性則是**中性的**（neutral），亦即不苦不樂。無論是佛陀的古老教誨或現代心理學[33]，對於人類生命的總結，都認為這完全就是一個離苦得樂的過程。

　　然而，這是生命的全部嗎？那關於連結的需求又怎麼說呢？從經驗來看，我們從人際關係中獲得的，不是只有快樂、不快樂和中性三種感受。在這些經驗中，我們的動機遠遠不只是為了避免痛苦、追求快樂而已。與他人連結帶來的溫暖感受，會促進大腦中催產素的分泌，對產生苦與樂的神經基礎有強而有力的影響[34]。此外，由於人類祖先在過去數百萬年來採小聚落的生活方式，大腦在演化過程中發展出更大規模的新皮質，以便能更有效地滿足人類對連結的需求。現在，我們也經常透過「社交腦」（social brain），由上而下地控制更古老的腦幹或下皮質中的苦與樂系統。

如果說對連結的需求在意義上不同於對安全感和滿足感的需求，而依附在意義上也不同於離苦與得樂，那麼進化出不同於快樂、不快樂和中性之外的第四種快樂調性，在生物學上也是有其意義的。我相信這種可能性確實存在，尤其是對最社會化的物種——人類來說。在此，我們就把第四種快樂調性稱為**關聯性**（relational），你可以就自身經驗去觀察它。當你和他人相處時，首先觀察那些中性的感覺（不苦不樂）；或許是與對方有關的一個中性的事實，例如他有手肘。接著，觀察有哪種不適感讓你想要離開……而後留意有什麼樣的快樂讓你想要靠近對方……接著再留意有什麼既不是特別不適、也不是特別快樂的感覺，而是一種關聯感。第四種快樂調性感覺可能很微妙，畢竟這是相對較新的演化結果，但你仍然可以透過觀察而認出它在突顯你對人際連結的需求中究竟發揮了什麼作用。

• 當你的需求都是從貪出發……

在我們強烈感受到某種需求未被滿足時，大腦就會觸發神經賀爾蒙的壓力反應。杏仁核會向交感神經系統發出訊號，做好戰或逃的準備，或通知副交感神經系統做好僵滯準備。同時，它還會通知下視丘釋出腎上腺素、皮質醇或正腎上腺素等壓力賀爾蒙。在身體方面，諸如增強免疫系統等中長期計畫會被暫時擱置；與此同時，心血管、腸胃和內分泌系統也會受到衝擊。在心智方面，則會根據安全、滿足或連結是否受到挑戰，而相應地出現恐懼、挫折或受傷等感受。

簡而言之，這是大腦對貪愛（渴求）的反應，也是透過神經心理學來解讀第二聖諦（苦集滅道四聖諦的「集諦」，即受苦的原因）。
這是溫和版本的日常體驗，但受苦的核心依然是貪欲或渴求。我把這
稱為**反應模式**（reactive mode）或**紅區**（Red Zone）[35]*，它確實是我
們應對需求挑戰的方法之一。在自然界的生命藍圖中，這個模式被設
計成在短時間內以某種方式迅速被觸發，然後也會在短時間內消停[36]。
然而，現代的生活方式，加上我們的神經系統已演化出追悔過去及擔
憂未來的能力[37]，通常會持續性地把我們拉進輕度或中度的壓力中。
處在紅區裡的生活會進一步削弱及擾亂身心[38]，造成更大的匱乏感和
不安感，而後又引發了更多的貪愛及渴求，由此形成了惡性循環。

• 用離貪來管理你的需求

　　然而，貪愛或欲望並不是滿足需求的唯一方式。我們的想法、言
語或行為，很多都與貪愛或欲望無關，例如欣賞風景、出於關心對朋
友嘮叨，或伸手去拿叉子。或許在那個當下，你的心中確實有一些渴
望，但這些動作本身與渴望無關。觀察這一類的日常經驗，就可明白
「無貪無求」是什麼感覺，這是非常有用的練習。

　　此外，當你感覺有足夠的**資源**能滿足自己的需求時，就不需要衝
進紅區去處理它們。舉個例子，我曾在攀岩時爬到幾十公尺的高處，
只靠雙手握著鉛筆粗的繩索來支撐，當時玩得非常開心！當然，我對

---

* 編按：紅區是指高度警覺狀態，無法冷靜思考，也無法做出正確的選擇，通常的
反應是戰、逃或僵滯。

安全感的需求受到了挑戰，但我信任手中的繩索及身邊的夥伴，也覺得自己有能力可以保障安全。同樣的，當你在追求大目標的過程中遭遇到困難時，也可以從中獲得滿足感、自信，同時又心生感激。在人際關係中，你可以透過相處技巧和自我價值感來好好處理衝突。關鍵不在於需求是否受到挑戰，而在於你是否覺得自己擁有足夠的資源來滿足需求。外部資源（例如好朋友）對滿足你的需求也很重要，但外在世界不見得永遠可靠。內在的力量才會時時刻刻與你同在，不離不棄地跟隨你。

　　更根本的做法是，感覺自己的潛在需求已經被滿足了：你可以打從內心感覺到圓滿和平衡，以這樣的狀態去面對挑戰。這時，你身體的保護力及修復力最強，還能重新為自己充電。與此同時，與安全感、滿足感及連結感等需求相關的平靜、滿足及愛都會隨之到來。雖然恐懼和憤怒、失望和衝動、傷痛與怨恨仍然可能在你的覺知中生起，但它們必然不會像佛陀描述自身的開悟過程那樣：「內心被生起的苦所纏繞占據」[39]。

　　我把這種滿足需求的方式稱為**回應模式**（responsive mode），或是綠區（Green Zone）。在這樣的狀態下，來自內心因素的貪欲已大大降低或幾乎消失。貪欲的舊習慣或許還在，但為其生火加溫的燃料已大幅減少。這時身體、大腦和心靈都處於安止的狀態，就像回到真正安歇的基地。雖然這不表示已達到第三聖諦（滅諦）、苦已完全終結的狀態[40]，但確實是第三聖諦的一個堅固基礎，也是復原力及幸福感的身心基礎。

> 其心如剛石，堅住不傾動，
> 染著心已離，瞋者不反報；
> 若如此修心，何有苦痛處？[41]
>
> ——《自說經》4-4

創造內在資源

發展內在資源就像加深船身的龍骨，讓自己更有能力去應對世間的風浪——得與失、樂與苦、讚美與責備、名譽與誹謗[42]——而不會輕易就進入反應模式，或至少能更快回復過來。隨著對這些能力的信心不斷增長，你就能更安適地提高生命的視野，航向更遠更深的海洋。

用佛陀的比喻來說，我們都無可避免地會在生活中經歷身體和情緒上的不適：這就是生命中的「第一枝箭」[43]。例如不小心撞到桌腳，或是沮喪地塞在車陣裡。然而，我們不需要再為自己添加「第二枝箭」，例如狠踢桌子一腳，或大力按喇叭（我曾經這樣做過）。

當你建立起回應模式的神經機轉後，你的幸福感就會越來越不需要條件，也越來越不會受到外境擺布。你更能輕易達到戒定慧的狀態，貪念之火也不再有燃料持續延燒。

• 培養綜合性力量

　　某些心理資源有更廣泛的用途，並不只為了滿足特定需求而已，例如好奇心與耐心。正念對於快樂程度的影響，就是一個很好的例子。令人不愉快的事物，不代表我們必須進入戰或逃模式；令人開心的事物，也不意味著一定要追逐它；與我們有關聯的東西，不代表我們一定要緊緊抓著它；而我們也不能因為某個東西是中性的，就應該忽視它。但是，當我們處於「綠區」的回應模式時，為了能擁有這樣的自由，就必須在古老的渴求反應機制啟動之前，先認出日常經驗裡的快樂調性。於是，你和痛苦、快樂、歸屬感及無動於衷之間就存在著一個空間，在這個空間裡你能自由選擇如何回應[44]。這種對快樂調性的即時追蹤是非常實用的心法，因此佛陀把它列為四種正念修行方法（四念住）之一[45]。

　　你也可以如實去經驗每一種不同的快樂調性，就只是單純的體驗：喜歡這個、不喜歡那個、感覺與這個有關，或是感覺那個與自己無關……讓所有感受都能夠順暢地流經你的覺知。例如，你的膝蓋可能在盤腿冥想時感到疼痛，你可以透過正念去觀察疼痛的感覺[46]，而不是移動你的腿。你只需要簡單地為自己的經驗貼上標籤（例如疼痛、擔心、悸動……）[47]，就可以讓前額葉皮質的活動更活躍，同時讓杏仁核平靜下來[48]，從而提高你的自制力並減輕痛苦。或者你也可以選擇採取行動，但不要感到任何壓力或不安：當你注意到膝蓋痛時，可以稍微活動一下來緩解不適，或者以步行冥想來取代盤腿冥想。

• 培養切合需求的力量

為了滿足某個需求而培養特定的資源時[49]，我們需要考慮以下的四個問題：

1. 什麼需求受到了挑戰？

你可以從感受反推回去，去辨認出潛在的需求問題：

★ 疼痛或威脅通常意味著安全感受到了挑戰，也可能表現為恐懼、憤怒或無助等感覺。

★ 失落或阻礙通常意味著滿足感受到了挑戰，也可能表現為失望、沮喪、無聊、被驅策或成癮等感覺。

★ 分離、衝突和拒絕通常意味著連結感受到了挑戰，也可能表現為孤單、被遺棄、不安全、嫉妒、憤恨、報復或羞恥等感覺。

2. 什麼樣的內在資源能幫助你滿足這項需求？

辨識出一種或多種切合需求的資源，會非常有用：

★ 滿足安全感的關鍵資源是：放鬆、明白你一切安好、意識到自己是受到保護的、感受到內在平靜的力量。

★ 滿足滿足感的關鍵資源是：感激、喜樂、健康的娛樂和成就感。

★ 滿足連結感的關鍵資源是：感覺被接納、被看見、被欣賞、被喜歡及被珍惜。其他能帶來幫助的資源，還包括慈悲、善良、自我價值感、良好的社交和溝通技巧。以最廣義的角度來說，這些都是不同面向的愛。

★ 無論如何，愛是萬能良藥。愛能幫助我們感覺更安全、更滿足、更有連結感——無論是接收愛或付出愛都一樣。因此，要是以上方式都不管用，或者你不知道從哪裡尋求幫助或從哪裡下手，那就從愛開始吧！

3. 你如何去體驗這些資源？

這是改善大腦的第一步（參見 HEAL 步驟）。首先，我們必須有個自覺：「我需要自我成長，需要培養某些資源。」注意任何你曾經感覺到自己資源豐富的那些時刻，然後再想想你能如何再次創造出這樣的體驗。注意你可能會不經意地忽略、低估或推開你對這些資源的本能感應；相反的，你要把這些體驗看成是心智的珍貴養分。

4. 你能如何吸收這些體驗？

這是第二步，也是所有療癒和自我成長的必要步驟。不過，我們卻經常忘了這一點。請讓神經元一起同步發射，好讓它們有更多機會連結在一起。用一次呼吸的時間或更長的時間，讓自己好好停留在這個體驗裡，透過身體去感覺它、感受它為你帶來什麼樣的正向回饋。當你這麼做時，就是在接收它而不是依附或執著於它。

這兩個步驟簡單又直接，因此也很容易就會被低估。事實上，這是培養內在力量的基本功，能幫助你以更少的渴望及更少的苦來滿足自己的需求。你藉此發展出來的正面特質將會觸發更多正面的心理狀

態，於是你又能更進一步地強化這些正面特質，從而形成一個正向的
循環。

延伸閱讀

1.《覺醒之樂》（*Awakening Joy*）／詹姆士・巴拉茲（James Baraz）

2.《渴求的心靈：從香菸、手機到愛情，如何打破難以自拔的壞習慣？》（*The Craving Mind*）／賈德森・布魯爾（Judson Brewer）

3.《大腦快樂工程》（*Hardwiring Happiness*）／瑞克・韓森

4.《佛語錄》（*In the Buddha's Words*）／菩提比丘（Bhikkhu Bodhi）

5.《沒有解決不了的事》（*There Is Nothing to Fix*）／蘇珊・瓊斯（Suzanne Jones）

6.《創傷正念練習》（*Trauma-Sensitive Mindfulness*）／大衛・崔利文（David A. Treleaven）

7.《解鎖情緒腦》（*Unlocking the Emotional Brain*）／布魯斯・埃克（Bruce Ecker）等人

8.《當生命陷落時：與逆境共處的智慧》（*When Things Fall Apart*）／佩瑪・丘卓（Pema Chödrön）

9.《為什麼斑馬不會得胃潰瘍？》（*Why Zebras Don't Get Ulcers*）／羅伯特・薩波斯基（Robert Sapolsky）

• 感覺一切已具足

　　除了培養特定資源之外，你還可以從需求得到滿足的經驗中獲取額外的內部資源，包括更多的平靜、滿足與愛。因為我們有爬蟲腦的腦幹[50]、哺乳腦的腦下皮質[51]及靈長腦的新皮質等大腦構造，我總愛開玩笑把這個練習稱為「摸摸蜥蜴、餵餵老鼠，然後抱抱猴子」。當你一次次地這麼做後，就能培養出一種潛在的滿足感——雖非完美，但已足矣，你感覺自己一切需求都已獲得滿足，而圓滿和平衡的感覺也被編寫進身體之內，進入你內在的核心深處。對我來說，這簡直就是一種魔法：將需求被滿足的感覺真正內化後，你會變得更游刃有餘地以最少的渴求來滿足需求，不再因為貪欲而受苦。

> 禍莫大於不知足，咎莫大於欲得。
> 故知足之足，常足矣。[52]
>
> ——《道德經》第46章

　　感覺到自己的需求獲得了足夠的滿足後，通常會帶來一些正面的情緒，而與之相關的神經機制則會產生非常正面的效應[53]。例如，滿足感的體驗會因為副交感神經系統開始運作、交感神經系統的戰或逃反應[54]平緩下來，而達到降低壓力的效果。滿足感也與大腦自行生產的天然鴉片類神經傳導物質有關 [55]，這類物質能降低痛苦 [56]，讓你享受當下的快樂，而不是渴望未來的快樂 [57]。它也能幫助你與他人產生更強的連結感，經受住離別之苦 [58]。此外，想想當你感到被愛或愛著他人時，你的大腦裡發生了什麼事：催產素更加活躍，而大家都知道這能促進你與他人的情感連結 [59]。催產素的釋放，還能讓你感覺更平靜、更安心，降低焦慮感 [60]，同時你的心會變得更開放、更有創造力，也擁有更多機會去探索、追尋 [61]。

　　所以，在日常生活中尋找一些小方法，讓自己感覺更放鬆、更受保護、更強大、更安適自在……再多一些感恩、多一些喜樂、多一點成就感……然後，更強烈地感覺自己被關心也關心別人，感覺自己被愛也愛別人。每一個感覺要持續停留一整個呼吸、一次多一個新的突觸，慢慢就會在你之內發展出不可撼動的核心。練習得越頻繁、越深入，結果就越明顯。如果想要進行正式的練習，請參考本章最後的冥想練習 8。

平靜、滿足與愛

　　我將針對這個冥想練習提出各種不同的建議，請從中選取最適合你的部分，最後要安止在一種平靜、滿足與愛的感覺中。請把這些體驗當作冥想的目標，當你沉浸其中時，把這些感受完全吸收進來，成為你的內在資源。讓你的心安住在這些感受中，幫助你自己回到你的真實本性。

　　做這個冥想練習時，請注意貪念或渴求的起伏變化，包括驅動力、堅持和壓力等微妙形式。請認清渴求和心智中的其他所有元素都有著相同的本質：變幻無常、由許多部分組合而成，以及會因為各種原因而來來去去。讓自己從任何貪愛或渴求中解脫出來，貪愛或渴求會自然消散。

冥想練習 8
培養平靜、滿足感及愛

·

　　進入到此時此刻……覺察你的身體和呼吸。

　　平靜：注意你現在一切安好，有足夠的空氣可以呼吸，基本上沒事……感覺自己確實很安全，但仍可以保留對潛在威脅的覺察，同時也安止在一種平靜又自在的力量中……放下緊繃與憂慮不安……感覺自己沉住了氣，不浮不躁……放下防備、抗拒和緊繃……留意所有因為安全感崩塌而出現的貪愛及渴求……敞開心去迎接平和感。

　　滿足：想一個或多個值得你感謝的人事物，那可能是你欣賞的人或地方、讓你開心的事物……探索一切具足的那種感覺……釋出失望、挫折感……認知到你可以更輕鬆地追求目標,放下所有壓力或被驅策的緊迫感……留意所有因為滿足感崩塌而出現的貪愛及渴求……敞開心去迎接滿足感。

　　愛:想一個或更多個你關心的人和關心你的人……敞開心去感受你對他人的這種關懷、慈悲和愛;接著,再感受自己被關懷、被愛……感覺溫暖與愛在你身上流進流出。你明白即使內在充滿了愛,你仍然可以尋找愛……放下所有傷痛、怨怒、匱乏感……所有的負面情緒都被安止在愛中的感覺逐漸取代……放下對他人的所有執著及依附,放下任何需要讓他人留下深刻印象的執念……留意所有因為連結感崩塌而生起的貪愛與渴求……敞開心去迎接愛的感受。

　　回家:找出所有需求都已被滿足的那種感覺,那會讓你的內心充滿平靜、滿足感及愛……你感到舒服自在,帶著圓滿的感覺迎接下一刻……留意任何不必要的貪執……所有貪執都像在陽光下被吹散的雲朵,就這樣逐漸消逝……而你仍然安住在閒適自在之中。

・ 日常實踐 ・

選一個人（可以是路上的陌生人，或你身邊親近的人，甚至是你自己），覺察到對方的痛苦、壓力、失望、煩躁或傷痛，簡單來說就是對方所受的苦。然後再挑下一個對象，以此類推。這個簡單的練習是以一種開放的心態去理解苦，而不是被苦吞沒，也不需要試圖去改變或解決。

為自己打造一種冷靜的力量及慈悲心。然後回想過去的人生，尤其是童年時期，想想在你的內心深處是否壓抑著什麼，或是你把它們刻意最小化，以便視而不見。同時也想想你要怎麼做，才能允許那些一直被你推開的東西，從現在開始能夠更自由地在你的經驗中流動。有什麼資源能幫你做到？這麼做會為你帶來什麼好處？

做一個簡單的動作，例如伸手拿杯子。然後觀察這個經驗，分別看看其中與苦有關及與苦無關的部分。

當心智安靜下來時，試著辨認出內在一種非常微妙的力量，它正在努力地想抓住轉瞬即逝的東西。

花一段時間（一分鐘、一小時或一天），觀察你在此期間的所有經歷，看看有哪些讓你不快的感受；接著，觀察有哪些快樂的感受。然後，觀察它們之間是否有關聯。你也可以觀察有哪些經驗是中性的（不苦不樂）。當快樂調性在覺知中生起後，看看會發生什麼事。你能與這種快樂調性同在，同時又能夠善巧地採取行動，而不被貪愛或渴求牽著走嗎？換句話說，你能夠把心打開去迎接你的體驗，不抗拒令人不適的感受，不追逐令人愉悅的感受，也不執著於其中的關聯性嗎？如果貪念生起，你能放下它們嗎？

　　選定一個你想培養的關鍵心理資源，例如自我疼惜（或自我憐憫）、自我價值感或耐心。接著，有意識地尋找能夠體驗這項資源的機會；當你體驗時，請慢下來好好去接收它、吸收它，將這個體驗深深沉入你之內。

　　每天至少留出幾分鐘的時間，讓自己真正安止在平靜、滿足感及愛等正面的感覺中。

用心生活

第**6**章

成為一個完整的人

春有百花秋有月，夏有涼風冬有雪。
若無閒事掛心頭，便是人間好時節。[1]

──宋代禪僧無門慧開

　　現在，我們已說明七種練習的前三種（穩定心智、慈悲心、自在圓滿），接著要探討的是後面四種更激進的覺醒面向。接下來這四種練習（成為一個完整的人、接受當下、敞開心進入全有與尋找永恆），看似遙不可及，但事實上，只需要多一點的專注力及努力，每一種練習都是觸手可及的。以我所謂的「完整」（wholeness）為例，指的是少抱怨、少憂慮，全然接受自己，感覺自己身為一個人是完整的。這些改變對我們都有實實在在的好處，而且每個人都能做到。正如佛陀鼓勵我們的，此生應該盡可能地在自我覺醒之路上走得遠一點，現在就讓我們來試一試，看看會發生什麼！

內在的小劇場

幾年前,我有個負責電影特效的鄰居曾讓我欣賞他手上正在剪輯的一段影片:一頭鯨魚在深海裡泅泳。他說,公司裡好幾台電腦徹夜不休地運轉,就只為了完成這絕美的一幕。他的話讓我大吃一驚,因為眾多設備花那麼長的時間所創造出來的幾秒鐘影片,我們的大腦隨時都能透過內在劇場想像出來。

負責這個內在劇場的大腦迴路,是過去數百萬年來人類大腦的主要進化成果之一。它卓越的能力成功地幫助人類祖先存活了下來,也豐富了現代人的生命。不過它也有缺點,重要的是學會如何明智地使用它,而不是被它所利用。

• 中線皮質網絡

想像你的手指從前額沿著頭骨中線向後移動,直到頭骨曲線開始向下彎之處。在你手指行經的路線下方,神經網絡正沿著這條中線(位於大腦頂部)分布,這些神經網絡大致可以分為兩部分[2]:

★ 前半部的網絡,與解決問題、執行任務及制定計畫有關[3]。
★ 位於後部並向兩側延伸的,是前一章提到的預設模式網絡,它和反芻過去、做白日夢、恍神發呆有關。

這兩種神經網絡都與**心理時間旅行**（mental time travel）*和強烈的自我感（sense of self）有關[4]。當我們啟動**情感預測**（affective forecasting）時，就會用到這兩種神經網絡。情感是一個心理學名詞，意思是「和心情、感受及態度有關」[5]。這種預測機制包括想像並評估不同的情景，例如考慮若是用某種方式對某人說話會怎樣？或者只是在想：「今天晚餐吃什麼好？」

現在先停下來想想，每天你在這些中線皮質網絡花了多少時間進行心理活動？對大多數人來說，使用時間都相當可觀。實際上，我們每天都在上演著許多內在小劇場，其中播放的影片和「我」如何看待各種情境及人事物有關，通常是以發生在「我」身上的事情為主，並且還對這些影片有許多想法與感受。

這些中線皮質網絡的進化，幫助我們的祖先及現在的我們能夠從過去學習、規畫未來。大腦的預設模式似乎有助於大腦自行組織及運作[6]——有時我們只需要休息一下做做白日夢，創意靈感及充滿希望的可能性就會湧現[7]。這些能力為人類帶來了許多優勢，但天下沒有白吃的午餐[8]。

舉例來說，中線網絡也會讓人產生抑鬱、頹喪的自發性認知：「我老是把事情搞砸。為什麼我這麼笨／這麼醜／這麼不討人喜歡？」[9]當預設網絡被活化，你的心智就會四處遊蕩[10]。一個針對白天隨意用手機發送簡訊或郵件的人所做的研究顯示，這些人平均有一半

---

* 編按：心理時間旅行是指人類在心理上將自我投射到過去再次經歷過去事件，以及把自我投射到未來，預先經歷未來事件的能力。

的時間都在走神[11]。一個人走神的時間越長，就越容易出現消極、焦慮、怨恨、後悔和自我批評的想法[12]。

• 側邊皮質網絡

當你轉換到另一種體驗時 —— 就只是活在當下，不批判、不評價，也不帶著強烈的自我感 —— 中線皮質網絡的活動就會趨緩，而位於大腦兩側的側邊網絡則會開始活躍起來[13]。這種水平移轉使得**腦島**（insula，大腦皮質的一部分）更活躍，腦島與情緒、**內感受**（interoception）等多種心理功能有關，內感受指的是對身體內部狀態的感覺和直覺[14]。

這些網絡主要在大腦的一側運作。對慣用右手的人來說，左腦專門負責循序處理或逐次處理（一步一步或一部分一部分進行），也因此是負責語言的重要腦區。右腦則專門負責完形（gestalt）感知及整體性的處理（把事物看作一個整體），因此和圖像處理與視覺－空間推理有關。於是，能幫助我們覺知當下且擁有更強整體經驗感的側邊網絡會出現在負責整體處理的那一側大腦，也就是大多數人的右腦（對於慣用左手的人來說，以上的大腦功能則是左右對調，但基本概念一樣）。

接下來，我們將探討如何刺激及加強大腦側邊網絡，以培養更強的整體感。不過在那之前，要先來看看中線網絡是如何誘發我們產生分裂感、讓我們受苦，以及我們能做些什麼來改善。

內在分裂，是受苦的源頭

　　當你的心智專注於解決問題或神遊太虛時，注意力總是會從某個對象轉移到另一個對象。舉個例子，假設你看到了一片餅乾，這片餅乾的樣子就會成為你意識的一個「片斷」。接著你出現了想要這片餅乾的欲望——「我想吃餅乾！」——這就形成了意識中的第二個「片斷」。你接著想：「噢不，餅乾有麩質和卡路里，我不能吃。」——這第三個片斷也出現在你的腦袋裡。但緊接著又有另一個片斷發出聲音：「你這麼努力工作，值得用這片餅乾來犒賞自己……」意識中的每個片斷彼此連動，卻又經常互相衝突。這就是我們大部分痛苦的結構：心智中的各個片斷彼此槓上了。想想最近困擾你的事情，接著想想其中包括哪些片斷，以及它們是以什麼方式相互拉扯。相反的，只要我們的整體感能夠增加，這樣的內在分裂就會緩和下來，痛苦也會隨之減少。

　　這種片斷式是我們體驗自己的常見方式，也讓我們很容易就把那些脆弱的、尷尬的或痛苦的感覺推開。心智就像是一棟有許多房間的大房子，其中有些房間因為堆放了令人害怕的東西而被鎖起來。雖然我們可以理解這樣的機制，但長久下來卻會演變成問題。我們把門鎖上，讓自己變得麻木；然而，越是壓抑就越沒有活力與熱情。我們越是把某些片斷驅逐到意識邊緣，就越無法了解自己。我們藏得越多，就越害怕被發現。

　　以我來說，直到上大學前，我心智中的許多房間都是鎖上的。這麼多年下來，我一直在努力地接受自己——全部的自己，包括大大小小每一個部分的我，害怕的我、生氣的我、沒有安全感的我。臨床心理學家塔拉‧布萊克所提出的「**全然接受**」（radical acceptance）練習（也包括接受你自己），可以幫你重新打開心智中的每一個房間，同時還能讓生活正常運轉。事實上，只有打開這些房間，你才能最好地管理那些被你深鎖在記憶幽境的東西。這就像傳統醫者使用的兩種療癒工具：光與空氣。下面的冥想練習，就是針對這一點所做的自我修持。接受自己會讓你感覺完整，而感覺完整則會進一步幫助你接受自己[15]。

冥想練習 9
全然接受自己

接受意味著無論你喜不喜歡，都要以軟化的心態去承認某個現存的事實，並臣服於這個真實的現狀。與此同時，你仍然可以努力地讓事情變得更好。

選個能讓你開心的對象，例如一個你喜歡的杯子，探索接受它的感覺。再選一個你不喜歡也不討厭的對象，例如一張米色地毯，然後接受它。接著，再選擇一個讓你稍微感覺不舒服的對象 (例如惱人的噪音)，並幫助自己接受它。

　　明白「接受」是什麼樣的感覺。你的身體會放鬆，呼吸也會放鬆。或許你還會生起這樣的念頭：「事情就是這樣啊……雖然我不喜歡，但可以接受。」你會接受，可能是為大局著想，或是理解事出有因，也可能包括不只一個理由。想像當你面對並接受眼前的現況時，有朋友或其他人在身邊支持你，這可能會有幫助。要注意區分接受的感覺和無助或被打敗的感覺截然不同，接受通常會讓你感到冷靜與平靜。

　　從你的正面特質中挑選一個，比如你的專長或一個良好的意圖。看看你接受這項特質是什麼感覺。再選一個中性的特質，比如你是個會呼吸的人，然後接受它。接著，再選一個稍微負面的特質，並試著接受它。然後慢慢提高挑戰程度，鍛鍊自我接納的心理「肌肉」。

　　允許各種念頭像冒泡一樣，自然浮現在覺知中，看看接受它們是什麼感覺。例如：「啊，我的腰好痠，我接受它；某人好討厭，我接受它；我感覺到內在小孩出現了，嗨，小朋友你好；有些可怕的東西從我的心靈幽境冒出來，我真心希望它們不在那裡，但是，好吧，我也接受它們……」

> 尋找你內在那些甜美、讓人欽羨、充滿熱情或溫柔善良的一面，花點時間一一接受它們。你可以想像自己對這些意識片斷鞠躬頂禮，歡迎它們、感謝它們，並讓它們成為你的一部分。
>
> 接著，尋找你內在那些讓你感到丟臉或懊悔的事，試著接受它們。先從小事開始，同時你知道自己能負起責任並能明智地行動。想像你用慈悲、善意和理解去觸碰你的這些部分。
>
> 讓你內在的高牆軟化下來……讓所有一切都順其自然……感覺你是一個完整的存在，並放鬆下來……

行動模式 vs. 同在模式

　　廣義來看，中線網絡負責「行動」（doing）模式[16]，而側邊網絡則負責「同在」（being）模式。從右頁列表可以看出這兩者的不同，雖然研究人員尚未將列表中的每一項表現和中線網絡、側邊網絡聯繫起來[17]，但我們仍能在自己和他人身上，認出這兩種不同的心理狀態[18]。

　　當然，在生活中，我們既需要行動模式，也需要同在模式。你可以根據每個當下的情況，在兩者之間來回切換，甚至交錯在一起。儘管如此，現代的教育、職業、科技與娛樂都在對中線網絡反覆刺激，從而強化了中線網絡。此外，中線網絡與側邊網絡會以**交互抑制**（re-

「行動」模式	「同在」模式
聚焦於整體的一部分	意識到全局；宏觀的視角
目標導向	沒有什麼要做，也沒有哪裡要去
聚焦於過去或未來	安住於此時此刻
抽象的、概念性的	具體的、感覺性的
許多言語活動[*]	少有言語活動
持有堅定的信念	不帶預設觀點，一切都是「全新的發現」
評價和評斷	不評斷，只是接受
陷入沉思、心不在焉	覺察當下的狀態
明顯的「作者我」[**]	很少或沒有「作者我」
明顯的「受者我」[19]	很少或沒有「受者我」
貪念、渴求感	自在感
感覺支離破碎	感覺完整

---

[*] 編按：言語活動又稱言語行為，包括說、聽、寫、讀等幾種不同的形式。

[**] 編按：作者我（self-as-subject）即作為主體、造作各種經驗的自我；與受者我（self-as-object）相反，受者我是客體，是個人對其自身的態度、感覺及價值判斷。

ciprocal inhibition）的方式相互影響，也就是說一方繁忙運作時，另一方便會受到抑制。過度訓練的中線網絡很自然地會進入主導地位，於是同在模式（全然處於當下，不爭取、不抗拒）通常很快會被行動模式取代。

重點：當我們能更熟練地進入同在模式，將會因此受益。這聽起來有點奇怪，卻千真萬確！那麼，要怎麼做呢？

安處當下的整體感

接下來我們將探討幾種從神經方面著手的方法，來培養整體感。然後，你就能在自己喜歡的任何時候安然地處於當下，即使你還在忙著做這做那，仍能保有同在模式的那種平靜的底蘊。

● 待在綠區裡，不急不躁

感覺到需求未被滿足時，中線皮質的活動就會活躍起來：無論是前側區域偵測到有問題尚待解決，或是後部區域開始**反芻思考**（反芻意味著一遍遍重複，套用牛、羊等反芻動物將胃內食物倒流回口腔再咀嚼的行為）。相反的，當你感到圓滿後，中線網絡就不會再被添加柴火，而同在模式就有空間施展。這樣的你更能承受痛苦，不需要分裂自己去對抗痛苦，也更能享受快樂，不需要分裂自己去追逐快樂。你更能沉浸於此時此刻，不需要進行心理時間旅行：就是現在，一切已具足，足夠完整，也足夠美好。

• 聚焦於感官知覺

　　解決問題和反芻思考通常都會涉及到內在的自我對話。如果你慣用右手，內在對話使用的是左腦 [20] 的**顳葉**。感官知覺（例如檸檬的香味、棉花的柔軟觸感）是非語言的訊息，因此當你把注意力放在味道、觸感、景象、聲音和香氣上時，就能很自然地讓左腦的喋喋不休及觸發中線網絡的訊息來源消停下來。這麼做還能增強右腦的活動，刺激位於右腦的側邊網絡。如果把焦點放在腦島負責的內感受上（例如呼吸時，感覺到胸腔的起伏）[21]，會更有幫助。與其被跑馬燈的思緒帶著團團轉，你可以讓自己穩穩地安止在身體裡，這麼做還有一個好處——減少情緒性反應及抑鬱傾向 [22]。

• 除去預設立場，安於不知

　　不知（not-knowing）的心態有助於擺脫歸類、概念化和評價，以上這些都會讓中線網絡活躍起來。例如，你能否把窗外的車聲單純視為一種聲音，而不去為它貼標籤或對它持有意見？見山只是山、見水只是水，不生起任何念頭，那會是什麼感覺？[23]

　　請多多探索這種「不知之心」（don't know mind）[24]，以事物本有的樣子去認識它們，既不添加自身的信念或期望，也放下必須得到確切答案的需求。一開始，這種做法可能會讓你有點不安，但後來你就能放鬆下來，意識到即便你一無所知也能移動手上的杯子，甚至和朋友暢快聊天。這就像用孩子的眼睛看世界一樣，不帶有個人的任何念頭，只是接受它的新鮮感。你每一次轉身，世界都有新的一面等著你發現。

你還可以練習放下「分別心」。有時候，我們確實需要辨識出什麼是對自己有益的，而什麼是對自己有害的，但多數時候，我們可以跳出對／錯、好／壞、喜／惡的框架，而這些框架都是立基於現實之上的。如果我們也能用這樣的心態來對待自己，會是一大解脫。停止再為自己的一舉一動貼上任何標籤或評斷，也別再將自己的心智活動劃分為好或壞。

思考本身並沒有錯，只是它很容易占據心性的空間，排擠許多其他的東西，同時也會強化渴求及痛苦背後的分別心及偏好。在你從事日常活動時（走路、開車、購物、與他人交談），都要盡可能不為這些活動加諸個人想法：不貼標籤、不評斷，也不賦予它們意義。這不是在抗拒你的意念，單純只是不餵養它們，也不被它們牽著走。

• 讓所有思緒自由來去

當我們執行任務或陷入思考時，就會不斷努力地把事情聯繫起來，賦予它們意義並加以控制。措尼仁波切（Tsoknyi Rinpoche）曾經說過，念頭本身沒有問題，問題在於我們試圖把這些念頭黏在一起[25]。想想以下的冥想引導：「放下過去，放下未來，放下現在，不要管你的想法。」[26] 所以請注意，當你讓許多想法在你的意識中來來去去，而不試著將它們聯繫在一起，會是什麼感覺。這能幫助你轉移模式，毫不費力地接受每個經驗。例如，覺察你的呼吸，然後注意單純地「接受呼吸」和「刻意呼吸」，在感覺上有什麼不同。大多數時候，我們的腦袋真的不用這麼忙。

• 完形覺知，人類有追求完整的傾向

　　當我們用整體感來看待事物時用的是右腦，而中線網絡那種片斷的、分離的心智活動也會跟著安靜下來。視覺就是一個很好的例子：即便我們看到一間放著雜七雜八、許多不同物品的房間，但這樣的房間仍然可以被視為一個整體的、統一的場景。同樣的，你也可以把心智想成是一片廣闊的天空，而想法和感覺就像一片片雲彩那樣在天空中穿梭來去。當你遇到問題時，例如感情問題，可以問問自己：「如何把目前這個情況放到一個更大的背景中來觀察？我能以什麼更宏觀的角度來看待它？」

　　身體也一樣，你可以把它當成一個整體來感知。來做個小實驗：把注意力放在前胸上，去覺察你的呼吸，接著從胸腔後方來覺察你的呼吸……然後，同時用前後胸腔覺察你的呼吸。最後再看看這樣的覺察練習，是否也改變了你的心智狀態[27]（想要更深入練習，可以試試下面的冥想練習 10）。你也可以在活動時，用整體的角度來覺察身體，例如散步或做瑜伽時。

你就是天空。其他的，不過是天氣而已。[28]

—— 佩瑪・丘卓

• 心靜則智慧生

當你更能從整體角度來感受自己，心智就會安靜下來。外界的嘈雜聲會逐漸退到背景後並消失，平靜隨之而起——在佛教傳統中，靜是開悟的七個要素之一[29]。當你變得越來越平靜，會感覺外界的干擾再也不能讓你心神動搖，你成了一個更趨完整的整體。在這個紛亂的世界裡，培養真正的靜——不抗拒、不排斥任何事物，只是待在靜定中——是無比重要的事。例如，佛典《入出息念經》（南傳《中部》第 118 經）就提到：「我學寂止身行正在入息……我學寂止身行正在出息……我學寂止心行正在入息……我學寂止心行正在出息……」[30]

你可以把心智想成是一片泥塘。當它越來越靜時，裡面的汙泥會沉澱下來。於是，池塘裡的水變得清澈，不再被水中的漂浮物所汙染，而美麗的珍寶總是靜靜地待在池塘底部。

冥想練習 10
全身呼吸

•

　　找到一個舒服的姿勢，讓你既可以放鬆又能同時保持警醒。找到內在平靜的力量，放下不必要的焦慮……意識到你現在大致安好，敞開心進入滿足狀態。找回溫暖的心及慈悲心……產生你被喜歡、被愛的單純感覺……敞開自己讓愛流進流出，安住在圓滿的感覺裡……

　　透過身體覺察呼吸帶來的各種不同感受……把注意力放在胸腔處，辨認出胸腔因為呼吸所產生的各種感覺……先覺察前胸，接著是胸腔後側，然後同時覺察前後胸腔的感覺。呼吸時，要把胸腔視為一個整體……把注意力往外擴大到涵蓋整個胸腔……呼吸時，把胸腔當成一個整體，並接受這種感覺。

　　如果整體感開始消退，這是正常的，你只要再次覺察到它就好了。當你專注於感官知覺時，讓思維和言語活動都消失。

　　透過以上方式，把覺知慢慢擴大到橫膈膜，覺察呼吸時橫膈膜的感覺，然後是同時覺察胸腔與橫膈膜的感覺。接著再把覺知往下擴大到腹部的感覺、背部的感覺……心與肺的內在感覺……然後是整個軀幹。接下來的每一次呼吸，都將意識擴展到整個軀幹，感覺整個軀幹成為單一的整體在呼吸，持續體驗這個統一場的感受。

接下來，將意識擴展到肩膀、手臂和手、脖子、頭……覺察到是你的整個上半身在呼吸。接著，再把覺知進一步擴展到髖部、腿和雙腳。覺察到是你的上半身及下半身合為一個單一的整體在呼吸，帶著覺知持續這樣的體驗……安止於這種全身的呼吸之中。

安止在綿長的全身呼吸之中，心裡越來越平靜……讓周圍的聲響和腦袋的思緒自然來去，當你安住在全身的整體感中時，無須去理會這些干擾，也不需要為任何事物賦予意義，你就只是安住在呼吸之中……用全身去呼吸……

心無罣礙，心中無執當自在

敞開、放手與愛是心最自然的本能，用以釋放緊張、壓力、貪執及痛苦。然而，這種自然的流動會被某些感受和欲望阻斷或掩蓋。這些阻礙既是貪執的結果，同時也是貪執的燃料，並讓某部分的心智阻礙心智的其他部分。要等到它們消退，整體感才會開始發展；而一旦發展出整體感，阻礙就會減少，於是貪執及痛苦也會隨之消退。佛陀特別指出了五種會覆蓋心識、讓智慧無法生出的阻礙（佛教稱為五蓋），覺察到這五種阻礙是讓你變得更完整的重要一步。

• 五蓋，遮蓋心性的五種汙染

貪欲蓋（感官欲望）：這種阻礙指的是在短暫的經驗中，對持久快樂的追求（也可以理解為對痛苦的強烈抗拒；為了簡單化這個概念，在此我特指對快樂的追求）。

瞋恚蓋（惡意）：因為忿怒而生的一種想要傷害他人的意圖，包括敵意、怨恨及具破壞性的憤怒。

睡眠蓋（疲憊和懶散）[31]：這是指身體沉重、心智駑鈍，可能出現昏沉感、倦怠感，甚至是抑鬱或缺乏修練的動力。

悼悔蓋（躁動不安、擔憂、後悔）：這是身心的煩亂不安，心緒很難安靜下來，念頭一個接著一個躍入腦海中。

疑蓋（猜疑）：這是一種不健康的懷疑，一種對於已知或明知可合理相信的事物帶著不信任的猜疑，進而毀壞身心。其中可能包括不確定感、思慮過多、猶豫不決、「分析癱瘓」* 等情況。這是一個非常強大的阻礙，因為有可能會到無物不猜疑的程度。

---

* 編按：分析癱瘓是指因為過度分析或過度思考而導致無法果斷行動或做出決定。

• 如何去除五蓋？

時時覺察：這五種阻礙就像其他心理現象一樣，有著共通的特質，包括無常、由不同的部分組成，以及因為各自的原因而來來去去。我們可以不用給它們那麼大的力量，事實上，阻礙的本質是空性，就像盤旋在天空中的雲朵，而不是堅實的磚牆。辨識出這一點，可以幫助你不那麼容易為它們所困。

不餵養你的阻礙：你可能已經養成了一些習慣和反應，但你可以不強化它們。注意反芻思考，要隨時有意識地打斷。千萬不要成為五蓋的助力，用來妨礙或傷害自己。

珍視不會阻礙你之物：重新把注意力放在對你有益的事物上，例如單純的感激之情。意識到你是健康的、充滿愛的及覺醒的，一旦你能覺察到它們，就自然能清除那些遮擋住它們的阻礙了。

延伸閱讀

•

1.《心靈深處》（*The Deep Heart*）／約翰‧普倫德格斯特（John J. Prend-ergast）

2.《全然接受這樣的我》（*Radical Acceptance*）／塔拉‧布萊克

• 消除五蓋的資源

以下是能消除五蓋（五種阻礙）的關鍵資源[32]。

貪欲蓋：把注意力放在需求已經得到滿足的美好感受上，例如感恩、知足、感謝。此外，一旦有欲求生起（例如想要來份甜點或買新衣服），可以想像自己已經得償所願並由此感到快樂。然後，把這種預期的快樂和渴望被滿足後那種實際的感受比一比。很多時候，實際獲得的快樂固然不錯，但遠不如想像的那般美好。我們都可能被善於吹噓的心智騙了。我常把這樣的大腦運作想成是一種內在的廣告手法，在進化過程中，它可能一再地激勵我們的祖先追逐下一根胡蘿蔔：「它一定很好吃！」所以，實際一點，不要高估欲求被滿足後的那種快樂，然後你就能夠隨心所欲地選擇。

瞋恚蓋：認清一點，憎恨和憤怒會成為你的負擔，即使在那一刻你感覺痛快極了。留意藏在瞋恚及惡意背後的傷痛、恐懼、委屈或不滿；把注意力放在這些潛在感受上，並試著接受它們。不管是什麼導致了你的瞋恚，都要學會帶著慈悲心疼惜自己，也慈悲看待造就這些惡意的事件。想著你喜歡的人，把注意力放在你對他或她表現出來的和善及仁慈，同時也試著感受來自對方的關懷。最後，試著以慈悲心去對待那個一直在挑戰你的人。

睡眠蓋：好好休息（就像其他阻礙一樣，這種昏沉又疲憊的狀態也會成為覺醒的大障礙）。做幾次深呼吸，用力吸氣，以刺激交感神經系統。此外，還可以聽或讀一些啟發靈性的東西。活動一下身體，可以的話就去大自然走走，呼吸新鮮的空氣，重新為自己充電[33]。

要克服懶惰、強化動機，你可以想想生命中那些轉瞬即逝的珍貴機會。我曾聽過來自藏傳佛教的幾個反思問題：我能逃過疾病嗎？我能逃過衰老嗎？我能逃過死亡嗎？我能以某種方式逃過與所愛的一切終須一別的命運嗎？我能逃過自己種下的惡果嗎？[34] 就我個人來說，我會回想所有曾經幫助過我的人、想想過去多年付出的努力，以及想著要善用他們送給我的禮物，然後竭盡所能地成為有一天能夠送出禮物的人。我想將禮物贈予他人，也贈予一年後的自己，直到生命的最後一天。這並不會讓我感到恐懼，反而讓我充滿感激和喜悅。

你也可以在做之前、做的過程中及完成任務後（例如更常冥想，對他人更有耐心），以會獲得什麼獎勵來幫助你產生動機。試著去感覺這些獎勵已經成真（例如能夠好好放鬆、自我價值感），不再只是畫餅充飢。當你這麼做時，大腦就能把預期會獲得的獎勵和特定的行動連結起來，幫助你養成好習慣[35]。

悼悔蓋：總的來說，就是試著了解是什麼讓你感到不安、擔憂和後悔。確認什麼對你來說是有效的，放下那些誇大或不必要的方法。接著，針對那些仍然有效的方法，制定一個實際的計畫，看看你能做

告訴我，你打算如何度過你這狂野又珍貴的一生？[36]

── 瑪麗・奧利佛（Mary Oliver），美國詩人

些什麼。這些步驟顯然很無趣，但確實有用。

　　不安可能來自於：你在生活或修持上缺少或錯過了某個重要的東西（有很多次，我應該好好傾聽不安感想告訴我什麼，而不是年復一年地在工作或靈性道路上硬撐到底）。同時，還要考慮你的稟性，或許你天生就需要更多的刺激才能維持興趣與專注力。例如，冥想時，你可以挑選更能吸引你注意力的標的，例如感恩或滿足感。

　　擔憂跟我們對安全感的需求有關。首先，盡你所能地解決真實存在的威脅。同時，也盡量讓自己隨時都能感到放鬆、堅定、安心與平靜。透過一次又一次地內化這些經驗，你就能建立起潛在的平靜力量，幫助緩解憂慮。一發現你開始反芻思考，就問問自己可以從中找到任何值得的東西嗎？如果沒有，就讓注意力溫和但堅定地轉移到其他目標。

　　後悔跟我們對連結的需求有關，而相關的感受是內疚和羞愧。這些都是很大的主題[37]，因此無法在此詳盡說明。請看看以下建議能否對你有幫助：

★ 自行判斷及決定什麼才是真正值得你後悔的。

★ 對自己的決定完全負責。

★ 讓自己去體驗並逐步釋出後悔等相關感受。

★ 清楚知道未來你想要怎麼做。

★ 盡可能改善及修復。

★ 疼惜自己。

★ 試著原諒自己。

★ 試著了解自己的善良、可敬及有價值之處。

疑蓋：留意你的**心理造作**（mental proliferation）[38]，也就是那些不受控制向四面八方紛飛的思緒。把自己帶回到最簡單、最清楚之處：此時此刻的經驗，以及你確認為真的事物。在這一刻，沒有什麼可猜疑的，因為它正如實地呈現在你眼前。讓自己從過度的分析、評判及思考中抽離出來，允許存在著不確定，允許自己等待及觀察，允許生命以這樣或那樣的方式去體驗，而你只需要觀察最後的結果。

冥想練習 11
去除五種阻礙（五蓋）

·

在這個冥想中，我們將探索以覺知為中心的感覺，不受阻礙地安止於當下；以接受的心態為中心，不受阻礙地放下；以圓滿和平衡為中心，不受匱乏或哪裡出了錯而受阻……在平靜、滿足與愛中，恐懼、挫折或傷痛再也不能阻礙你。你將安止並跟隨自己不受阻礙的真實本性……現在就讓我們開始吧！

放鬆下來……穩定思緒……溫暖你的心……進入一個安穩、開放、接受的覺知狀態……不受任何阻礙地留在當下……找到一種充實、圓滿及平衡的感覺。沒有失去什麼，也沒有出錯……敞開心迎接更大的平靜、滿足感與愛……不受恐懼、挫折或傷痛等阻礙的影響……

覺察到生起的任何惡意，放下它們，安住在安全、慈悲與被愛的感覺中……

覺察到生起的任何感官欲望，放下它們，安住在一種已得到幸福的感受中……

覺察到任何疲憊、懶散、昏沉，放下它們，安住在清醒的天然能量及清明通透中；安住在自己的良好意圖及祝願中……

覺察到任何不安、擔憂和後悔，放下它們，找回平靜與安心，以及你與生俱來的良善本性……

覺察到任何猜疑，放下它們，安住於知曉一切的當下……信任你所確信為真的東西，例如你所坐的這把椅子、你持續的呼吸……

感受並相信你的真實本性，你能自然而然地覺醒……你生來良善、心性平和……你不遮不掩、不受阻礙……你不可撼動、不受沾染、無憂無愁，你是安全的……

讓心智以整體來運作

把心智視為一個整體，這是整體性最極致的表現[39]，所有一切都涵蓋在內：圖像與聲音、想法與感受、角度與觀點，以及覺知本身。心智的整體性是顯而易見的，且時時刻刻都如此，只是我們通常不會以整體的方式體驗它，而是專注於這個或那個部分。如果我們能把心智視為一個整體來運作，就不會有衝突及拉扯。可能痛苦、悲傷還是難以避免，但只要心智的各個部分不再分崩離析，就不會生起貪念，也就不會受苦。只有完整，才能帶來平靜。心智中的各種內容會不斷變動，所以感覺似乎不太可靠。然而，當心智成為一個整體而存在時，它會維持它應該有的穩定性，也因此更加可信賴，不容易被擾動，於是你會感到平靜。

• 覺知與大腦

覺知提供我們一條通往完整心智的直接途徑。由於覺知（aware-ness）是一個相當複雜、有多種含意的稱法，因此我們有必要在此先說明。首先，你可能會覺察到某件事，比如車子的聲音，或是和同事劍拔弩張之後難以平復的惱怒感。正如我在第三章提過的，有一種冥想方法就是透過持續覺察某個特定對象（例如呼吸）來進入冥想狀態，也可稱之為專注力練習。其次，你可以做開放覺知[40]的練習，也就是不帶任何批判地觀察經驗來來去去，並且不試圖去改變或影響它們。第三，你可以覺察你的覺知[41]，也就是把覺知當成你的覺察對象。第四，你可以安住在覺知中 [42]，去體驗它寬廣的接受能力，以及不斷成長的覺察能力，但不會與在覺知中來來去去的事物牽扯在一起（前兩種解釋比較簡單好懂，後兩種需要更多的練習）。無論是冥想和日常生活，你都可以自然而然地從練習專注力提升到敞開覺知，再到安住在覺知中 [43]。如果有什麼讓你分心或走神（例如一段令人不安的記憶，或是周圍的聲響），只要一發現，就要重新把注意力拉回來，慢慢回到開放的覺知，然後再讓自己安住在覺知中 [44]。

第一種覺知——覺察到某個特定對象——在動物身上也很常見，包括那些神經系統簡單的動物在內 [45]。青蛙能覺察到周圍飛舞的蒼蠅，而蒼蠅也能覺察到落在複眼上面的光影變化 [46]。青蛙或蒼蠅不需要覺察到自己是否有覺知，也不需要身分認同才能保持警醒，隨時對周圍情況做出反應。青蛙究竟是如何覺察到蒼蠅的，而我們又是如何覺察到青蛙的，至今仍是研究覺知的科學領域中一個棘手的問題。儘管如此，與覺知有關的神經生物學原理已經越來越清晰（但仍存在著不少質疑和爭議，此處只是簡要的總結）。外在刺激源的初步訊息會由神經系統中較「低階」的構造處理後，再送到「中階」做進一步處理，然後再送到「高階」構造，在這裡，訊息會以神經基質呈現，於是也讓神經科學家伯納德・巴爾斯 （Bernard Baars）所說的**意識的廣域工作空間**（global workspace of consciousness） [47] 理論成為可能。

沿用這個工作空間的比喻，你可以想像有一間會議室，大腦的不同部位可以在這裡有效地交流訊息。例如，感知系統（「現在發生了什麼事？」）、警覺系統（「這重要嗎？」）和執行系統（「我們該做些什麼？」）會在這裡相互交流，了解情況。出現在這些**意識相關**

神經區（neural correlates of consciousness）[48] 裡的訊息，包括許多神經元之間的短暫連結，以及相關的神經化學過程。這些訊息就像是神經生物流中的一道道生理漩渦，它們以訊息漩渦的形式呈現，從而產生了經驗的漩渦[49]。

到目前為止，我把覺知描述成一個靜態的領域，以及經驗如何在其中發生。但這只是一個簡化後的比喻。由於覺知的生理基礎是活的且時刻都在變化，因此覺知本身是動態的，邊界及性質都在不斷變化著。覺知是一個過程，而不是一個事件；實際上，我們無時無刻不在「覺察」。一般來說，人類（或青蛙）的覺知是因緣和合、多種條件促成的，不是無緣無故發生的，也不是無條件存在的[50]。

> 一種開放的、全然接受的態度，沒有任何目標或預期，將會讓靜默和靜定更容易顯現為你的自然狀態……覺知會自然回歸到它非狀態的、純然未顯化的潛能，那是超越一切所知的寧靜深淵。[51]
>
> —— 阿迪亞香提（Adyashanti）

• 安住在覺知中

既然覺知難以名狀又無常，要想抓緊或認同它就會受苦。即便如此，只要你覺察到這一點，就能部分或全部斷開在覺知中來來去去的許多事物，同時不斷成長的覺知將會自然地把你拉進整體中。既然身為「我」的經驗也只是眾多經驗當中的一種，安住在覺知中也能讓你不再以自己為中心，從而減少因為太個人化（認為所有事情都是針對你）而受苦。

安住在覺知中，你就能逐漸接受它的一些特質。因為覺知可以接收並持有所有一切，它從不會被任何來來去去的事物所沾染，也沒有邊界⋯⋯因此，你會變得越來越豁達、開放、純淨、無量。此外，覺知是一個充滿可能性的場域，像是完全無條件的、超越尋常的實相。雖然「像是」（like）不等同於「是」（is），在第九章會有更多說明；但是，安住在覺知中確實有助於你培養一種直覺，亦即從終極意義上，看出什麼才是無因緣造作的實相。然後你將發現，表面看起來只是你自己的覺知，但底下深處卻是超越個人的[52]、無邊無際的、不受時間限制的。

繼續維持這個狀態，覺知本身與覺知內容之間的明顯分界將會逐漸消失，你將會明白這些只是單一心智的不同面向而已。於是，你將作為一個完整的心智而存在。有個聲音出現，於是我有了這個聲音的覺知，但事實是，這全都在整個心智之內，沒有主體客體之分，覺知和其中的內容也一無分別：所有一切都是一個統一體，不存在二元性，不是這個或那個，而是只有一個。

冥想練習 12
不可被分割的整體性

找到一種溫暖的、圓滿的、平靜的、滿足的、有愛的感覺……覺察你的呼吸，然後慢慢擴大到全身，感覺是整個身體在呼吸。

安住在整個身體的綿長呼吸之中，覺察周遭的聲音……再把這些聲音納進來成為單一的完整體驗。接著，漸漸將聲音、景象及所有的感官知覺一起納進來，成為同一個完整的體驗……接著納入你的感覺、想法以及存在於覺知中的所有一切，全都視為同一個完整的體驗。

覺察到你正在見證這個完整的體驗，讓它從你眼前經過，在覺知之流中穿梭。讓它進入覺知中……放下所有想做些什麼的意圖，安住在這種清晰且無分別心的覺知中……放下恐懼、放下希望，也放下生起的自我感……放下已經過去的一切、放下未來，以及放下正在消逝的每個當下……

敞開自己去接受……覺知和它的內容是一體的，心智是一體的……讓心智就只是如是存在著，簡單做你自己，因為你是完整的……持續這樣的狀態……

　　你就是這完整的心智，涵蓋所有一切……整個心智正在展開……

　　就只是如是存在著……沒有哪裡要去、沒有什麼事要做、不需要成為什麼樣的人。經驗會自行發生……你自由又開放……現在，釋放你的心智，讓它自由……

● 日常實踐 ●

　　花一個小時做個小實驗：算算你在一小時裡，反芻了多少次負面「情節」。刻意回想或快樂的神遊都不算在內。不需要算得很精準，重點在於：你需要提高你的自我覺知。做完實驗後，你可以反思得到的結果，以及你想要針對結果做些什麼。

　　試著一次次地把注意力放在感官知覺上，擺脫所有想法。或許仍然會有許多念頭浮現，但你可以不必餵養它們或被它們左右。你可以把聲音和影像納進來，但仍然有意識地與所有念頭斷開。保持這種狀態，並讓這種狀態深深沉入你之內，如此你就能再次運用它。

　　在從事日常活動（例如洗碗）時，可以練習以全新的心態去使用那些日常用品，彷彿你第一次接觸它們，看看那是什麼感覺。你可以看、拿或移動這些物品，但不要將它們過度概念化。你也可以把這樣的「不知之心」帶到生活的其他面向。

　　偶爾讓自己沉浸在身體是一個整體的感受中。

　　選出一件妨礙你健康、覺醒和展現慈悲心的事情。先從具體的小事件開始。用一天或幾天的時間擺脫它，不再餵養這個阻礙……然後享受從中解脫的成果。你也可以用同樣的方式去處理其他阻礙。

　　冥想時，試著探索開放覺知，並安住於此。一開始或許不容易進入這樣的狀態，但經過多次練習後會越來越順利。

　　不管是冥想時或其他時候，都要練習把心智視為一個不可分割的整體。

第 **7** 章

安住於當下

從這裡開始，就在這個房間裡，

當你轉身的時候，

還有什麼能比現在更偉大？[1]

——威廉·斯塔福德（William Stafford），美國詩人

說到存在，最了不起的一項事實，一直就在我們鼻子底下。

那就是當下的此時此刻，無止境地一個接著一個結束，同時又無止境地更新。就像一條線上的某一個點在空間上是無限渺小，現在的每一刻在時間上也是無限渺小。然而，每一時刻卻都涵蓋著過去的因，並造就未來的果。這是我們安身立命之處，或者說是實際生活的時空，但我們卻不了解自己的這個家。從科學上來看，當下或時間的本質，至今仍是未解之謎。但從經驗來看，安住於每一個當下顯然是珍貴的。科學家暨佛教僧人馬修·李卡德（Matthieu Ricard）曾經說過：「人們應學著在念頭生起的當下，就讓它自由離開，而不是任它侵入心智。過去已經過去，未來還沒有到來，當下是生機蓬勃的存

在，當人們抱持純粹的正念和自由，紛擾的念頭便將在生起後離去，不留下一絲痕跡。」[2]

　　接下來，我們就來看看能如何享受這個生機蓬勃的當下。

每一個當下都是新的創造

　　你對當下的體驗是立基於神經系統在那一刻如何活動[3]。因此，了解相關的神經機制將會很有幫助。然後，在下一節中，會探討如何實際運用這些知識。

• 研究「當下」的物理學

　　大腦和心智在每一個當下都處在一種特定狀態，而這些狀態會隨著時間改變。這話聽起來簡單明白，只除了沒人真正知道時間究竟是什麼，也沒有人知道為什麼會這樣——所謂的現在（now）更是一個費解的概念。世上所有偉大的科學家，都不能切實地理解為什麼會有「當下」這樣的時刻，也不知道那究竟代表什麼。「現在」時時都在用，但宇宙究竟如何創造時間——或反過來，時間如何創造宇宙——至今仍是不明。

　　雖然如此，還是有一些精彩的推測。其中，我個人最喜歡物理學家理查‧繆勒（Richard Muller）的版本。大約一百四十億年前，宇宙大爆炸創造出一個四維空間的宇宙（三個空間維度及一個時間維度），從那時起到現在，所有維度都在不斷膨脹。以下引文出自繆勒：

> 宇宙大爆炸是四維時空的爆炸。正如空間是由〔這種〕膨脹產生的，時間也因此被創造出來……每一刻宇宙都在變大，時間也在變長，這就是時間的前沿，也是我們所說的現在。
>
> ……所謂時間之流指的是持續疊加的新時刻。這些時刻讓我們明白時間不斷在向前推進，新的現在正在持續被創造出來。[4]

懂了嗎？我沒看懂，或至少不是完全懂。不過，當我想像生命中的每一刻，都開始於宇宙正在膨脹的前沿，確實會讓人心存敬畏。沒有望遠鏡，我們看不到新空間的形成[5]，但每一次呼吸，我們都在見證新生時間的創造。要是繆勒所言不虛，就表示我們一直都在創造。

有時高高峰頂立，有時深深海底行。
有時是瘋狂的心，有時是佛身。
有時是禪師，有時為凡夫。
有時是地，有時是天。
既然只有這一刻，「有時」就是所有的時間。[6]

—— 日本道元禪師

• 清醒（Wakefulness）

為了觀察不斷膨脹的宇宙時空，我們的大腦首先發展出一種**警覺狀態**[7]。雖然字面聽起來很有緊迫性，但其根本意思卻是「清醒」，也是它在這裡的主要意思。假設你正努力隨時注意著接下來可能發生的事——想像半夜你和朋友開車行駛在蜿蜒山路上。這時，右腦的神經網絡會被活化，讓你一英里一英里地提高警覺。腦幹中的神經核團**藍斑核**（locus coeruleus）會時不時地將正腎上腺素送往大腦[8]，這種刺激神經的化學物質就像朋友般地對你說：「嘿，保持清醒！」

同時，你的注意力也可能放在其他地方，例如你正在和朋友聊的話題。像這樣刻意地保持專注，會用到大腦兩側[9]的**上部注意力網絡**（upper attention network）[10]。當你處於上一章所說的「行動」模式時，特別是在從事目標導向的工作時，通常就會用到這個上部注意力網絡。

• 警覺（Alerting）

接著，假設有狀況發生：一隻野鹿闖進了你前面的車道。光子從鹿的身體反彈到你的眼睛，觸發了一連串的神經活動，大約在十分之一秒內，你就覺察到有事情發生了，情況發生了變化。在大腦中，基本的知覺系統會負責處理最簡單的原始感官訊息（在這個例子中，指的是視覺訊息）。但在視覺訊息突然進入意識的那一刻，你還不完全知道在哪裡發生、發生了什麼事，以及應該怎麼做。

• 定向（Orienting）

　　在接下來的十分之幾秒內，你會對事情發生的地點越來越清楚。大腦很快會弄清楚，它是遠是近？在進化過程中，人類祖先意識到，不管是威脅、機會或人際關係，凡是距離越近就代表越重要，越不容忽視。接著，再過一兩秒，你就會明白眼睛看見的是什麼[11]：是月光下的影子，還是有一頭陷入危險的野鹿。

　　警覺與定向用到的神經系統是主要位於右腦的**下部注意力網絡**（lower attention network）[12]。當你專注於某個目標時，下部注意力網絡的活動會被活躍的上部注意力網絡所抑制。然而，一旦有新事物出現或發生新事件，下部注意力網絡就會被活化，從上部注意力網絡奪回主導權，從而「更新」意識場域的內容。當下部注意力網絡活躍時，預設模式網絡也會安靜下來[13]；新事物會打斷你的白日夢或反芻思考。

　　　他們不悲傷過去，不希求未來，
　　　他們以眼前的維生，因此容色明淨。[14]

　　　　　　　　　　　　——《相應部》（Samyutta-Nikaya）1-10

● 評估（Evaluating）

　　當你知道有事情發生了，也弄清楚了在哪裡發生、位置遠近及發生什麼之後，就需要開始關注它的意義。你能忽視它嗎？它很重要嗎？是敵是友？還有回旋的餘地嗎？下一秒，大腦的警覺網絡（參見第五章）就會參與進來，突顯其中相關的部分，並判斷它的快樂調性──例如，野鹿闖入前方車道，你會產生不愉快的警覺感。

● 行動（Acting）

　　當你開始行動時，大腦的執行控制系統（參見第五章）就會加入，並開始指揮你當下的立即反應──例如你很快轉向右邊，避開了馬路中間的野鹿。危機解除後──呼！你重新開始跟朋友聊天，上部注意力網絡再次啟動，而下部注意力網絡則退居後方，為下一次的新事件做準備。

● 將這一連串的步驟帶進你的體驗

　　上述所有過程只發生在短短幾次心跳之間，真是太不可思議了。就這個野鹿誤闖道路的例子中，短短幾秒內就有四個主要的神經網絡先後參與了進來。大腦運作的速度如此之迅速，就像是家常便飯一樣。野鹿闖入是戲劇性的事件，大部分時候，大腦的警覺和定向都用在尋常小事上。例如，你收到了一條簡訊、聽到某人說話，或者你的寵物貓跳上了你的大腿。當你帶著開放覺知坐著冥想時，也能辨認出意識之流的持續變化。每天你都能從日常經驗中多次觀察到警覺與定向反應，尤其是當你的心智越來越穩定時。在新的感覺和聲音進入覺知時，或是在生起新念頭與情緒反應時，可以試著觀察看看。

當你在時間中推進時（或者說時間從你身上流過），意識就像擋風玻璃，而警覺與定向的過程就是擋風玻璃的前緣。你越是注意這一點，就越接近這個前緣的最前端，並以客觀角度貼近每一個當下的經驗。這就像我們在日常生活中以主觀角度貼近每個當下經驗一樣，或許我們也藉此接近了宇宙新時間的創造時刻。

如何安住於當下？

強化並穩定上述清醒、警覺與定向的過程，是幫你進入並停留在當下的強大方法。經驗上來看，這能讓你更接近大腦建構意識流的初始點。就像有一道泉水正從山中噴湧而出，清涼的水汩汩向外流動，而你則持續待在泉水最初接觸到空氣之處。

日常生活中，我們可以透過以下實用的建議，幫助自己練習處於當下。你也可以試試接下來的冥想練習 13。

• 清醒

清醒意味著，以開放的心態準備接受將要發生的一切。無論你是

靜靜坐著冥想，或是忙著一件又一件的瑣事，都可以透過保持對周遭
環境的覺察來維持清醒。我們在前一章曾經提到，當你帶著一種整體
感 —— 整個房間或整棟建築物、高高在上的天空、事件的整個背
景 —— 就會刺激右腦網絡的活動[15]，這可能有助於啟動同樣位在右側
的神經網絡而提高警覺。

> 假如沒有當下，我們便無其他。
> 我們確實擁有的，只有當下。[16]
>
> —— 珍·韓森（Jan Hanson）

　　當你感覺腦袋昏昏沉沉、精神恍惚時，可以利用正腎上腺素系統
來調節，讓它幫你提神醒腦、清醒一下。你可以回想一些能讓自己產
生強烈感受的事情，比如你一想起來就會很激動或很興奮的經驗。稍
微大力一點吸氣（可以活化交感神經），讓自己的精神振奮起來。如
果你正坐著，就挺直上半身，但身體不要繃緊，想像有一條看不見的
線從頭頂輕輕將你朝著天空方向提起來。如果你是站著或正在走路，也
可以想像這種被往上直直提起的感覺。身體挺直後，腦袋會變得清醒。

● 警覺

注意收到提醒或警示時是什麼感覺，例如電話鈴聲響起，或覺察到有人進入了你的房間。在前半秒鐘左右，你只會知道有什麼不一樣了，並會收到第一手的感官訊息，或許還帶著一些驚訝。你的注意力也可能從原本專注的事物，轉向接收新事物：你會抬頭察看，或是換一個新任務，或採取一個新的觀點。當你越來越熟悉這種接到警示的感覺後，就越有能力在任何你喜歡的時候喚起類似的感受。

警覺感生起，就像呼吸到新鮮空氣一樣。為了促進這種意識更新，可以培養好奇心、以開放的心歡迎新事物，以及像孩子一樣容易驚訝及驚喜的能力。

從經驗上來看，整體感和活在當下的感受似乎是相伴而生的；而從神經學來看，也不無道理。當我們意識到自己是完整的、一體的，負責「心理時間旅行」的中線皮質網絡活動會趨緩，於是思緒不再容易漫遊，也就更能安住於當下。下部注意力網絡能增進包容性強大的全域性覺知 [17]，這也是整體性的本質。有助於體驗整體性的側邊神經網絡及有助於安住於當下的下部注意力網絡都集中於右腦，當其中任何一個網絡被觸發，另一個也會受到影響而跟著活化。

結合以下兩點，就能有效地讓上述兩個網絡同時啟動。首先，先放鬆下來，這種狀態能支持一個更開放、更具包容性的覺知。其次，把注意力放在即將到來的下一刻。美國麻省巴雷鎮（Barre）有兩個重要的冥想中心 [18]，該鎮的鎮訓「平靜而警覺」（Tranquil and Alert），正好可以用來作為一個完美的總結。想像你用這樣的方式，度過生命中的每一天每一刻。

• 定向

　　請注意當你收到內在警訊後，開始確認新事物位置及性質的那個瞬間。這就像在市區聽到一陣聲響，不到一秒鐘，你就能確認那是對街公車離站的聲音。這就是定向的感覺，當你能夠越快確定下來，就越能在這種感覺下更穩定地安住於當下。

　　有時候，我們確實有必要篩選外界傳入的訊號[19]，但排山倒海而來的事物卻很容易困住我們的心智。如果你像我一樣總是忙得團團轉，待辦事項接踵而來，可以試著啟動下部注意力網絡（警覺、定向及回到當下），讓它幫助你更穩定地安住於當下。這樣的你仍然可以正常工作，完成任務。當你越是處於「行動」模式時，就越難單純地、如實地專注於當下的「存在感」；相反的，如果你能穩穩地帶著覺知處在「同在」模式，仍然可以做很多事，例如煮晚餐或和朋友聊天。同樣的，當我們滿腦子都在想著過去或未來時，就很難感受到此時此刻。但是，當我們安住於當下時，卻仍然可以反思過去及規畫未來。透過練習，我們可以切換這兩種模式，或是讓這兩種模式更緊密地交織在一起，正如我們在上一章所說的；同樣的情況也可以套用在評估及行動步驟上。但首先，我們大多數人都需要訓練自己的心智和大腦，才能在更多時候處於當下。

冥想練習 13
當下的覺知

＊

找到一個舒服、挺直而穩定的姿勢，冥想時最好張開眼睛，覺察到更大範圍的環境：你所在的房間、你是某個整體的一部分。

覺察到一種放鬆又清醒的感覺……平靜而警覺。時不時地試試坐得再挺直一點是什麼感覺。更用力地吸飽氣……想著一件會讓你感覺興奮或激動的事。

保持警覺性。覺察到每一次呼吸開始之前的那一剎那，一直到開始呼吸……如此持續著……安住在不斷變化的感官知覺之中……擺脫所有的標籤或概念……自在輕鬆地持續接受每一個當下。

用同樣方式去覺察每一種聲音、每一個景象、每一個念頭的到來……敞開心扉全然接受接下來出現的任何事物……允許可能有預期之外的事情發生，或許你還會生出一種驚奇感，或是感到歡喜……在起心動念之前就先覺察到，一直保持下去。

建立一種定向感。觀察你識別新事物位於哪裡、距離遠近及有何感覺的全部過程……聲音來自哪裡、是什麼聲音……還有什麼東西出現在你的覺知中……一旦你辨認出它的位置和它是什麼之後，就將它放下，讓它快速離去……不需要評估，也不用採取任何行動。

　　保持警覺與定向感……在持續更新的意識中安住在當下……每個當下都感覺非常平靜……

解構你的每個經驗

　　如果魔法織布機（我們的大腦）一刻又一刻地編織著意識的錦緞，那麼主要的織線是什麼呢？為了回答這個問題，我採用了《南傳大藏經》的一個架構[20]，將流動的經驗「解構」為五個部分（五蘊），分別如下：

1. 色蘊：包括視覺、聽覺、味覺、觸覺、嗅覺等基本感官的處理過程[21]。
2. 受蘊：內心的感受，包括快樂、不快樂、相關性或不苦不樂等性質[22]。
3. 想蘊：分類、貼標籤；識別出事物為何[23]。
4. 行蘊：經驗的所有其他元素，包括想法、情緒、欲望、意象和記憶；氣質和個性的展現；計畫與選擇；以及自我意識。

5. 識蘊：識指的是覺知，即經驗發生的場域（或空間）[24]。

● 無限拆解個人經驗

這些組成經驗的部分，又可以進一步拆解為更小的部分，就連意識也可以被細分為六種感官（眼、耳、鼻、舌、身及意）的認知功能。事實上，你可以無限解構你的經驗，認知到它是一個由許多部分組成的複合體，每一個部分又由更小的部件組成。這不僅僅是概念分析。當你注意到每一刻都是由許多獨立的絲線織成時，經驗就會變得像空氣一樣輕盈，而不是凝聚在一起、互相綑綁的實體。你還可以看出構成經驗的每一個小部件，是如何不斷變化的。當你一次次地意識到經驗中的任何組成部分都無法被抓牢時，就會逐漸放下想要緊抓住任何經驗的想法，從而除去了痛苦的一個基本來源。

經驗的組成部分會因為無數原因而來來去去，其中大部分都與個人無關，而是來自外境或過去的因——你腦袋中沒有哪個大導演在執導每一個場景。當你以這種角度來解讀內在的小劇場時，就可以不那

「一切行無常」，以慧觀照時，
得厭離於苦，此乃清淨道。[25]

——《法句經》第 277 偈

麼強烈地把矛頭指向自己，也更少地受到牽連，心情也就不會那麼容易受到影響。

• 在遭受痛苦之前

你對新事物的覺知——例如手機震動通知有新訊息、走在街上有人迎面而來，或出現了強烈的身體感覺——往往會依照經驗的前四個組成部分依序發生。一開始，是一個最基本的感覺：「有事情發生了」（色蘊），接著你知道它在哪裡發生、發生了什麼（想蘊）。然後透過受蘊（樂受、苦受、不苦不樂受），你明白了這個新經驗的意義。最後你根據上述三者做出各種不同反應（行蘊），包括規避痛苦和追逐快樂、緊張和壓力、反芻思考和思考固著（preoccupation）。換句話說，前面三個經驗組成部分不存在（或很少有）貪執、自我感或痛苦[26]。

這個發現意義重大。這意味著，當你處於警覺和定向的狀態時（注意力主要集中於色蘊和想蘊），就會降低你對其他經驗組成部分的投入，也因此不會感受到隨之而來的痛苦。這就像以音速通過身邊擾動的氣流，你只是穿越過它而後進入寧靜。此時此刻，你正快速地進入未來——或者說時間從你身上匆匆而過——速度快到你無法「聽見」身後發生的事，也因此就不需要對它們做出反應。當你能夠無縫接軌地覺察到一個又一個接連湧現的當下，由於瞬息萬變之故，貪和苦的機制也就沒有多少機會能夠牽制你。

此外，當你貼近現在，也就不會那麼熱衷於「對有的渴求」[27]。

這當中的神經學基礎相當有趣[28]。大腦會不斷地預測，並比對真正發生了什麼。例如，當你伸手想拿杯子時，你的大腦會預估杯子的重量，來衡量需要出多少力才能適當地拿起杯子。接著，感官會回饋杯子的實際重量，於是你就能即時微調你需要付出的力道。像這樣預測→體驗→重新預測的過程，會用在生活中大大小小的各個方面，比如對話及人際關係。

　　觀察心智不斷產生期望或預測的運作方式，你一定會大吃一驚。它在日常生活中很有用，這就是為什麼大腦（包括小腦在內）[29]大部分的神經處理能力都集中在此。然而，這樣的模式卻會讓我們更容易活在對未來的想像，而不是活在當下。由於「當下」是我們唯一能真正感受到愛與平靜之處，因此我們的期望往往會落空，而讓我們大失所望。此外，預期的過程還涉及到對自我感[30]——發生在「我」身上的事——的建構與想像[31]，這可能會導致更多的占有欲、渴求和痛苦（下一章會有更多相關討論）。

　　當然，有時抱著希望或期盼是有用的，但我們也可能因此迷失在「有」的執念中。所以，請給自己至少一分鐘的時間，看看全然處在當下而不做任何預期——不試圖預期或想知道接下來會發生什麼——

> 沒有過去，沒有未來。你完全受到支持。[32]
>
> ——荷根・貝禪師（Roshi Hogen Bays）

會是什麼樣的體驗。在練習過程中，讓自己不做出任何刻意的行動會很有幫助，因為大腦負責執行功能及動作計畫（motor planning）[33] 的部位，與預測機制的腦區相當靠近。想要深入理解上述內容，可以嘗試以下的冥想。

冥想練習 14
讓你的心來去自由

·

　　放鬆，穩定心智……找到你溫暖的心、圓滿的感覺。覺察到用整個身體在呼吸……將這種整體感持續擴展，把周圍的聲音、景象和想法都涵蓋進來……軟化所有邊界成為一個整體……允許所有的你融為一體。

　　以一個整體安住在當下，辨認出在覺知中有許多事物存在……你可以認出簡單的形體，單純地覺察到感官知覺、聲音和影像……你可以辨識出它們是什麼，也識別出它們的快樂調性……你還認出了想法和感受的形成，還有覺知……在流動的意識中，有如此多的事物存在著……

　　辨識出心智的這些組成部分不停在變化，任由它們改變，讓它們自然發生而不刻意操作……一切都安好……心智持續在運作，其中有無數的組成部分一直都在變動……

持續不斷地放下……安住於每個當下……放下所有的組成部分……不需要貼標籤，也不需要明白任何事……現在這一刻是如此鮮明……放下期待，也不要試圖知道接下來會發生什麼……感覺一切安好……放下對「有」的渴求……現在這一刻是如此鮮明生動……持續存在於這個狀態，緊張與壓力便無從到來……

放下過去和未來……不斷放下……貼近當下……安住於當下的寂靜中……任所有的變化來來去去，你仍然在當下……

打造心靈避風港

處於當下會讓你感覺非常平靜，但你也可能因為意識到每一次的經驗都是短暫的而感到悲傷——即便是最讓你感動或最重要的經驗，也一樣轉瞬即逝。當你觀察到心智就像馬賽克一樣，是由許多部分拼貼而成，以及它們是如何不帶任何感情地來來去去時，你可能也會覺得恐懼。經驗可能不具任何意義和價值，這種虛無的感覺可能演變成絕望。要是底部持續崩塌，一切終將化為塵土[34]，那還有什麼可煩惱的呢？

　　隨著對無常的認知越來越深，和熟悉這個領域的老師談談會很有幫助，尤其是在你感到不安的時候。此外，這裡還有一些建議可以幫助你更自在地接受這永無休止的無常：

★ 觀察每一個經驗的結束必會迎來另一個新經驗。

★ 持續覺察身體一直在運作，呼吸仍在持續，心臟也持續在跳動。專注於當下，以及專注於現在一切安好的感覺。

★ 動動你的身體，來加強你的本體感覺回饋，讓身體知道你仍「持續如是」（going on being）[35]——這是套用小兒科醫師暨精神分析師丹尼爾・溫尼考特（Daniel Winnicott）首創的說法，意思是不受干擾、持續運作。刻意做些小動作，例如轉換坐姿的重心，然後把注意力放在自主感上，也就是你可以在想要的時候積極行動，而不是無能為力或不知所措，你的心智執行功能（例如做選擇或採取行動）仍然好好運作著。

★ 感受腳下的大地，它依然不動如山地在這裡，堅實如故、可靠如故。例如，你可以用腳底摩擦或輕拍地面，或者出門走一走。我很喜歡佛陀成道那一晚的故事，即使當時他遭受妄想和幻相的攻擊，但當他觸碰大地時，就獲得了撫慰與力量[36]。

★ 享受簡單的快樂，例如吃一口食物或喝一口水。這些都具有天然的舒緩作用，往往能讓身體的壓力反應系統安靜下來[37]。此外，也可以專注於熱心、真誠等基本的溫暖感受，比如和你關心的人聊一聊。

★ 透過冥想練習，讓自己安住在圓滿的感受裡，並敞開心來迎接平靜、滿足與愛。

> 我們一直都處於當下，只是想像自己去到這樣或那樣的地方。[38]
>
> ── 霍華德・孔恩（Howard Cohn）

　　避風港能給你庇護，幫助你充電並帶來靈感，意識到有這樣的存在也會很有幫助。避風港能幫助你接受當下的無常，還能作為一種資源。避風港可以是地點、人或動物、經驗、想法、修行或精神力量。以我來說，我的避風港是冥想以及在優勝美地谷的那些回憶，當我繃緊神經躺在牙科椅子上時，腦袋裡想的就是這些。技能、美德或你為自己培養的其他品質[39]，也能成為你的避風港，給你庇護及慰藉。

　　以下是我特別想提出來的幾種關鍵的避風港[40]：

★ **老師：**想想你曾經遇到過的許多心靈導師，那些感動過你的、幫助過你的，以及為你的生活帶來改變的人。導師也可以是某些靈性傳統的上師，也可以指我們的「內在導師」：內在智慧、每個人內心深處的覺醒和良善，以及我們本性中的那些好天使。

★ **教導或教義：**可能是故事、傳說或神話，也可能是倫理、寓言、藝術品、科學、心理學與世界各地傳授智慧的靈性傳承。實相及實相存在的方式，是世上所有教義共通的基本核心，還包括實相的奧祕。真相也可以是一種避風港，即使這個真相不是你想要的：真相提供你堅實的基礎，因為那就是事物的本來面貌。

★ **教友：**好夥伴也是避風港，他們可能是支持你或與你同行的同道中人，包括能陪你聊聊的朋友、教會或修道院等正式社團，以及其他和你一樣有虔誠信仰的人，甚至是擴大到全世界範圍的群眾——他們跟你有共同的動機、信念或修行方式[41]。

延伸閱讀

·

1.《活在當下》(*Be Here Now*)／拉姆·達斯（Ram Dass）

2.《佛學中相互依存的觀念》(*Buddhism AND*)／蓋伊·華森（Gay Watson）

3.《空的境界》(*Emptiness*)／蓋·阿姆斯壯（Guy Armstrong）

4.《宇宙之心》(*The Heart of the Universe*)／木松恩（Mu Soeng）

5.《與自己停戰的26個練習》(*True Refuge*)／塔拉·布萊克

　　你可以透過不同方式運用避風港。常見的方式是「躲進去」或「避難」，也就是利用避風港來讓自己暫時抽離。你也可以想像或認定自己早已經在那裡，你一直「安住」在那裡，或者說早已「回到家」。你也可以只是覺知到避風港的存在，默想或說出這樣的話：「＿＿＿＿＿是我的避風港」或「願我一直安住在＿＿＿＿＿裡」。此時，如果你有導師或其他景仰的人，可以回想他們的人生或個人特質，或從他們的經驗獲得啟發。你可以在特定的場合運用避風港，例如開始冥想的時候；也可以在一天當中時不時地去感受一下人在避風港的感覺。透過更正式的方式把注意力集中在避風港，可以帶來強大的效果。想要做這樣的練習，可以參考以下的冥想練習 15。

　　不管其他細節，真正重要的是進入避風港的那種親身體驗：安心、放鬆、獲得支持。讓自己擁有這樣的體驗，並把這個體驗延長至幾次呼吸的時間，好完全融進你之內，於是各種受到庇護的感受會逐漸編寫進你的神經系統。這不是渴求或依賴，而是敞開心去接受療癒、完整、滋養及美好的體驗。

心智與物質的本質

　　對所有經驗本質的深刻洞察，能幫助我們擺脫對它們的執著，從而不會因為這種執念而受苦。

　　所以，我們將在這個段落探討經驗的本質，以及使這些經驗成為可能的大腦本質。像這樣的議題看似枯燥乏味，但實際上，這是關於我們是誰以及我們是什麼的探討,將這點放在心上或許會有幫助。另一方面,心智與事物的本質,也可以成為內心深處的避風港。萬事萬物都會改變(也因此你無法永遠快樂),但其本質卻不會變。認識本質(你自身的本性),有助於你安住在平靜及平和之中。

冥想練習 15
我的避風港

·

　　找一個舒服又能保持清醒的姿勢。覺察你的呼吸並放鬆下來,想一個或幾個屬於你的避風港:一個好友、一杯茶、一本好書、家人、寵物、教堂或寺廟,或者眺望大海。敞開心去體驗和你的避風港在一起是什麼感覺,例如舒服、安心、受到保護……

　　安住在避風港帶給你的感覺之中,你心裡可以這樣想:「我在 _____ 中尋求庇護」或「我安住於_____ 的狀態」。感覺你進入了避風港,也感覺避風港進入了你之內。

　　試著用導師作為你的避風港,或許你會回想起某些特定的對象……此外,也意識到你內在自然存在的覺醒和良善，並自其中尋求庇護。

　　試著用教導或教義作為避風港，科學知識、不同傳承的智慧，對你來說或許有特別的意義……感覺自己得到這些好教誨的支持，並心懷感恩……把現實當成你的避風港，如實地安住於其中……接受事物的本來面貌。

　　試著讓好夥伴成為你的避風港……那些志同道合、一路相伴同行的人，那些同樣孜孜不倦於自我修持的人……或許你也有所屬的社群團體，在他們身上找到受到庇護的感覺……感覺即使相距遙遠，也有許多人會是你的好夥伴。

　　如果你願意的話，還可以繼續探索其他類型的避風港，並專注於由此而來的體驗。或許是某種活動、場景、大自然、靈性力量……沉浸於與避風港在一起的感覺……感覺到避風港平靜的力量、愛、覺知……以及一種進入聖殿、被保護、被支持的感覺……然後安住在避風港裡……

• 心智的本質是什麼？

　　心智（mind）是由神經系統表現出來的經驗和訊息構成（心智還有其他定義，這只是本書的觀點）。你的心智、我的心智、世上所有人的心智，都具有以下四個特性：

> 在最深刻的洞察力中，我們看見萬物變化如此之快，以至於抓不住任何東西，於是最終心智放下執著。放下便帶來了平靜。越是放下，平靜就越深刻……在佛家的修行中[42]，我們努力讓生活經驗盡可能得到自由。
>
> ——吉爾·方斯戴[43]

1. **無常的**：意識是流動性的，是變化持續流動的過程。即使是一些看似靜止的狀態，例如膝蓋的疼痛，仍然具有動態特性。經驗出現的那一刻，馬上又會被下一刻接續的經驗所取代。用來表達心智的神經系統是肉身的一部分，因此最終也會隨著肉身而消失。

2. **合成的**：經驗是由許多部分組合而成的。例如，當你仔細覺察內心的憂慮，會發現這個經驗包含許多面向，例如感官知覺、想法、欲望及情緒。一般來說，關於某件事物的神經訊息勢必和另一件事物的神經訊息不同[44]。

3. **相互依存的**：經驗會因為各種「因」而存在或改變，不會自己無緣無故出現。造成這一刻心智狀態的「因」，可能是你前幾分鐘腦袋裡的念頭、過去的個人經歷、你的身體狀態，或是一隻蚊子剛剛停在你的後頸部[45]。

4. **空性**：前三個特性確立了第四個特性，也就是所有經驗的本質，不管是在永恆性、統一性及自生性上都是「空」[46]。空不是無，而是指萬物都是靠因緣和合而生，如果所有條件沒有具足就不可能存在，所以是空的；而且萬事萬物是無常的、無時無刻不在變化，因此是空的。念頭、喜悅和悲傷都是真實存在的[47]，但它們本身是空的；意識流是真實存在的，但本身是空的；心智和其中無意識的元素，也都是空的。

總之，任何經驗和心智的本質都是無常的、合成的、相互依存的，以及空的[48]。所有經驗都具有這些本質。當你明白痛苦和快樂的本質一樣時，就會知道不需要去抗拒一方或追逐另一方。下次當你為某事感到痛苦或快樂時，試試這樣做：辨認出這個經驗的本質，並注意到這樣的認知會如何軟化及緩和你與這個經驗的關係。

• 大腦的本質是什麼？

心智主要透過大腦來表達，因此也有必要了解大腦的本質。一如心智，大腦的本質也是：

1. **無常的**：每一天都有成千上萬個新生神經元透過**神經生成**（neurogenesis）[49]的過程誕生，與此同時，還有一些腦細胞會自然凋亡[50]。細胞之間的連結及細胞內的結構，也不斷在重建。神經細胞會形成新突觸[51]，較少使用的突觸則會消失[52]。新的微血管（將血液供應到身體組織的微小管道）生成並進入

最活躍的部位，為它們提供所需要的營養。單個神經元通常一
秒鐘會發射好幾次[53]。分子之間的級聯反應就像骨牌一樣，在
毫秒之間飛速運作。

2. **合成的**：大腦由三個主要部分構成：腦幹、下皮質及新皮質。
這三大部分底下還可細分為更小的腦區，各自負責不同的功
能。整體而言，你的腦部大約有八百五十億個神經元，另外還
有一千億個支持神經元的膠質細胞[54]。這些神經元透過數百兆
個突觸相互連結成巨大的網絡，而細胞和突觸還可細分出更多
更小的顯微結構。

> 相互依存意味著一物只能依賴他物才能存在。[55]
>
> ──一行禪師

3. **相互依存的**：大腦任一部位的運作都是牽一髮而動全身。神經
元與膠質細胞彼此相互影響[56]，大腦和神經系統的其他部分交
互運作……這又會影響到身體的其他部分……而身體則會影響
到我們所在的世界……以此類推。

4. **空性**：由於大腦具有上述三個特性，因此它同樣沒有恆久性、
不具統一性，也沒有自生性。大腦是真實存在的，但因為無自
生性，所以本質是空的。

• 身心運作過程

　　想法和神經元雖然是兩種不同的東西，但它們的本質是一樣的。心智與物質、內在與外在，在本質上也是一樣的。世間萬事萬物都有一個共通的本質。

　　在這具身體裡，你的大腦一直在形塑你的心智（精確來說，是神經系統、身體、大自然與人類文化共同形塑你的心智；為了簡化，在此我們僅以大腦來代表，同時也因為最能即時反映心智的身體構造就是大腦）。與此同時，正如我們在第二章所見的，由於心理活動觸發的神經活動會在身體留下痕跡，因此你的心智也正在形塑你的大腦。

　　有時只專注於心智或大腦會很有用，但心智和大腦只是單一過程中的兩個不同面向而已。你就是這個過程：一個擁有身體和心智的人，而你的本質是無常的、合成的、相互依存的，以及是空的。

• 像漩渦一樣，不斷出現又不斷消失

　　我曾經和兩個朋友沿著猶他州的綠河划獨木舟四天，然後進入科羅拉多河，一路前往大峽谷。我從來沒有在河上花這麼多時間，卻從此被河中的漩渦迷住了。有些是鵝卵石上的駐波，有些是船身周圍的渦流，還有許多是水面上稍縱即逝的圓形漣漪。它們美麗又充滿動能，其中的深意可以用來比喻很多事。簡單來說，漩渦是一段時間內穩定存在，而後便消散的一種形態。雲朵是大氣中的漩渦，爭執是關係中的漩渦，而想法則是意識流中的漩渦。

> 所有一切都是相連結的。沒有什麼能恆久常存。你不
> 是孤單一人。[57]
>
> ──路易斯・里奇蒙（Lewis Richmond）

　　一天下午，我們看到遠處烏雲密布、閃電忽隱忽現，最後下了傾盆大雨。接著，我們身旁的石崖出現了一道又一道的瀑布，不斷傾瀉到河道裡。河流本身就是一個大漩渦，流過古代深海沉積物形成的暗紅色砂岩河床。

　　有些漩渦的變化速度比較慢。暴風雨幾個小時就過去了，但它在砂岩上留下的痕跡可能會持續數千年或甚至百萬年之久。從獨木舟上，我看到漩渦流經被時間磨得圓潤的金色岩石，一片落葉被帶到岩石上，一隻蒼蠅停在了葉子上。漩渦裡還有渦流，渦流中還有小漩渦。相較於天上的雲，你的身體是速度更慢的漩渦。即便如此，今天在你我體內的大部分原子仍會在一年內消亡，由新生的原子取代。

　　我們所有的經驗都建立在訊息漩渦上，而訊息漩渦則是透過神經活動的漩渦來表達。想法是心智與物質變化多端的漩渦，它們在記憶裡留下的痕跡會停留更久，直到產生漩渦的主體消亡為止。所有的漩渦最終都會消散，無論是心智裡的漩渦，或密西西比河上的漩渦，其本質都一樣：無常的、合成的、相互依存的，以及是空的。

　　為了能好好運作，身體和心智必須在變化中力求穩定，把分散的

部分整合起來,再把連結的部分割分開來。這樣的努力是必要的,但我們最終將無可避免地會持續經歷失敗的痛苦。因此,渴望或執著於任何漩渦,只會導致痛苦。

所以,去愛這些漩渦吧!但請讓自己成為河流。

讓我們進入更大的意識流中,隨著一路的探索逐漸進入整體之中。放下一分鐘前流經的漩渦……然後是一年、多年或更久之前……來到現在,接受當下。一旦新經驗的漩渦生起,就立刻放下。嘗試以下的冥想練習 16,並想想阿姜查(Ajahn Chah)的這段教導:

放下一點,你就能獲得一點平靜。

放下很多,你就能獲得很多平靜。

完全放下,你就會完全進入平靜。[58]

冥想練習 16
順隨漩渦而行

安止在你的身體裡……就在此地,就在此刻。持續覺察每一個呼吸……萬事萬物都持續如是地存在著……安住於圓滿中,與平靜、滿足及愛同在……

覺察你的感官知覺、聲音及念頭……安心地迎接一個又一個的經驗持續到來……

然後，專注去觀察從這一刻到下一刻的體驗……任由事物變化……覺察事物的無常……明白即使每一刻的意識都會不斷地融解、消失，你也會一直好好的……

覺察到經驗會以不同模式在覺知中移動……感官知覺的漩渦可能停留幾秒或更久……聲音漩渦會持續一段時間……還有想法的漩渦、情緒反應的漩渦……讓這些漩渦持續打轉……

覺察這些經驗漩渦的本質：不斷變化、由許多部分組成、依存於他物，以及本質是空的……明白這也是心智和物質的本質：無常的、合成的、相互依存的、空……

明白這也是你的本質……接受你也時時在改變……接受你也由許多部分組成……你的本質，就是因果網絡在每一刻所結的果……接受你的本質也是一個開放的過程……一切都會很好……安住在你的自性之中……展現你的自性……

安住於事物的本質中，即使事物會瓦解、消逝……放鬆、放下……持續安住在事物的本質中……做你自己，展現你的自性……

────────── • **日常實踐** • ──────────

試著意識到幾分鐘前發生的一切，現在已經不復存在了，一去不復返了。它們的影響可能還會持續下去，但幾年前、幾天前或甚至幾秒鐘前的現實，已經不再是當下的現實了。你可以探索自己對這種認知的反應，你會因此而擔心嗎？悲傷嗎？或是覺得解脫？

你還要意識到，無論接下來的一分鐘或一年後可能發生什麼，對現在這一刻來說，那都不是真實的。讓這種認知深深沉入你之內，成為一個實際的體驗而不只是一個念頭或概念。無論你對未來將要發生的事是害怕或期盼，對現在的你來說，它們都不存在。敞開心去接受這個真相，你的感覺如何？

當生活中出現意料之外的事（可能只是像門鈴忽然響起來這樣的小事），在事情發生的最初幾秒鐘，讓腦袋中的「影片」倒轉一下。看看在那幾秒鐘內，你的心智發生了什麼？你能在第一秒內就認出你的警覺和定向機制嗎？你能看出評估和行動接著上線嗎？注意力的這些面向發生得如此快，就像同步發生一樣，但你仍然可以清楚區分。

刻意地讓自己待在警覺和定向的狀態下……你不需要知道或掌控任何事，只是去接收每個嶄新的當下。

讓自己取得一個或多個避風港的庇護，你可以在每天剛起床或夜裡入睡前這麼做，或者讓它成為冥想的一部分。

試著把一段關係、一種情況或你自己看得更像是雲而不是磚塊，看看會發生什麼。也就是把這些都看成是漩渦：不斷變化、由許多部分組成，並在各自的水流裡移動、旋轉。這會讓你有什麼感覺？

第**8**章

從「我」到萬有

佛陀之道就是了解自己。

了解自己就是忘掉自我。

忘掉自己就是明白萬物皆我。[1]

——道元禪師

　　在這一章，我們將探討如何放下自我感，與萬事萬物建立更深的連結。這些主題看起來似乎只是智識性的問題，但另一方面又令人深感困擾與不安。如果你在閱讀時有任何煩躁或不切實際的感覺，請放慢腳步，把注意力集中在能讓你覺得舒緩或穩定心神的方法上面，例如深呼吸、吃點東西，或者喚起和所愛的人在一起的那種感覺。花點時間思考和內省，不斷回到當下的體驗中，只是簡單地感覺此刻的你是一個什麼樣的人。

成為「我」的過程

• 我是誰？

這是經典的大哉問。我們可以如何回答呢？

曾經有一個名叫婆醯迦（Bahiya）的男子長途跋涉來向佛陀請求開示。婆醯迦說：「世尊！請教我妙法，讓我能得到長久的幸福與快樂！」佛陀答：「你來得不是時候，我正要去鎮裡托缽。」在婆醯迦再三懇求之下，佛陀於是回答：「婆醯迦，你應該如此修持：（《自說經》1-10）[2]

　　「看只是看，聽只是聽，感覺只是感覺，認知〔例如思考、感受、回憶〕只是認知。你應該這樣訓練自己。
　　「當你看時，就只是看；當你聽時，就只是聽；當你感覺時，就只是感覺；當你認知時，就只是認知。那麼，婆醯迦，其他就與你無關了。。
　　「一旦你和它再無牽連，那裡就沒有你。你將看到，你不在此處，不在彼處，也不在兩者之間。
　　「這樣，就只是這樣，苦就止息了。」

故事最後，經文記載：「聽聞這短短的開示，婆醯迦的心智當下就覺醒了。」

• 人真的存在嗎？

我很喜歡這個佛法故事，蘊含的道理簡單又深刻。我們如何理解它，又如何以此修持呢？

顯然，作為個體的人是存在的[3]。佛陀是真有其人，如果上述經文為真，那麼婆醯迦也真有其人（可惜，沒多久婆醯迦就遭到一頭帶著小牛犢的母牛攻擊而喪命──而這頭牛也是真實存在的）。我們可以像故事裡佛陀所做的那樣，用「我」、「你」等傳統的字眼來指代人，例如「我正要去鎮裡」、「你應該如此修持」。

在上一章我提到的比喻中，每個人都是一個蕩著特定波紋的漩渦。人們在互動時是彼此獨立的，就像海洋中一個個不同的波浪。生而為人的我們都有權利與責任，應以合宜和關懷的態度對待每一個人。我是人，你也是人，我們都是真實的存在。

> 調伏我慢者，是為最上樂。[4]
>
> ──《自說經》2-1

• 自我存在嗎？

那麼，所謂的**自我**（self）又是什麼呢？相關用語還包括小我、身分認同，以及作為主詞與受詞的我。自我一詞，也可以用來統稱一個整體的人，但在此我採取較狹義的意思，指的是正透過雙眼看這個世界的那個內在的我。我特別是指心理上的那個自我，而不是透過輪迴一次次重生，像蠟燭傳遞火焰直到再無燭芯或燭蠟為止的那個超自然的我。

說實在的，我並不清楚是否有輪迴，但我確實有一種來自內心深處的感覺：似乎有一種對我來說別具意義又超越我的存在。或許這也是一個因緣和合而生的漩渦，最終也會像其他漩渦一樣消散。即使是最精微的漩渦，終究會有消失的一刻。無論這是否發生，途中的每一步都值得繼續走下去，即使它最終會以火光消失而告終。

在這條路上，我們並不是在尋求存在的最終結局。然而，**厭離**[5]虛假的承諾將會很有幫助，例如不被廣告所迷惑，或別期待能在轉瞬即逝的經驗中找到長久的滿足。此外，我們也要從大自然在我們身上所施的咒語中清醒過來。為了延續生命，大自然在我們身上施了渴望「提高生存機率」的咒語[6]，讓我們把事情看得比實際情形更痛苦或更快樂。一旦我們覺醒過來，在修持路上的每一步路都是為了修持而修持，而不是出於對生命的厭倦。在這個過程中，我們會自然地放下餵養貪婪、憎恨與妄想之火的一切，並逐漸讓自己能夠在完整、當下、全有與無時中自在安住。最終，就只剩下自在安住的狀態了。

同時，我們也可以來看看「**心理我**」（psychological self）[*7]。這

---

* 編按：一個人的自我觀念會依序從生物我到社會我，再到心理我。心理我會在青少年時期發展起來，包括個人的自我價值感、性格、能力，以及與他人關係的評估。

是一個相當重要的主題，因為自我感是諸多苦痛的根源[8]，包括把事情個人化、築起防衛心及生起占有欲[9]。當自我感消退，幸福感通常就更鮮明，同時伴隨更多的自在與敞開感。正如阿難・圖敦（Anam Thubten）仁波切說的：無我無煩惱（No self, no problem）[10]。

　　不同文化對心理我有不同的描述方式[11]。在這本書中，自我（self）一詞指的是每個人「內在」預設的「我」。日常生活中，我們往往認為這樣的自我確實存在於他人身上……以及我們身上。一般來說，我們認為這個所謂的「自我」有三個決定性特徵：

★ **自我是穩定的**（stable）：今天的這個我，和昨天及一年前的我，都是同一個我。
★ **自我是一個整體**（unified）：在我的心智中，只有一個「我」。
★ **自我是獨立的**（independent）：可能有各種事發生在「我」身上，但「我」的根本並不會因此改變。

　　上述三個特徵就是「外顯之我」的定義。如果所謂的「我」存在，就勢必會滿足以上三個條件。但這三個條件都是真的嗎？

> 自我不是存在你我之內的東西，
> 而是我們每時每刻都在創造的感覺。[12]
>
> ——喬瑟夫・戈斯坦

• 心智中的我

若是好好觀察自身的經驗，你會驚訝地發現，所謂的自我和上述三個條件其實背道而馳：

1. **自我不是穩定的**（而是無常的）：當下的「我」一直在改變，很多時候我們甚至沒有自我感。
2. **自我不是一體的**（而是合成的）：如果我是一個完整的個體，你應該就能輕鬆地對自己下指令，例如：現在開始別碰甜食，或現在就開始熱愛上台演講。就因為每個人的內在有很多個「我」，於是就有不同的次人格和觀點。
3. **自我不是獨立存在的**（而是相互依存的）：自我感會因為受到許多不同的影響而改變，例如渴求或貪念的高低起落。來自內外在的許多因素，也會形塑出各種各樣的自我，例如童年的影響。

其次，當你觀察心智時，會發現那個理應存在、應該就在某處的完整自我，總是不知道哪裡去了。我們總是在做計畫、解決問題、做白日夢和反芻思考的時候，暗指有個完整的「我」，但再怎麼嘗試和努力，你也永遠無法在實際經驗中找到這個假設的完整自我[13]。

第三，我們經常把自我感加諸在經驗中，只要稍微留意就能發現這一點。舉個例子，假設你正走在街上，沒有目標地東看看西看看，這時你的自我感通常不強──突然間，你看見一個不怎麼喜歡的人朝你走過來，不過一兩秒鐘，在你的覺知中就會發展出一股強烈的自我感。我們完全可以只是看、只是聽、只是感受、只是認知,而不添加自我感(不管是主詞的我或受詞的我)。在後續內容,我們會進一步探索這樣的經驗。

第四,大部分的經驗都是主觀的——你覺知到了什麼、目睹到了什麼。大腦會為經驗的每個時刻編製「索引」,找到彼此之間的共通處,並由此推斷一定有一個見證者在見證這一切。然而,主觀性並不需要有一個主體。我們有覺知,並不意味著一定有一個恆久不變的「某人」在覺察著這一切。無論你再怎麼找,都找不到這個人。

• 大腦中的我

現在,讓我們從主觀的、從內向外觀察經驗的第一人稱視角,轉換為客觀的、從外向內觀察大腦的第三人稱視角。即便從這個視角,我們也無法在大腦裡找到一個穩定的、統一的、獨立的自我。目前已有許多研究,探討大腦活動如何與自我的經驗產生關聯,例如做出選擇、在一群人中認出自己的臉、決定像「敏感」這樣的字眼能否用來描述自己,或是回憶童年往事。相關的研究結果令人大吃一驚,因為當發生與「我」相關的經驗時,神經活動同樣也有以下三個特徵[14]:

1. **不是穩定的**(而是無常的):大腦中的神經活動是短暫的、動態的,如果把它比喻成一棵聖誕樹,那麼樹上許多表明與自我活動有關的小燈泡,會持續地忽明忽滅、閃爍不定。

2. **非一體的**(而是合成的):與自我感相關的神經構造分散在大

腦各處。雖然觸發某些腦區（例如預設模式網絡）會激起自我感，但觸發其他腦區也有同樣的效果。此外，與自我感其他面向相關的許多腦區，也會執行其他的功能。也就是說，自我感不是由單一腦區產生的。每個人都是獨一無二的，也因此具有特殊性，但「自我」在大腦中並非獨一無二的存在。

3. **不是獨立存在的**（而是相互依存的）：這些神經活動是內部與外部一連串刺激的共同結果，也和身體的結構與生理的運作過程有關。

● 「自我」就像獨角獸

總而言之，與「我」有關的經驗以及它們的神經活動都是無常的、合成的、相互依存的。也就是說，這個外顯之我是空性的（我們在第七章討論過空性的概念）。光是這一點應該就能鼓勵我們放輕鬆，不要執著。不過，在此我可以說得更清楚一點。

萬物皆空，這句話也包括實際存在的事物，例如馬。然而，這不代表馬是不真實存在的，這裡的「空」只是指我們對馬的體驗而言。我們也可以對不是實際存在的事物產生空的體驗，例如想像一隻獨角獸。如果世上沒有具備獨角獸典型特徵的生物——長著尖角的馬，缺了這個條件，獨角獸就不是真實存在的。

假想出來的我就像神話故事中的獨角獸，一種並不真實存在的神祕動物。在心智和大腦中，都不具備「我」必要的三個界定特徵——穩定、一體、獨立。在所有經驗裡，自我從來都不是完整的。主觀性不表示事情發生時，有一個（而且永遠都是同一個）穩定存在的主體。對意識來說，不需要存在感或自我感，也不需要打開門或回答問題才能證明它的存在。

理解這一點，通常是從概念開始，這無所謂。這些想法突顯的是你經驗的不同面向，然後你可以觀察自己的心智，並像佛陀告訴婆醯迦的教誨那樣自我修持，最終會從內心漸漸明白真相。有一次我在僻靜散步時，突然就明白了這一點。當我看著各種念頭、感官知覺和感覺一個個在覺知中蹦來蹦去時，腦袋突然變得非常清明，這一切都太複雜也太快了，不是任何人能夠創造或控制的。這是一個自行運作的過程，沒有擁有者或指揮者。在那個當下，我又驚又喜，也大大地鬆了一口氣，整個人豁然開朗。

> 佛陀開悟的深刻領悟……〔就是〕無論何時，無論何處，我都不存在，也沒有什麼代表著我。[15]
>
> —— 無著比丘

• 關於自我感的修持

佛陀鼓勵人們透過內觀來修持外顯之我，洞察空性的本質，並逐步釋放自我認同（「這就是我」）、占有（「這是我的」）和傲慢

（「我比你強，我比你重要」）。當你探索這些修持時，感到被顛覆、被動搖是很正常的。我第一次接觸到這些概念，是看了艾倫・沃茨（Alan Watts）的《奧祕之書：論我是誰的禁忌真相》（*The Book: On the Taboo Against Knowing Who You Are*）一書 [16]，而且感覺真的像是經歷了一場大碰撞。當時我二十一歲，正在加州大學洛杉磯分校讀最後一學期，我突發奇想地起了探討東方靈性哲學的念頭。於是列了一堆書單，而沃茨的書就是最前頭的那一本。我還記得當時坐在外面讀這本書時，氣餒到直接就把它扔在院子裡。這本書的內容讓我深感不安和害怕，過了一段時間後我才再次撿起來讀，也慢慢對他說的內容感到更自在一點。

當我們面對「外顯之我」那模糊又虛無的本質時，很容易會陷入對殞滅、死亡的恐懼 [17]。慢慢練習，不用急。持續覺察到身為一個人那些令人安心的存在狀態：你還在呼吸、身體還在運作、你仍在這裡，一切都安好。注意當你強烈感覺到「我」時，會有什麼感覺——你的答案通常是緊張、收縮及恐懼；同時也注意當你敞開心去接受自己已經是一個完整的存在時，又是什麼感覺。一旦認出其中一種狀態會受苦，而另一種狀態會帶來自在安適，你就會明白為什麼要做這個自我感的練習了。

心理學家傑克・安格勒（Jack Engler）說過：「先發展出自我感，然後才能放下自我。」[18] 每個人都想得到他人的欣賞、喜歡和愛，這是很自然的。童年和成年時期如果在社交上能夠獲得健全的滋養——例如被看見、被理解或甚至被珍惜——有助於你建立安全感及價值感。當你感受到自己生而為人的價值時，就更容易放下想要讓人留下深刻印象或獲得他人認可的心理需求，同時在遭受到拒絕或批評時，也更懂得如何妥善處理，而不會過於生氣或沮喪 [19]。

當我們面對生命的無情挑戰時（比如被家人傷害），往往會激發出強烈的自我感。這很可能會導致你與他人之間的關係，產生一些反反覆覆的波動，而讓對方的自我感也隨之增強。幸運的話，這些經驗會打開你的視野，讓你能以更宏觀的角度來看待整個事件，如果對方也能做到，結局就能皆大歡喜，一起找到良好的解決方案。而後，作者我（I）和受者我（me）之間的界線會軟化，重新融合成一個完整的你——或許你還能因此發展出這樣的洞察力：下次出現類似的情況時，就不會再將事件個人化，認定對方的所作所為都是衝著你來的。

與自我相關的念頭、感受和欲望等等，本身並不是問題，它們都只是一種經驗，和其他經驗並無差別。它們來來去去，會出現，自然也會離去。當你開始執著於這些部分時，才是問題所在：你把它們想得獨一無二；認為它們別具意義；你為它們辯護；你把這些空的、無常的東西當成自己穩定不變的本質。我發現，把外顯之我和其中的許多組成部分視為不斷變化的過程，可以帶來很大的幫助——實際上，這是一種流經覺知、如漣漪般不斷散開的「造我」（self-ing）過程。與其緊抓著假我不放，不如敞開來投入這個每分每秒的「為人過程」（person process），在這個過程中，一個個小小的「造我」漩渦不斷來去。你可以遵循接下來的冥想練習 17，持續這個修持。

冥想練習 17
鬆綁「造我」的過程

────────●────────

　　留意你的自我感：觀察它的來去，以及引起這些變化的因。試看看在幾乎或完全沒有自我感的狀態下，仍然自在地保持著覺知是什麼感覺。你只需要放鬆下來，不用花力氣去找到正在觀察自我感的那個「人」，也不需要為此糾結。允許主觀意識自然生起，而不用假定有一個作為主體的「我」。覺察到生而為人的你，內在有個「造我」的過程在不斷地來來去去。

　　放鬆下來，找到一種穩定的覺知，並覺察到你的心智……注意自我感增強與減弱的變化……注意在自我感增強之前，在覺知中發生了什麼事：或許你出現了某種欲望，或是想起了某一段感情。

　　輕聲對自己說：「正在呼吸」和「我正在呼吸」；「正在聽見」和「我正在聽見」；「這隻腳正在移動」和「我正在移動我的腳」；「有想法」和「我正在想」；「有個認知」及「我知道」，比較各組前後兩種說法有什麼不一樣。

　　你越來越能在自我感生起時放鬆下來，單純只是作為一個人而存在著……

　　一旦生起「我」或「我的」的念頭，就要注意它暗示卻未全然表現出來的是什麼……你有發現「假我」出現了嗎？

　　放鬆下來，讓這個「造我」的過程持續展開……你朝向完整的我敞開……感覺到單純生而為人的平靜、滿足與慈悲心，並讓時而出現的「我」或「我的」的那些念頭自由來去……自由自在地呼吸，到目前為止一切安好，在平靜中安住……呼吸會自然運作，不需要任何人下達指令。

　　意識到所有關於「我」或「我的」的自我感，只是一種體驗，與其他經驗沒有分別……意識到這些關於外顯之我的經驗都是空的……你自在地呼吸、持續覺察、自在安住……

　　斷開所有關於「我」或「我的」的念頭……持續作為一個人存在……你一切安好。不需要自我，你依然可以作為一個完整的人而存在著……你就只是你，一個在當下完整展開的人……帶著這樣的完整及處於當下的感覺，你明白不需要自我，你也依然能夠平和地活著……

非自我中心的體驗

在這一章節中，我將援引幾位學者的研究成果，尤其是神經學博士暨禪修者詹姆士・奧斯丁（James Austin）[20]。我們將探索當自我感消融、眼前的世界完美閃耀登場時[21]，什麼樣的神經基礎能支持這樣的覺醒。即使沒有這些登上峰頂[22]、神祕、非二元性或**自我超越**（self-transcendent）[23] 的體驗，至少我們也可以軟化自我感，讓自己更敞開來進入與萬事萬物的互動關係中[24]。

• 自我中心 vs. 非自我中心

大腦有個相當了不起的特色，它會規律地在以下兩種世界觀中來回轉換：

★ **自我中心**（egocentric）：以「我的身體」或「我的自我」的個人主觀角度來認識事物；與我有關的事；具針對性的一種較狹義的觀點。

★ **非自我中心**（allocentric）：以非個人的客觀角度來認識事物；看見全局或整個背景；自我感較少；一種更開闊的觀點。

這兩種觀點與我們和外在環境的**視覺空間處理**（visual-spatial processing）有關[25]，但也可以延伸為看待人際關係、活動和整個世界（甚至是整個宇宙）的觀點。用來指稱這兩種觀點的術語是中性的，自我中心並不意味著自私或傲慢自大，非自我中心也不代表著冷漠或事不關己。

我們通常不會注意到非自我中心的觀點，因為它通常只在意識背景運作。不過在日常生活中，你可以觀察到上述觀點在你心智中來來去去。當你進入一個新環境時，大腦會自動轉換到非自我中心的角度，用幾秒鐘的時間來獲取對整個環境的了解[26]，接著再切回到自我中心的角度，來看待你當時正在進行的事。如果你低頭看向身邊的物件，也會切換到自我中心的觀點，因為靠近你的東西往往和你高度相關。相反的，如果你看向遠方或抬頭望向天空，非自我中心的觀點就會變得活躍，因為此時注意力已經從你自己移到了更大的視野。

從神經學的角度來看，自我中心的訊息處理主要沿著大腦頂部進行[27]：經過頂葉流向前額葉皮質[28]。這個神經流與「我正在對跟我無關的對象做什麼」的神經網絡有關，例如觸摸、支配身邊的物品，或待在一具特定身體的體感[29]。其次，考慮到所在的腦區位置和功能，以自我為中心的神經流還可能涉及到大腦的注意力網絡（我們在第七章曾經討論過），因為注意力網絡也位於大腦頂部。第三，它還可能活化和行動模式有關的中線皮質網絡（參見第六章）：包括前側的任務導向腦區（「我要解決這個問題」），以及側邊的預設模式網絡（「我正在反芻思考那個傷害過我的人」）。

花點時間想想上述自我中心主義的三個面向，以及像這樣的觀點每天會在你腦海中出現多少次。例如，當你打開衣櫃想找件衣服穿時，你的注意力可能會聚焦在某件衣服上，但同時你腦袋裡還會想著你穿著這件衣服時會做些什麼。這一切都發生得非常自然，對你也有不少幫助。儘管如此，在這些相互交錯的網絡當中，仍然可以發生多次的「造我」過程。

另一方面，非自我中心的神經流則是向下流動，沿著大腦下方和兩側[30]，經由顳葉流向前額葉皮質。由於它的所在位置，它可能也與沿著大腦右下方分布的警覺與定向注意力網絡有關[31]，並且可能與大腦右側負責「同在」模式的側邊網絡相互作用[32]。

最後我總結一個非常關鍵的重點：「行動」模式、注意力網絡和自我中心視角，在經驗上與神經構造上都是相互連動的。當上述任何一個自我參照系統被活化，其他兩者都會一起參與進來。同樣的，同在模式、警覺與定向注意力網絡與非自我中心視角，在經驗上與神經構造上也是相互連動的。也因此，完整感、當下及全有三者相互支持。例如，當你把注意力放在當下時，通常能產生一種完整感，同時也和更廣闊的世界產生連結。透過練習反覆刺激並強化側邊網絡（完整感）、警覺與定向網絡（處於當下），以及非自我中心視角（全有），就能讓這三者發揮協同、加乘效應。

● 漸進耕耘，頃刻覺醒

如果你在完整感、當下及全有都確實學有所成，會發生什麼事？

在世界各地，有許多人都宣稱他們曾經有過強烈的「不尋常」經歷。有些人將此具體描述為一種沉浸於實相中，幾乎失去自我感的強大、超凡感受[33]。像這樣的自我超越經驗，通常來得又急又快。例如詹姆士・奧斯丁就曾提到這樣的經驗如何發生在自己身上。當時已有八年禪修經驗的他，在旅遊英國期間，正從倫敦地鐵走到月台上時：

> 瞬間，眼前的景象只有三個特質：絕對實相、內在確信、終極完美……這個人在看著這尋常城市的熟悉感覺，在那一秒完全消失了。新的觀看過程是客觀的……上述三個無法分割的主題全然滲透……內在有一份深刻的感受，遠遠超過簡單知識的深度：這是事物永恆的狀態……沒有什麼可做的……也沒有什麼可害怕的。[34]

在這個特殊的體驗期間，奧斯丁的大腦發生了什麼事？或者說，其他有同樣經驗的人[35]，在那個當下，他們的大腦究竟發生了什麼事？

這就像大腦以自我為中心的網絡瞬間安靜了下來，同時，與它連動的行動模式網絡及注意力網絡也斷開了。這麼一來，就只剩下以他物為中心（非自我為中心）的視角，以及它的兩個相伴而生的夥伴：完整感與當下。在此之前，以自我為中心及以他物為中心的觀點相互抑制，就像蹺蹺板一樣，一邊下降，另一邊就上升。當大腦跳脫了以自我為中心的觀點後，以他物為中心的觀點就會一躍而上[36]。然後，根據奧斯丁所言：「自我的所有根源和內心深處自然產生的生存憂慮似乎都放下了。這是一種非常強烈的、不可言喻的釋放，讓我從最深的本能恐懼中獲得解脫。」[37]

奧斯丁同時也指出一種可能發生這種情況的合理方式[38]。**丘腦**就像是下皮質區的中央交換機，除了氣味，所有輸入大腦的感官訊息都會經過這裡。尋常意識都要倚賴丘腦[39]和皮質區之間來回流動的訊息。一般情況下，丘腦的上半部會不斷和大腦皮質的關鍵部位「對話」，幫助我們建立自我感[40]。如果丘腦和大腦皮質區之間的訊號流動受阻，那麼自我感也會被阻斷。正如佛陀對婆蘁迦說的：「婆蘁迦，當一切之中再也無你，你將看到，你不在此處，不在彼處，也不在兩者之間。此即苦的止息。」

這是如何發生的呢？

有幾個鄰近組織[41]中的神經元會釋出 GABA（γ－氨基丁酸）[42]，可以抑制丘腦上部[43]腦區的活性。如果這些神經元突然將大量的 GABA 釋出到丘腦的相關部位，就能夠阻斷自我中心的意識流將會流經的主要神經路徑[44]。例如，降低頂葉的活性就能降低自我感，並對統一感和相關的神祕體驗有更強烈的感受[45]。這就像扳動了一個開關，於是啟動了非二元的體驗，讓人們感覺到自己和萬物合一，也獲得了相關的洞見和感受。

除了上述奧斯丁的故事之外，其他人也有相關的經驗：

　　有一天，我坐在懸崖上俯瞰海灘。我凝視著藍色的深海，很快發現自己完全被眼前這浩瀚的一切所吞沒。那一刻，我深深地感受到與宇宙融為一體，時間似乎也不存在了。那就像有一道在我心智之外的意識能量流過我，雖然我可以感受到它對我的存在帶來極大的改變，但這種體驗卻似乎不受想法或評判的影響。某些生命的難解之謎似乎就在這一個經驗中獲得解答，直到今日我還能感受並知曉。[46]

在一次〔僻靜營〕的冥想過程中……為了不錯過任何一次
呼吸體驗，我讓自己完全投入其中……〔接著〕服務人員為我
們送上茶和餅乾。我接過茶，用手拿著杯子。當我把杯子舉到
唇邊，將茶送入嘴裡的那一刻，世界停止了轉動！……在那個
當下的經驗裡，我並不存在。缺少了平時的自我參照，一切似
乎都靜止了。[47]

我一坐下來〔冥想〕，禪宗的公案[48]「我是誰？」就出現
了，然後突然間，我所有的邊界全都消失了。我簡直嚇壞了，
整個人站了起來……我起身四處走動、東看西看，但在我和其
他物件之間找不到任何邊界……內在與外在有了一種親密無間
的結合……我就在這個「一」的神奇世界裡行走。[49]

• 進入全有

這些不同尋常的經驗一定與潛在的神經傳導過程有關[50]。丘腦中
的一個關鍵路徑被快速阻斷可能只是其中之一，或者奧斯丁的假設可
能並非真的。不過，大腦中一定發生了一些重大的變化，而且很可能
與神經網絡的整體性、當下及全有相關[51]。

戲劇性的覺醒在該來的時候就會來，誰也無法強迫或促成它發
生，但我們仍然可以培養讓它發生的種種因緣。許多有過深刻的自我
超越經驗的人，平時都做了深厚的基本功，而且在自我超越經驗發生
之前不久，通常會有一段密集的練習及修行，例如參加僻靜營[52]。像

這樣的功課平常就值得去做。當你和萬物之間的邊界被軟化後，智慧和內在平靜會隨之增長，你也會感覺到自己和萬物的連結感更強烈。有些人表示，自己更能親近及融入大自然和整個宇宙[53]。你不再視自己為一個孤立的角色，獨自與整個世界對立，而是感覺到所有一切都顯現在你身上。事實上，你很可能有一種強烈的感覺，萬事萬物都是同一個整體，所有一切加總成一個真如（suchness）的單一實相。

> 我們活在事物的幻相和表象之中。
> 實相是存在的，我們就是實相。
> 當你明白這一點，就會知道自己是空的，
> 你是空，而你也是一切。[54]
>
> ── 卡盧仁波切（Kalu Rinpoche）

你可以透過許多方式讓自己向全有敞開：

★ 完整感與當下的練習，有助於你感覺到與廣大的世界相連結。
★ 在圓滿感中安住，也是一個強而有力的支持。貪執會驅使你不斷「造我」，而當你帶著平靜與幸福感進入「綠區」時，自我感自然會消散，隨之而來的敞開和連結感會自然增強。
★ 圓滿、完整感和當下能帶來平靜，這與釋出 GABA 的神經元有

關。反覆體驗深刻的寧靜，例如規律的冥想，有可能會增加
GABA 活性並抑制丘腦節點[55]，從而促使大腦「扳下開關」，
帶來沉浸於全有中的感受。

★ 過一種更簡單的生活，盡量減少自我參照的認知處理過程，騰
出空間讓自己不抗拒、不緊縮地單純接受一切。

★ 走進大自然能讓人從自我抽離，進入整體之中。大部分的深度
冥想修行都選在森林、沙漠、叢林或山區，這可不是巧合。

★ 奧斯丁指出，有些人的開悟或覺醒是發生在他們仰望天空時，
這個動作本身會自然觸發非自我中心的視覺處理[56]。練習睜開
眼睛凝視天空，或閉著眼睛感受到廣闊的空間感，有可能會強
化這個大腦迴路。

延伸閱讀

·

1.《奧祕之書》（*The Book*）／艾倫・沃茨

2.〈夢進真實的存在〉（Dreaming Ourselves into Existence）／喬瑟夫・戈
斯坦，美國佛教雜誌季刊《佛法》（*Buddhadharma*），2018 秋季號

3.《無我無煩惱》（*No self, No Problem*）／阿難・圖敦

4.《直觀無我》（*Selfless Insight*）／詹姆士・奧斯丁

5.《道德經》／老子

• 引爆點：觸發覺醒的那一刻

傾斜、再傾斜──接著就可能完全翻倒過去。在某些情況下，與萬物合一的一體感，似乎與外部事件無關[57]。很多大腦活動都和內在的參照過程有關，或許內在某處有個神經骨牌，一旦倒了一片，就會觸發一連串轉化的連鎖反應。但許多人的開悟或覺醒都像是天外飛來一筆的突發經驗[58]。例如，十三世紀的某個月夜，日本鎌倉時代的女禪師無外如大（Mugai Nyodai）[59]挑著舊竹籃打水，竹籃突然破掉的那一刻，她就開悟了。我特別喜歡作家瑪莉・斯維貢斯基（Mary E. Swigonski）為這個開悟故事所寫的詩：

這樣那樣，我試著讓竹籃不散掉，它卻從底部崩壞。
沒有聚集的水窪，便無法映照月光。[60]

突發的驚喜體驗涉及到大腦的完整網絡[61]、注意力的警覺，以及非自我中心的視角。雖然你無法靠練習讓驚喜發生（那就不叫驚喜了），但你仍然可以培養與之相關的特質：好玩、快樂、幽默感與不知。一旦你具備這些特質，驚喜以及驚喜可能為你打開的那一扇門，就更容易不期然而至。

在下一節中，我們將探討能夠支持你進入全有的宏觀視野。但在那之前，我建議先透過下面的冥想練習18，針對我們到目前為止討論的內容先練習。

冥想練習 18
非自我中心

·

　　找到一個舒服、穩定的姿勢。讓心智穩定下來，並溫暖你的心……感覺平靜、滿足、充滿了愛……此時此刻，你的所有需求都恰到好處地得到滿足……

　　感覺寧靜在你身體內蔓延……一種深刻的平靜感在你腦中擴展開來……

　　覺察到你的身體是一個整體……張開眼睛，覺察到你所在的房間或整個環境，意識到它是一個整體……你的目光從身體向外移動，輕輕地朝向地平線……你從地平線向上望，朝向一個更大的整體敞開……接著，讓目光放鬆下來，自然移動到它想要看的地方，同時覺察到你所在的環境。感覺自己平靜、客觀地如實知曉所在的周遭環境……

　　閉上眼睛，感受覺知的無邊無際……你的心智有如廣闊的天空 [62]，經驗在此穿梭來去。感覺自己自在又舒適、警覺且處於當下……就在這最新到來的當下這一刻……你完全敞開、毫無邊界……

> 覺得自己變得非常巨大⋯⋯做自己。在當下開始出現之前，敞開自己接收所有一切⋯⋯

從主觀到客觀，培養宏觀的新視野

到目前為止，我們主要談的都是在我們身上每時每刻發生的主觀體驗。現在我們要客觀地、廣泛地探討我們是什麼。隨著視野的放大，生而為人就不再只限於對這副肉身的感覺，而是能向外擴展到全人類共通的人性、富足的本質，乃至全宇宙[63]。

接下來我會闡述幾種相互建構的觀點。或許這會是很理論性的內容，但我們的經驗與行動就是由觀點而生。當你開始審視自己的時候，與萬物合一的感覺會越來越強烈——萬物是透過你來表達。正如十九世紀環保運動家約翰·繆爾（John Muir）所說：「當我們試著將任何東西視為獨立的個體時，會發現它們和宇宙的其他一切無可分割。」[64]

• 對空性的觀點

稍早，我們已提到所有經驗的本質都是空，也就是缺乏根本的穩定性、統一性及獨立性。經驗是意識流中的一個個漩渦，不停旋轉，生起又消散。

我們也提到，處理經驗的神經傳導過程，其本質也是空。一如世間萬物[65]幾乎都是短暫無常的，由多個不同部分組成，並受到條件制約。一粒質子、一片葉子、一場晚宴，以及木星上足以吞噬整個地球的一場大風暴[66]，都不過是物質流中的一個個漩渦。銀河系本身也是一個巨大的漩渦，幾十億年後它還能融合成一個更大的漩渦——仙女座星系（Andromeda Galaxy）。

空性的心理過程及空性的生理作用會升起並一起旋轉，這兩個一起旋轉的漩渦，便是人們觸及全有的兩個不同面向。當你看著海浪一波波起伏時，大腦中的生理漩渦正在促使心智漩渦能夠看見海上的物質漩渦。所有一切都存在，而所有一切也都是空。

• 對文化的觀點

每個人的心智都受到他人心智的影響。例如，如果少了兒時的社交經驗，我們便無法發展出健全的人格。日常生活中，他人的想法與態度會在你的意識場中迴旋。如果我們把神經系統之外的訊息看作一種廣義的「心智」，那麼心智簡直是散落各處，它在臉書的動態頁面裡，甚至存在雲端的某處。你的感受和我的感受，你的心智和我的心智：它們是一起迴旋的漩渦，而後流出進入另一人的心智中。一行禪師曾寫道：

你是一條持續奔流的小溪，是一個接著一個奇蹟的展現。你不是一個單獨的自我。你是自己，但你也是我。你不能從我今早芬芳的茶水裡取走那朵粉色的雲，我也不可能喝下不帶著這雲的茶。

　　我在你之內，你也在我之內。如果從你之中取走我，你就無法如現在這一刻般顯化。如果從我之中取走你，我也無法如現在這一刻般地顯化。沒有彼此，我們就無法顯現。我們必須等待對方，才能攜手一起顯化。[67]

• 對生命的觀點

　　我們都很容易忽視以下這個事實：我們每個人都是活生生的動物，是近四十億年生物進化的結果。生命展現在特定的物種中，而這物種又透過特定的身體被展現出來。我們的父母也有父母……最後可一直上溯到百萬年前的人類祖先……又可再上溯到千萬年前的靈長類祖先，然後是一億年前的哺乳類祖先……最後上溯到生命的起源，生命出現了，從一條未曾中斷的路線一路延續下來。

　　人體約有四十兆個細胞，每個細胞都由演化數十億年的 DNA 分子指揮。細胞中還有約十倍多的微生物。為了生存，我們孕育生命，也消耗生命為食。生命從我們身上流經，就像我們流經生命一樣。

　　再次引述一行禪師的話：

　　　　世間沒有一種現象不與我們密切相關，從海床上的一顆卵石，到數百萬光年之外的星系移動……

　　　　……所有現象都是相互依存的……

　　　　出家人渴望與這片土地、與所有植物動物、與我們所有人

類手足和平共處。當我們彼此和諧時，也就與大地和諧。我們
與所有人及物種都有緊密的關係，所有人類與其他物種的喜與
悲，就是我們自身的喜與悲。我們與所有一切互動。在修行的
道路上，我們明白自己是大地、森林、河流與天空的一部分，
從來不是分離的個體。我們有著共同的命運。[68]

• 對宇宙的觀點

你體內的每個原子，都比星星爆炸時生成的氦還要重。碳、氧、
鐵，所有一切都是。深呼吸——以星塵吸入星塵。這副身體已有十億
年之久。

想像一下，所有的因緣交織在一起，形成了這個星球、這具身體
和這個大腦。早型星爆炸，新星與太陽系開始形成，最終小行星在十
分鐘的破口撞擊地球[70]，空出的空間足以承載接下來六千五百萬年的
多樣物種。這些物種當中包含聰明的靈長類，也就是現在正在閱讀這

> 透過現代物理學，我們逐漸認識到，物質界並不是個
> 別物體的集合，而是一個關係網絡，其中的各個部分
> 構成了一個整體。[69]
>
> ——福提酉‧卡普拉（Fritjof Capra），物理學家

些文字的你。

意識流是心智與神經漩渦流經身體的動態過程，而身體本身是冒著量子泡沫的鈍緩波。心智流入身體，身體也流入心智，兩者再一起流向宇宙，宇宙則以漣漪流回到你身上。衝浪作家賈墨‧尤吉斯就曾說：「我們所有的波都是水。」[71]

上述內容不易明白。它也可能讓人感覺自己只是巨大網絡中無數因緣的表現，是宇宙織錦中無數絲線交織而成的一個小小漣漪。想到你正經歷的每一刻都是大腦構成的，而大腦由身體構成，身體由地球構成，地球則是整個宇宙構成，這個事實令人感到敬畏和謙卑。

• 對全有的觀點

再進一步，你就能把一切實相（即全有）視為一個整體，就像你能把心智視為一個整體一樣（關於這方面的練習請見冥想練習 19）。

全有就是一切所是，永遠具足。試著感覺這句話，讓它成為能夠阻斷心智的經驗，而不只是一個顯而易見的真理。

全有是靜止而不變動的。所有變動的現象都發生在全有之中，而全有是恆常不變的。

心智可以毫無疑問地被視為一個整體，同樣的，全有也毫無疑問地可以被視為一個整體。

比起其中不斷變化的現象，全有更可以作為恆常快樂的可靠基礎。

正如你能夠以一個完整的整體來感受心智，試看看你能否以一個完整的整體來感受全有。

冥想練習 19
全有是唯一

·

　　放鬆，感覺內心充滿了溫暖和自在，以及感覺用全身在呼吸。心智是一個完整的整體，維持在這個狀態下……在當下安住，平靜地處於此時此刻……意識到空性是呼吸的本質……

　　知曉你的意識流會受到其他人影響，只是去感受這個事實，知曉自己的感受是人類社會所形塑出來的……

　　知曉所有的經驗都和生理過程有關，你的心智仰賴物質……覺察你呼吸時身體的感受，注意身體僵硬和柔軟的部位。原子隨著每一次呼吸進入肺部、進入血液，並擴及到全身……原子從你的身體流向這個世界……感覺呼吸是這一連串生理過程的結果……

　　你從無數植物接收氧原子，再呼出二氧化碳讓植物接收……呼吸是一個巨大生理過程的其中一部分……

　　明白植物之所以能進行光合作用就是因為有光，那是由一個熾熱的巨大球體所散發出來的……透過每一次呼吸，把光接收到體內……意識到你體內的原子已經很老了⋯⋯你今天能在這裡，首先是因為星體爆炸了⋯⋯

　　明白你的呼吸和身體融入到一個往外延伸到全宇宙的過程中⋯⋯讓你的想像與覺知向外無限開放⋯⋯帶著敬畏與驚奇⋯⋯透過直覺感知全有⋯⋯

　　安住在這樣的覺知中，放鬆下來，這一刻的經驗是宇宙的局部模式⋯⋯

　　透過直覺感知全有，全有是唯一，一直都是⋯⋯安住在全有之中，唯有全有⋯⋯你就是全有⋯⋯

● 日常實踐 ●

　　花一個小時觀察擁有東西的那種感覺（「我擁有它」）、認同某些觀點或群體的歸屬感（「我就是其中一個」），以及自負（「我比你強，我比你重要」）。注意它們是什麼樣的感覺。想想當這些感覺生起時，你的內在或外在發生了什麼事才會助長它們。

　　再花一個小時觀察你如何能不帶著任何「我」與「我的」的自我感，只以作為一個人的單純狀態去完成許多事。

　　冥想時，注意關於「我」（不管是「作者我」或「受者我」）的自我感如何來來去去。認出這樣的自我感有許多不同面向，因為許多原因而不斷變化。認出「外顯之我」是如何像雲朵一樣不堅實，也缺乏穩定的本質。你可以在一天中的不同時間段多次練習。

　　當你非常貼近當下的每一刻經驗時，請注意在新的當下開始冒出之前，沒有人在操控這一切。它變化得如此之快，根本不可能有人能夠掌控得了它。

　　如果你感到被拒絕或不如別人，試著為自己找到被關懷或被重視的真實體驗。此外，也要找機會去認識自己的價值，感受自己與生俱來的善良。當你擁有這些體驗時，可以放慢速度讓這些體驗潛入你之內。注意你逐漸提升的自我價值感，能幫助自我感鬆脫下來。

　　在冥想時，可以試著探索，當完整、當下及全有三者結合在一起時是什麼感覺。透過練習，這三種感受可以融合交織成為覺知的背景，在日常生活中默默運作。

　　不時去辨識日常生活中的空性經驗，例如塞車就是一種空性經驗（它並不全然和自我有關）。境遇、工作與各種互動也是空，由它們引起的不適反應同樣是空。

　　看看自己依賴著如此多外物而產生的脆弱感，例如人、動植物、藥物、空氣和陽光等等。注意這會為你帶來哪些不適感，以及給你哪些支持。意識到許多事物就像漣漪一樣流經你，看看你能否坦然接受。基本上，你是許多事物共同顯化成為你的一個結果。

第 9 章

無生亦無死，
永恆是歸處

事物因因緣而生滅。事物的本質不是生，也不是死。
我們的本質是無生亦無死，必須觸及本質才得解脫。[1]

——一行禪師

現在，我們已經來到了七個覺醒步驟的最後一步。這一步既是最
穩的，也是最需要小心失足的；它永遠在當下，卻也直至最遠的彼
端。文字能幫助我們靠近它，但越是接近，文字就越不足以闡明。

心智、物質與難解之謎

心智顯然是存在的：我們都確實擁有經驗，例如聽、看和感受。
從我們的經驗中推斷出物質，認為自己正在感知到一些真實存在的東
西，那些依靠自己存在的東西——不管是否被任何人感知到，它們都

存在著。我們透過心智來研究物質世界，以及研究生命和其進化的過程，還有大腦和神經系統。透過心智可以了解創造出心智的物質——這讓我實在想不通！

心智與物質都是自然現象，其中包括非物質的訊息與經驗，也包括物質性的物體與能量。在大自然的框架中肯定有許多奇怪、美妙的東西存在著：快樂與悲傷、地鼠與銀河，還有貝多芬與大黃蜂。

那麼——就這些嗎？

• 涅槃

據我的理解，佛陀追求的是至高的喜樂，以及從痛苦中徹底解脫[2]。在他那個時代，人們普遍認為個人的某些面向會透過輪迴轉世帶到下一世；在這樣的背景下，修持便不只是為了結束今生的苦難，也是為了來世不再受苦。佛陀試了一個又一個法門，先是在位高權重的生活裡享受榮華富貴，而後離家苦行，探索靜思冥想的巧妙。最終他發現，所有透過這些方法獲得的經驗都是不可靠的，因為它們都是因緣和合而成的，也因此，當因改變了，果也會改變（除了「因緣和合」，也可以說是有為的〔fabricated〕、造作的〔constructed〕或持執的〔inclined〕，不同用字的意思略微不同）。

因此佛陀持續尋找，直到他發現了無為法（不會隨著因緣變化、生滅的法）。這是恆常不變的，並非短暫存在的，也因此是持久的快樂與平靜的可靠基礎。簡單來說，這就是：涅槃。美國佛教僧侶菩提比丘寫道：

　　涅槃是跨越輪迴的一種無為的狀態。涅槃超越了有為事物的世界，卻可以在依因緣而存在的輪迴中達到涅槃，也就是在這一世的生命中體驗到痛苦的消除……涅槃的實現伴隨著開悟、全然的平靜、未受染污的快樂以及不再受衝動驅使的靜定。涅槃滅除一切的渴，即渴求的渴。它也是在衰老、疾病、死亡等生命洪流中一個安全的島嶼。[3]

　　菩提比丘在著作《佛語錄》[4]中，節錄了這些來自《南傳大藏經》關於涅槃的描述。我喜歡讓這些話語沖刷過我的心智——有時還會對其中幾個特定的用語進行反思[5]：

★ 那無生、無老、無災、無死、無悲、無雜穢，以得無上安穩涅槃[6]。

★ 去除貪欲、去除瞋恚、去除愚癡者[7]，是謂涅槃。

★ 無為法（unconditioned）、究竟（uninclined）、無漏（taintedless）、真諦（truth）、彼岸（far shore）、巧妙（subtle）、難見（very difficult to see）、不老（unaging）、堅牢（stable）、照見（undisintegrating）、不可見（unmanifest）、無戲論（unproliferated）、寂靜（peaceful）、不死（deathless）、極妙（sublime）、安泰（auspicious）、安穩（secure）、愛盡（destruction of craving）、不思議（wonderful）、稀有（amazing）、無災（unailing）、無災法（unailing state）、無惱害（unafflicted）、無欲（dispassion）、清淨（purity）、解脫（freedom）、不執著（unad-

hesive）、洲渚（island）、窟宅（shelter）、庇護（asylum）、皈
依（refuge）[8]。

涅槃是佛陀修行的最終目標：

已見作屋者！勿再為造屋，
椽桷皆毀壞，棟梁被摧折，
得滅盡愛欲，心既證無為。[9]

       ——《法句經》第 154 偈

這是寂靜的，這是勝妙的，即：
一切行的止，一切依著的斷念，
渴愛的滅盡、離貪、涅槃。[10]

    ——《增支部》（*Anguttara Nikaya*）10-60

生有起作為不定　老死所襲病巢脆
渴愛導因不得悅　安越靜疑出離彼
無生無起無憂染　諸行靜安苦法無[11]

       ——《如是語經》43

• 人人都有可能獲得超覺經驗嗎？

我認為我們能透過三種方式來理解所謂的「無為法」（無因緣造作、無生滅變化的法），英文譯為 unconditioned（無條件的）。首先，我們可以練習透過不反應來達到「無為」的狀態，讓自己不做出導致痛苦的反應，更多地安住在不受干擾、寬闊的覺知空間。其次，我們可以在平常的現實生活中，探索一種超凡的心智狀態（通常是密集冥想的結果），在這種狀態下，所有因緣和合的經驗都會消停。第三，我們可以針對某些真正超覺、超凡、在「常理」之外的對象來練習（在此我使用**超覺**〔transcendental〕一詞，是因為它沒有那麼具體指涉，也不容易被聯想為某些人可能稱之為「神」的存在，也因此更為單純）。

前兩種方式不那麼有爭議性，但第三種卻有可能引起爭議。因此我會多花點時間，試著小心闡述。

根據我的經驗，有些人認為沒有必要做任何的超覺練習[13]，理由是他們認為所謂的超覺實際上並不存在，即便是存在也是不可知的，

> 無生、無有、無造、無作為者故，
> 生者、有者、能造者、作為者當不出現。[12]
>
> ——《自說經》8-3

甚至如果超覺既存在又可探知，也不是能夠透過修持或練習做到的。另外有一些人認為，不追求超越尋常事物的經驗，修持便毫無意義[14]。他們認為，在終極實相中確實存在著超覺的一面，即使這部分不可為人所知，建立與它之間的關聯也能有所助益[15]。我曾經分別跟隨過抱持這兩種不同立場的老師們學習[16]。

　　許多學者與老師對於上述經文及《南傳大藏經》的經文翻譯及解釋都不盡認同，我個人對這些段落的解讀是，它們確實提到了一些真正的超覺經驗。但我也可能是錯的。無論這些經文的「真正」意思為何，佛陀和其他作者也有可能出錯。

　　身為教師，佛陀鼓勵人們透過親身嘗試，去探尋對自己真正有用的經驗。對我來說，無論從理性或經驗來看，我都不認為日常實相代表了所有一切。因此我透過上述三種方式，探究這個問題：「無為或無為法是什麼意思？」當然，你也可以用自己的方式去探索這個問題。在這一章，我將要探討的是能否透過修持讓超覺現象自然發生。

• 超覺可能具有的特性

　　首先，重要的是要懂得辨別**超自然**（supernatural）與超覺的不同[17]，前者指的是重生、靈魂、宇宙論等領域。超覺超越了所有的超自然和永恆，因此是不受時間限制的（timeless）。什麼是超覺？接下來我將會提到更多。人們經常用不同的字眼來指稱，例如終極實相、無限意識、奧祕、源頭或神。對於這個問題，光是在佛教中就有許多教導和分歧，其他宗教傳統或哲學更是如此。接下來我會簡單概述，並強調其中與修持相關的含意。

超覺或許並不存在，但要是真有其事……嗯，考慮或感知它可能擁有的特質或許會有很大的幫助。

首先，超覺[18]可以是無為的，不需要倚賴任何條件而存在，它不具有時間基礎[19]，能夠讓受時間限制的實相成為可能。在當下這一刻之前，都是尚未受到條件制約的。在心智和物質界中，所有因緣和合而生的事物，都是被決定的、被設定的、實際的、不自由的。而在超覺中無條件存在的任何事物[20]，是遼闊且不受約束的。事物會改變，但它始終不變。例如：

現在將我的思緒轉移到那些
隨著事物變化而保持不變的東西上。[21]

——溫德爾・貝瑞（Wendell Berry）

超覺能夠超越一切活動與喧囂，保持靜定：

靜下心來
聆聽牆壁上的石頭
靜默，他們試圖
說出你的
名字。
聆聽
有生命的牆。

你是誰？
你
是誰？這是
來自誰的靜默？[22]

——多瑪斯・牟敦（Thomas Merton）

　　其次，尋常的現實也可能存在著一種覺知的特質。我們可以透過近年對量子糾纏所做的實驗，來思考這個主題。對於實驗結果的一個主要解釋是，必須具備觀察的覺知，量子可能性（粒子可能「上旋」或「下旋」）才可能成為現實（例如「上旋」）[23]。如果上述為真，或許某種覺知必須被編織進物質宇宙的織錦中，它無時無刻、無處不在，所以才讓現在這一刻從可能性變成現實。

　　第三，在談到對超覺的感知時，人們通常會用一種無邊無際的慈悲心來描述。例如，我就曾經看過有一家人在他們的家門口漆上「神是愛」（god is love）這三個字。

　　第四，某些人描述超覺是一種超出尋常的平靜感，或具有跟至喜或極樂相關的特質。這種平靜究竟是超覺本身的屬性，還是人們身處超覺狀態時的自身體驗呢？或許兩者皆是，也或許這並不重要。

　　最後，有些人會在超覺中找到一種人格特質。一個可以與之建立關係的存在，一個能去愛的存在，或甚至是一個能被敬畏的存在。

　　以上是人們對於自己的超覺經驗所做的不同描述。接下來，我會將重點放在第一點，也就是無為（或無條件）這個特質。

> 如是此梵行不以利養、恭敬、名聲為功德，
> 不以戒成就為功德，不以定成就為功德，
> 不以知見為功德。
> ……此乃彼不動之心解脫，此為此梵行之目的，
> 此為心材，此為究竟。[24]
>
> ——《中部》30

進入強大的超覺知狀態

科學無法證明超覺存在或不存在。我愛科學，也相信我們的世界因為科學而變得更好。但科學方法雖然強大，仍然有其局限性。例如，科學無法證明一個人真心實意地愛著另一個人。有些真實存在的事物，是科學至今仍無法證明的。

許多人因為自我修持而有過超覺經驗，並因此受益良多。如果終極實相的超覺經驗真的存在，將它列入考量對你來說會很重要。對我來說，這一點一直很重要，因此我才能在自我修持時不預設任何框架，以便能不斷自我超越。

接下來是獲得超覺經驗的幾種做法。

• 平息對有為事物的渴望

在分心、焦慮不安或情緒氾濫時，我們就會被拖進條件反射的陷阱中。本書的第一個練習——穩定心智，可以幫助我們不輕易受到外境的影響。

當我們感到孤單、憎恨或覺得自己不夠好時，也會被拖進條件反射的陷阱中。本書的第二個練習——慈悲心，有助於解決這個問題。

當我們感覺有所匱乏、有什麼事出錯時，就會被渴求所驅使，而做出許多條件性、充滿壓力的反應。因此我們有了第三個練習——自在圓滿。

內在的自我分裂，會使得內在那些「有為的」（因緣和合的）部分與其他部分發生衝突。於是，第四個練習——成為一個完整的人，有助於降低這些內在衝突，使心智空間更穩定也更廣闊。

當你沉迷於過去或未來時，你的心智可能會被一個又一個的有為事物帶著走。第五個練習——接受當下，能幫助你更接近每一個當下開始出現的那一刻，於是許多被因緣條件制約的感受和欲望便來不及取得掌控。

當我們帶著強烈的自我感，感覺自己與這個世界是分離的，就可能把生命中那些形形色色的事物（佛教稱為「有為法」或「諸行」）特別個人化。因此，我們透過第六個練習「全有」，來軟化你的邊界，以及軟化你與其他萬物之間的邊界。

前述六個覺醒練習有著各自的價值且能相互支持——最終，這些練習都會殊途同歸地來到第七個練習，探尋「無時間感」的永恆。例

不染諸欲者　清涼無所依

涅槃婆羅門　隨處臥安樂

斷一切執著　調伏心苦惱

得心之止寂　寂靜臥安樂 [25]

——《小品》（*Cullavagga*）6-4-4 [26]

如，當你越來越感到滿足、平靜時，很自然地心智就會更趨向整體，感受它如何在無邊無際的定靜中，自在地任千陣微風拂過。

• 感受到無所不在的可能性

　　無為或無條件（即絕對的、全然的可能性）或許是超覺最重要的屬性之一，也是它和一般有為事物的區別。你可以去想像或實際感受，這種可能性總是在每個當下正要冒出的前一刻出現。對我來說，這是一個不可思議的練習，就像你在每個當下來到之前就已經覺察到了……有許許多多這樣的瞬間。

　　你也可以在日常中覺察到這樣的可能性。就像超覺的無條件屬性一樣，隨時自我提醒。例如，一張白紙可以畫或寫上無限多可能的圖或話語，河流的水面上也可能出現無數種不同的漩渦。

　　你可以把覺知認定為心智上常住、有效用且無任何條件的無為法，因此在其中呈現的經驗可以有無限多種。當你的心智更趨穩定，甚至可以從意識拼圖的聲音、念頭、感官知覺及感受等種種因素之間，辨認出那尚未被條件制約的空間。

　　你也可以想像或感受到神經系統嗡嗡運作的背景音，它們永遠在線上待命，準備回應接下來可能發生的任何事。許多發生在意識裡的神經活動，在那個當下都不代表任何訊息。這些神經元維持在發射狀態，以便隨時準備好傳導新訊息、新訊號及新習氣。當下那些不代表任何訊息的神經基質，在物質上就只是一種無條件的存在，隨時準備好被條件化。它們提供能容納各種聲音的場域（一個具備各種可能性的空間），隨時可以被任何新訊號模式化。

　　日常生活也提供了許多感受各種可能性的機會。當你在處理事務或進入某種情境時，注意當你抱著開放心態去面對各種選擇，而不是

延伸閱讀

・

1.《我是那：一位悟道者生命及行事的獨特證言》（*I Am That*）／室利・尼薩加達塔・馬哈拉吉（Sri Nisargadatta Maharaj）

2.《島：佛陀論涅槃選集》（*The Island*）／阿姜潘山諾（Ajahn Pasanno）與阿姜阿瑪洛（Ajahn Amaro）

3.《長青哲學》（*The Perennial Philosophy*）／阿道斯・赫胥黎（Aldous Huxley）

急著限制那些選項時，會是什麼感覺。你的手可以做出許多手勢，你的身體可以做出許多動作，你還有很多不同的話語可以說。此外，在日常生活中尋得一份靜定，它如如不動，任由所有動作來來去去。例如，在內在深處尋得靜定後，將它當成一個中心點，讓所有的心智活動都繞著它自由來去。

• 覺知，比意識更深刻的意識

　　你的覺知——或一隻松鼠及任何動物的覺知——都可能成為超覺知。因此，自我修持時安住於覺知之中[27]，可以深化你對宇宙意識的直覺，同時也把你自己拉進去。有一次，我和靜坐老師楊增善（Shinzen Young）提到，我覺察到一種來自「深處」的覺知，與尋常的意識非常不一樣。他告訴我：「沒錯——隨著你的修持日益精進，還會再有轉變。你不會只是觀察到它，而是實際成為這個更深刻的覺知去回看你自己。」這種更深層次的覺知，也可能只是原來那個被桎梏心智的某一面，或是已經超越了尋常的心智。這兩種我都親身經歷過，並從梵文 *Tat tvam asi*（那就是你）[28] 這句話中得到啟發。

　　無論你如何解讀這樣的經驗，請看看你能否感受到這樣的轉變，哪怕只是片刻。時日一長，你會有一種更一致的、非個人的巨大意識，作為你個人特殊經驗的背景或基礎。在某種程度上，意識是量子可能性成為現實的必要條件，當你進入當下時刻，並盡可能接近當下冒出來之前的那個瞬間，會特別容易感覺到超覺知。

• 帶著愛生活

透過前述章節我們看到，愛的流入與流出可以降低貪執、渴求及自我感，於是內在可以騰出更多的空間，提高我們對於無為法的感知。此外，如果「神是愛」這句話確實為真，就可將愛、可能性及意識一起交織成超覺經驗，那麼你我的愛就可以超越個人，從而進入到這樣的大愛裡。

你可以試著將愛擴展開來，讓它變得無邊無際、無限、不受約束和無條件。例如，我有一個朋友在東南亞出家修行多年，我曾問他是否見過任何一個開悟者？他笑著說，開悟的標準很高，沒那麼容易。廟方會持續觀察你很多年，開悟不是瞬間成為人生勝利組，風風光光上電視。我仍然不死心地追問，他才鬆口說，當然有些人被認為有非常非常高的修行，說不定已經開悟了。我接著問：「那這些人是什麼樣子？」他說：「嗯……可以說他們沒怎麼變。當然，他們時而安靜，時而侃侃而談，時而開著玩笑，時而嚴肅認真。但有一點一直不變：對他們好，他們愛你，對他們不好，他們仍然愛你。」他們的愛

> 棄過現未來，而達於彼岸，
> 意脫一切處，無再受生老。[29]
>
> ——《法句經》第348偈

不因任何條件而存在；也就是說，這是一種無條件的愛。

　　你也可以憑直覺或想像，「你」的愛不只是像超然之愛，從某種意義上來說，你的愛就是超然之愛的某一面。人們常說愛如深井，愛就像無底洞，取之不盡、源源不絕。你可能還會感受到有一種愛，它超越了你的生活，不斷向外奔流。

• 覺醒時分

　　有句話是這麼說的：覺醒時刻，一天有好幾回[30]！

　　這就像我們的一生都被籠罩在一件黑絲絨斗篷裡，而斗篷外面環繞著光。每一個覺醒的時刻都像是在斗篷上穿了一個小洞，於是光就透進來一點。經過一次又一次的覺醒，斗篷上的小洞越來越多，也就有更多的光照了進來。最終，布滿了洞的斗篷就像透明的一樣，我們直接看見了始終都存在的光。

　　在某些人身上，你可以接收到這種「看見光」的感覺。他們生活在這個世界，但是他們的眼睛、話語與行動卻處處流露出超乎凡俗的光芒。

　　我相信每個人都可能達到這樣的境界。每一天，我們都可以培養這種超然感。這就像是「前線」的你生活在一個因緣和合而生的有為世界裡，而「後方」的你則安住於無為的超覺知之中。那是一個充滿各種可能性的空間，或許還有深邃的覺知與愛；感覺就像自己是全有之流中的一個漩渦，正在沿著無為的河床不停流動。

冥想練習 20
感覺自由

·

　　讓心智穩定下來……感覺到愛、滿足與平靜……感覺自己是完整的，安住於這種完整感中……寧靜地安住於當下……自我感可能會來來去去……敞開心進入全有之中……

　　憑直覺或想像一個充滿各種可能性的空間，在那裡什麼都可能發生……可能性總是出現在任何事發生之前、在被條件制約之前……讓自己放鬆下來，敞開心接受這個可能性……

　　你可能感覺到一種無邊無際的空間感、一種定靜感……你安止在不受時間限制之境，任時間消逝……什麼都不添加，也不造作……不執著、不停留……維持在這種自由裡……

　　如果你願意，可以探索超覺的其他可能面向……或許是一種比你的意識更浩瀚的覺知……一種無邊無際的愛、一種極致的平和……以及對你自己的善意……你接收這一切，並安住於其中……

> 維持在這種無條件的感覺裡……因緣和合而生的現
> 象生起又消散……安住於無為法中……

聚散無常的漩渦，終究會消逝

走向無為法的這個過程，本身就是一種條件。例如，我們已在先前討論如何培養穩定、慈悲心、自在圓滿、完整感、當下及全有的感受，透過練習，這些感受會變得更深刻、穩定及可靠。但它們仍屬於有為法。即使是永恆的當下，也屬於有為法，因為那是基於宇宙大爆炸和物質宇宙的根本性質（不管那是什麼）才可能存在的。從某種程度上說，固然無為法能改變一個人，但其作用也必須涉及到那個人身心出現了屬於有為法的改變。

我們該如何理解有為法與無為法的交會呢？要是意識中因緣聚合的過程變得極端，或完全安靜下來，那會怎麼樣？這樣的靜謐怎會是通往超越世俗實相的一個開口呢？

針對上述問題所指向的奧祕，我想在接下來提出幾個可以思考的角度。這些文字總結、匯集了我們一直在探討的幾個關鍵主題。

———　•　———

河水任流動，漩渦任旋轉。

河水是由分子構成的，分子是由原子構成的，原子是由量子粒子構成的，這是物質宇宙的基質。

　　物質與能量的漩渦會通過科學家所謂的「量子泡沫」（quantum foam）[31]。物質與能量的形態可能改變，但它們的基質永遠不變。

　　漩渦是河水的一種表現形式。同樣的，所有的物質與能量形式——從夸克到類星體、從微伏特到閃電——全都是宇宙基質的表現形式。

———　•　———

　　旋轉的電子、酒吧裡跳舞的人、高速公路上的車流、一個人的生命、太陽與月亮、銀河系的星團，以及我們繁榮又神祕的宇宙——全都是溪流裡的漩渦。

　　每一個漩渦都由不同的部分組成，各有不同的因緣，而且只是短暫的。所有漩渦都會消逝，所有的漩渦都是空的，執著於漩渦會受苦。

———　•　———

　　構成宇宙的基質可能有無限多種表現形式，就像河流能產生無數種漩渦一樣。漩渦會短暫形塑河流的樣貌，但不會改變河流形塑漩渦的能力。同樣的，物質與能量的漩渦從出現、持續到消散，都不會改變宇宙基質產出、維持及釋放漩渦的能力。

　　一旦模式形成，它的多重可能性就會聚合成一個單一的實相。它的基質是一個有效用的、無限自由的空間，在這個空間裡，所有實相在不自由中出現，然後便消散離開。

———　•　———

　　重要的，始終都是現在。現在的持續時間似乎是無限小的，但卻包含了來自過去的因，而過去的因將會創造出未來。

　　宇宙基質的量子泡沫，始終富含各種可能性。

　　就在現在這一刻生起之前，就在量子潛能併入到現實的前一刻，所有一切都尚未被條件制約。

———— ● ————

　　訊息降低了不確定性，是相對於背景雜音的信號。

　　訊息會根據不同的基材而有不同的表現形式。例如貝多芬的《快樂頌》可以透過紙上的樂譜來表現，也可以藉由音響喇叭的搏動，或神經網絡有組織的神經活動來表現。

　　心智是神經系統所表現出來的訊息和經驗。

　　意識的神經基質可以透過無限多種經驗來表現。

　　所有經驗都必須倚賴許多突觸短暫的動態連線。

　　經驗是訊息的漩渦，而訊息是神經活動的漩渦。

———— ● ————

　　任何經驗都必須有閒置的神經能力來展現它。越是喧鬧的神經活動，其神經基質越是充滿潛力。

　　只需要幾毫秒的時間，對應的神經突觸就能聚合並構起一個經驗。一旦形成這樣的神經聚合，就會受到條件制約而不得自由。直到突觸模式消失之前，經驗都會如實維持，持續時間通常在一兩秒之間。接著，這些突觸就會再度閒置，於是就可用來展現新的經驗漩渦。

經驗升起又消散，重新回到無限可能性的場域中。

———— ● ————

神經系統中總有一些閒置的神經能力可以使用，因為各種可能性而鬧騰、顫抖著。這時模式還未形成，還沒有受到條件制約，也還沒有不自由。

透過冥想，我們能與這些神經潛能變得更親近。當信號通過意識的神經基質並安靜下來後，我們就更能覺察到那些可用於展現下一個經驗、尚未被條件制約的神經能力，也不再那麼輕易地與任何正在生起和消散的經驗糾纏不休。

如此一來，我們就能直接觀察到充滿各種可能性的心智場域。同樣的，充滿各種可能性的大腦、整個物質界，也能在量子層次透過智識及直覺觀想被理解，或是透過某些方式頓悟。

隨著默觀冥想的功夫日趨深厚（戒與慧的修持也日益到位），我們越來越能覺察到在經驗形成之前有多自由。

我們更能覺察到心智及神經漩渦的出現和離散，它們都不是持久幸福的可靠基礎。

我們可以在模式拍板定案之前，安住於心智／神經的無限可能性之中。

如果真有所謂的超覺知，那麼位於當下最前端、那個可能性的永恆空間，就是通往恩典的一個合適的窗口。

———— ● ————

　　物質及心智的漩渦在本質上是相同的。它們都是無常的、合成的，並且都會因各自的因緣生滅。它們是基質的表現形式，但基質本身永遠不變。在當下開始出現的那個瞬間，它們不斷地從無條件的可能性場域中出現。

　　整個宇宙和你的個人經驗在本質上也是相同的。天上的星星、地上的草和蟲子，以及你對這些東西的體驗，都具有同樣的本質。

　　事物會變，但本質不變。事物不可靠，但其本質是可靠的。

　　問題不在事物的本質。不執著、不攀緣，因為沒有什麼可執著的，也沒有什麼必須抓著不放的。這是一個杯子，這是拿著杯子的手，以及能看見這隻手的視覺……本質不過如此。

　　你的本質、我的本質，以及你周遭每個人的本質。你生命中的每個人、樹和鳥、所有植物與所有動物的本質。每一滴水的本質，每一粒沙的本質。每一種喜與悲的本質，這些經驗都流經覺知，而覺知也有自身的本質。

　　如果能在日常生活中，以心智及物質的本質持續存在著，而不執著於任何想法或事物，會是什麼情況呢？

———— • ————

　　許多人都有過超越現實的感覺。在日常活動或在某些特定時刻，可能會有一種浩瀚、神祕、臨在及愛的感受。深入修持全世界的靈性傳承，可以強化這種感受。

　　深入修持如何讓一個人對超覺經驗更有覺知呢？

　　舉個例子，如果超覺也是涅槃的特徵之一，那麼達到涅槃的過程以及涅槃本身都能教會我們許多東西。《南傳大藏經》提到,透過八種不同尋常的意識狀態——有形與無形的禪那——以及激進而深刻的領悟[32],就能通往涅槃。在自然框架內理解涅槃,必須與神經活動有關。即使涅槃包含了超覺的一面,在涅槃之前與涅槃之後的心智狀態,也同樣與神經活動有關[33]。

以下簡單描述一下達到涅槃的這些步驟[34]。初禪是不再貪戀世俗欲念,持續專注喜樂的感覺(離生喜樂);二禪是除了內在的喜樂外,還伴隨著澄淨與靜定,注意力則消退平息(定生喜樂);三禪是身體有樂並持續處於平靜當中,內在的喜則消退平息(離喜妙樂);四禪是無喜無憂、無苦無樂,唯有純粹的空明與平靜(捨念清淨)。

接著,當有形的感知都消逝後,就能進入四種無形無相的禪那(四無色定):「空無邊處定」、「識無邊處定」、「無所有處定」及「非想非非想處定」,而後進入涅槃[35]……

———— • ————

從有形禪那進入到無形禪那的過程,意念、注意力、苦與樂、知覺或甚至無知覺——全都會逐漸消散。

心臟持續在跳動,神經系統的深度構造也仍在持續形成。但在大腦意識的神經基質中,訊息漩渦卻和代表它們的神經集群一起旋轉散開。訊號逐漸消散,最後只剩下豐富的喧鬧聲。那些因條件而生的、不自由的模式,都消散了。

最終,大部分(或全部)只會剩下無條件制約的心智與神經可能性。修持其他靈性傳統的人,也可能達到這樣的境界。開闊的心,持續處於每個最新生成的當下之中，此時所有一切尚未被條件制約，沉浸在清淨無為之中⋯⋯這與超覺的感受十分接近，正是由此打開了通往超覺的入口。我們都可以從尋常的心智中解脫出來，進入超乎尋常實相的體驗。

例如，菩提比丘就曾經寫道：

> 　　跟隨佛法修行，人們會對於因緣現象有真正的認識，於是不再生成所謂的業或行（sankharas，因緣和合而生的經驗），也不再造作形形色色、因緣生滅的實相；這時便打開了通往不死、無為（asankhata）的解脫境界，也就是涅槃，是無常及痛苦的最終解脫。[36]

超覺體驗是無時間性的，但對肉身來說，時間仍然在持續。最終，訊息漩渦會在意識的神經流中再次聚集。它們或許會形成對心智本質的深刻洞見，也或許是實相本身[37]。

例如，本章一開始引用的來自一行禪師的那段話，就很值得再次好好體會：

> 事物因因緣而生滅。事物的本質不是生，也不是死。
> 我們的本質是無生亦無死，必須觸及本質才得解脫。

我堅信心智和宇宙有同樣深邃的本質，它們都具有突現、空性的性質，又充滿了各種可能性。在尋常的現實中，這一直都是我們自己的本性；而我們的本性則是一個更大的奧祕。

　　經驗是流經心智的漩渦，肉身是流經物質的漩渦，而人則是流經全有的漩渦。漩渦在各種各樣的流裡。

　　事物出現：雪花與星星、人與人之間的關係、喜與悲……而後也總會消散。但事物經過的流，以及這些流的本質卻從來不變。

　　流與流的本質，就是我們立足與皈依之處。

　　保持在流的狀態，安住在無為法中。

　　白隱慧鶴（Hakuin Ekaku）禪師就曾寫道：

直指人心，照見本質，而後成佛。[38]

冥想練習 21
尋找自性

·

　　這是本章最後的冥想練習，願你能樂在其中。

　　放鬆……感覺你是用整個身體在呼吸……覺察你所在的整個空間……

穩穩地聚焦在當下，感覺一切都已經平息下來……感受到慈悲心、感恩及滿足……自在安住……

你仍安穩待在當下，任感官知覺流經意識……你不需要做什麼，也沒有什麼事需要完成……你不需要成為任何人……

你持續安住在這樣的感受中，認出心智真正的本質，它由許多部分組成、不斷變化，還可能受到許多事物的影響、沒有固定的本體，而且本質是空性……讓你自己成為心智的本質……成為你的自性……

心智在不具任何因緣條件的可能性中出現，在深邃的靜定中……在無邊無際的覺知中……

你辨識出水的本質：變化多端、由許多部分組成、受到許多事物的影響、沒有固定的本體、它是空的……你的身體、這個地球、這個宇宙也具有同樣的本質……凡是事物的本質，都不會有任何問題……

你在事物的真正本質中安住……成為事物的本質……所有一切都在無條件的各種可能性、在深邃的定靜裡，以及在無邊無際的覺知裡發生……

安住在你的自性中，也在無時性中安住……

你的真性是所有覺醒者的本質……

自在地安住於真性之中……

· 日常實踐 ·

花點時間好好想想宇宙的奧祕，你不需要像科學家一樣去研究，只需要意識到宇宙的浩瀚，以及它所承載的許多東西，例如你認識的人、我們居住的地球、太陽、原子、銀河系等。接著問問自己：「就這些了嗎？」你的答案可能是「對」、「不止」、「我不知道」或「以上皆非」。無論你的答案是什麼，請感受一下你回答這個問題時的感覺。直接去面對你的答案，正視它的含意，無論那是什麼。看看你的答案如何影響了你的日常修持？

冥想時，讓心智完全安靜下來。接著，覺察你的造作過程——編造、建構，以及條件制約。有時這是一種自動運行的模式（透過練習，也可能安靜下來），有時「造作」是有意添加的，例如對聲音或念頭的反應。覺察到這個有意添加的過程。接著，試著盡可能少添加或甚至完全不添加。當造作、條件制約的情況減少後，注意那是什麼感覺？你有過不造作或無條件制約的感覺嗎？或者甚至是一種更深刻的超覺經驗？

現在看著一張白紙，你知道可以在上面畫上任何圖案或寫上任何文字。同樣的，你的覺知也可以容納無限多種經驗。透過這樣的方式，你可以明白什麼是不依賴於外緣而存在的無為法：一個充滿無窮可能性的空間。在一天當中，要時時覺察這樣的可能性空間。例如，下一次當你和他人談話時，你可以特別留意一下，如果談話內容不加限制，你有無限多件事可以說。你能自在地處於這樣的自由裡嗎？以及，你能在這無限的自由中做出明智的選擇嗎？

　　覺察到定靜，它可以像出入息之間的那個換氣空間那樣簡單。將覺知帶入你之內、你周圍及你之外，看看有什麼是恆久不變的。抬頭看看天空：雲朵正飄過寂靜的天空。即便眾聲喧譁，在你的內心深處也可能擁有同樣的定靜。一旦你整個人安靜下來，就能感覺到深刻的定靜，就像一座靜謐的水塘。

　　你還可以探索超越尋常實相的直覺，它是無條件的、無邊無際的、寂靜的、不受時間限制的。在每一天中，你能多次地把這樣的感受帶到當下的經驗裡嗎？

　　如果你曾經有過超越尋常實相的超覺經驗，想想你是如何獲得這樣的經驗？你會想要補充或改變什麼嗎？

　　如果你曾經有過超覺經驗，想想其中哪些面向值得你投入更多的關注？例如可能性、覺知、愛、平和，或是對你自己的善意……

　　當你走向超覺知時，越來越接近它的你有什麼感覺？臣服於它的你有什麼感覺？在生活中更仰賴它的你是什麼感覺？為了進入超覺狀態，你如何放下慣常的想法或行動，讓自己變得更通透？

ALWAYS ALREADY HOME

心安之處便是家

第**10**章

豐碩之路

諸行皆是壞滅之法，

應自精進不放逸。[1]

——《長部》（*Digha Nikaya*）16

　　我曾有機會與在亞洲接受過僧侶培訓的史蒂夫‧阿姆斯壯（Steve Armstrong）談過話。我問他能否跟我談談涅槃，他凝神地看著我的眼睛，而後又移開視線望向遠方，給了一個我從此之後經常深思的回答：「那就像生活在一個群山環抱的深谷中，有一天你站上最高的山巔，視野真是棒極了！但是，你不可能在那裡生活。於是你回到了山谷，但你見過的景象卻永遠改變了你。」[2]

　　至此，我們已經走過了七個通往覺醒的修持步驟。每一種練習（或說是修行）都是一次覺醒，都在支持著其他的步驟，一起帶著你通往極樂之境。有時候，你或許有機會瞧一眼高處的風景。現在，是時候讓所有一切都在你心底沉澱下來了。如果說讀這本書就像參加了一次僻靜營，那麼很自然的，現在你會開始想著怎麼回家，以及要帶什麼東西回去。

　　我希望你會把這七種存在方式與對應的練習帶在身上，其中任何一種都很珍貴。保持正念和穩定；與慈悲心、平靜及滿足同在；感覺每個當下都是完整的；與世間萬物連結；以開放的心去面對神祕不可解的事……以上這些都能讓你感覺良好。當你培養起這些特質，也會幫助到身邊的人。它們都是強大的自我修持工具，能帶著你不斷前往更高處。你越是體驗到這些存在方式，這些特質就越會在你之內滋長。它們既是修行之路，也是修行之果。我曾聽過西藏有這麼一句話：我們可以「以果為道」[*3]。

　　特別是，想想應該如何把本書探討的內容運用在日常生活的人際關係、工作及娛樂之中。針對這點，我們會先做兩個冥想練習，一個專注於感恩，另一個則是軟化邊際，包括你與內在之間的邊際，以及你和外在世界之間的邊際。接下來，我們會討論你如何在生活中奉獻自己，並透過實際的建議來支持你的後續修持，在個人的覺醒之路上繼續前行。

感恩，為你所收到的所有一切

　　我們每個人都已經收穫良多，包括前人發展出來的寶貴想法和方法、大地與生命賜予的禮物，以及你最深刻、也最真實的本性。實際

---

* 編按：以果為道的意思是以成佛後的存在方式來自我修持，最後證得佛果。

上，我們要做的很簡單：挪出空間來接收這一切。用這種看待事物的方式，就能降低必須把事情做好或緊抓不放所帶來的壓力。你早已經收穫良多，只需要讓它們以自然的方式潛入你之內。

冥想練習 22
感恩的心

·

　　進入到當下，覺察你的身體，找到一個既舒服又保持警覺的姿勢……

　　想一些你要感謝的簡單事物，例如食物、花、乾淨的水……讓感恩成為冥想練習的焦點……完全沉浸在感恩之中，也讓感恩完全滲透進你之內……

　　覺察到大地、植物和動物，表達你真誠的感謝……覺察到地球是一個整體，並對它致上謝意……覺察到宇宙的浩瀚、存在的神奇之處……安住在這種感恩的情緒之中……

　　想著出現在你生命中並值得你感謝的人，無論是過去或現在……心中生起一種溫暖的感激之情……

　　回想一下你從老師那裡得到的東西……它們承襲自

老師的老師。因此，感謝你所有的老師，感謝那些幫助你的知識與智慧傳承……

感謝在你修持期間所帶來的所有一切，感謝它們為你與他人帶來的好處……感謝這些修持的成果，也感謝能有這樣的機會修持……

覺察到你從這本書中所學到的修持與練習……感謝你付出的努力，感謝你穩定的心智，感謝它們溫暖了你的心……你安住在圓滿中，成為完整的人……感謝你所接收到的每個當下……感謝你敞開心進入永恆的全有……探尋永恆……

為了能看得透澈而感謝，為了能看見真相而感謝……感謝萬物的終極本質，無論對你來說那是什麼……感謝這一生……

軟化邊際，去除你的分別心

為了正常運作，我們必須擁有區辨的能力。例如，分辨茶與茶杯的不同、分辨自己的感受與他人的感受、分辨快樂與悲傷。然而，這樣的分別心卻會埋下痛苦的種子：權衡此念頭和彼念頭，衡量此人與他人的優劣。雖然事物之間存在許多邊際，我們仍能試著軟化它們。

冥想練習 23
輕輕軟化

放鬆……吸氣……吐氣。每一次吸氣都要輕柔地開始、輕柔地結束；每一次吐氣也要輕柔地開始、輕柔地結束……軟化呼與吸之間的邊際……

軟化感官知覺的邊際，例如皮膚接觸衣服、地板和空氣的感覺……

心也變得柔軟了……於是，心和胸腔的感覺也一起軟化了……

單純地如實呼吸……軟化邊際……世界的進展和你個人的進展也一起軟化了……

讓生命流經你。你的生活流入生命中，生命也流入你的生活……你的生命與所有生命之間的邊際軟化了。

空氣流入、空氣流出……外境流入、外境流出……你的身體和這個世界之間的邊際正在軟化……

軟化你心智的邊防……讓所有一切都融合在一起……一切安好……你呼吸並如是存在著……

心智和身體一起軟化……你和所有一切之間的邊際

> 軟化了，所有一切都流經這如是的你⋯⋯
>
> 　你和所有一切的邊際都軟化了⋯⋯萬事萬物和你之間的邊際都軟化了⋯⋯
>
> 　所有的邊際都軟化了⋯⋯
>
> 　有為法與無為法之間的邊際軟化了⋯⋯時間與永恆之間的邊際也軟化了⋯⋯
>
> 　個人覺知與深層覺知之間的邊際軟化了⋯⋯
>
> 　愛軟化了你⋯⋯軟化成一種知曉、一種智慧，流經你全身⋯⋯
>
> 　所有邊際都軟化了⋯⋯輕柔、溫和地流動著⋯⋯

伸出友善的觸角，用愛與慈悲灌溉現實世界

當你修持有所得之後，很自然地就會回饋這個世界。要做到這一點，以下幾個主題值得深思。

• 慈悲喜捨

慈悲能讓人把心打開，主動去關懷自己和他人的負擔與痛苦，捨是一種平等、有智慧、安穩及平靜的心態。「捨」能讓你在顛簸路上平穩前行[4]，還能像牧師霍華德・舒曼（Howard Thurman）所說的──

用平靜的眼睛看待生活[5]。

我們已經在本書探討了許多強化慈悲喜捨的方式，有時專注於其中某個方式格外有幫助。例如，如果你的情緒相當穩定，也能瀟灑地捨離，在自我修持時，或許更適合在冥想和日常生活中加入更多的同理心與慈悲。相反的，如果你完全不設防，非常容易對他人敞開你的心，也因此經常受到他人情緒及回應的干擾，或許你在自我修持時，更適合專注於「定與靜」的練習。你還可以在辨識無常、相互依存及空等事物本質上下功夫，即使是在最壞的情況下。

當我們把目光從家人、朋友的圈子往外擴大時，慈悲喜捨的平衡就更為重要。覺察到這個世界有如此多的苦難和不公，就有可能更堅定地致力於增進他人的福祉，同時也對現況和未來的展望平靜以待[6]。

> 教我們該在乎什麼，不該在乎什麼，
> 教我們安靜地坐著。[7]
>
> ——T. S. 艾略特（T. S. Eliot）

• 種善因必得善果？

假設你想種點水果[8]，你可以拿出種子，小心地播種。當種子發芽長成幼苗，你可以為它澆水、施肥，保護它不被蟲咬，並仔細地修剪。時間一年一年過去，你可以好好照顧你的果樹，但無法迫使它結出果實。

我們可以關照事物的成因，但無法控制其結果。明白這個道理，你的心態可能會更平靜，因為事物的許多決定因素都不在你的掌控之中。明白這個道理，也會讓你更有責任感，因為你能自行決定是否要盡你所能地關照這些因素。我們是相互依存的，但每個人都必須做好自己的功課，如佛經所說的「應自精進不放逸」。

從這個角度來看，目前在你的人際關係、健康或其他對你來說很重要的事物上，是否有你可以多加關照的「因」呢？你可以用什麼方式幫助自己冷靜面對任何結果，包括他人對你的看法？

例如，在職場上──也包括組建家庭和持家──善用決心與熱情

延伸閱讀

1.《當下自在》（*Being Peace*）／一行禪師

2.《生態佛法》（*Ecodharma*）／羅大維（David Loy）

3.《根本之法》（*Radical Dharma*）／威廉斯禪師（Rev. Angel Kyodo Williams）、歐文斯喇嘛（Lama Rod Owens）及雅思敏・席度拉（Jasmine Syedullah）

4.《站在邊緣之境》（*Standing at the Edge*）／瓊恩・荷里法斯禪師（Roshi Joan Halifax）

非常有用，這能幫你降低壓力及被驅使感。其中的關鍵就是：有期待但不執著。夢想遠大，在做到像佛陀所說的「不放逸、熱心、精勤」[9]的同時，內心還要感到安適自在，有一種你只是行經一個更大存在空間的感覺，而不是試圖把五夸脫的任務硬塞進一個四夸脫的桶子裡。

你能在現在的生活中找到例子來說明上述的感覺嗎？或者你能在他人身上看到類似的狀態嗎？想像一下，如果那個人是你，你會有什麼感覺？明白這樣的感覺後，再想想可以怎樣把這種自在努力、毫無壓力的決心帶到你的工作中。有什麼能夠支持這樣的存在狀態？這樣的狀態會為你帶來什麼好處呢？

多年前，一個朋友告訴我，他即將去一間禪寺做生平第一場的正式講道。我想起在報紙上看到那間禪寺會收留冷天裡無家可歸的人，於是我開玩笑地跟他說，現場可能有些人對你的講道一點興趣都沒有！他作勢把手放在我的腳上，像是在我腳邊放下東西，然後對我說：「我只是給出我能給的，盡量把事情做好，但那之後就不是我能掌控的了。」[10]

你是否能覺察出迫使你採取行動的內在及外在力量呢？或許是來自你內心的聲音在說「你應該如何如何……」，或是來自他人的壓力？想想你如何將我們的練習用來應對這些力量，並逐漸斷離它們。

透過這些方式，我們可以把修行帶進「現實生活」的事務及挑戰中——這將使得你走在道途的每一步，都能結出果實。

• 我們的集體貢獻

　　跳脫個人層次，就能從更大的人類群體來看到奉獻的力量。例如，在我家鄉的靈岩（Spirit Rock）冥想中心餐廳後方，有一尊巨大的石雕佛像，我經常想像五百年後這尊雕像仍然會在那裡，只不過多了一些風霜或爬滿青苔。佛陀的教誨和修持之所以經久不衰，是因為它們說的是關於心智及宇宙的永恆真理。然而，隨著時間流逝，這些教誨逐漸演變成小乘佛教、藏傳佛教、禪宗及淨土宗等四大分支[11]。幾百年後，坐在這尊雕像旁的人們又會如何看待我們身處的這個時代呢？除了麻煩和衝突，我相信他們一定都能從這個時代的最近演變及發展中，穿透諸多紛爭及眾聲喧譁，辨認出佛教「第五個」新興教派的一些形態：

★ 有持續及深入修持的世俗子弟。

★ 有成為導師及領導者的世俗子弟。

★ 有更多的女性、不同膚色的人種和過去被邊緣化的人成為導師與領導者。

★ 出現了更多根據佛法或受佛法影響的科學研究及身心保健方法[12]，人們對身體和有形的痛苦有了更深刻的理解，也更了解其中因果。

★ 越來越多的非佛教環境採用來自佛學的觀點和修持方法[13]。

　　我們可以對上述發展抱持不同的意見，無論你認為它是好是壞，這都是真實發生的現況。看到我們一起種下及照顧這些種子,即使其中包括許多與佛學無關的方式,也讓我感到謙卑及深受啟發。我們都在共同創造著未來,擴大來說,我希望我們為全人類種下的是幸福及智慧的種子,同時也促進了人類與所有生命的關係。

　　無論是透過可見不可見、已知或未知、小或大的方式,有一種更大的奉獻正在所有人身上流動。你可以透過接下來的冥想練習 24,更深入去探究這個問題。

冥想練習 24
為促進和平盡一份心力

·

　　透過這個冥想,去想像你如何對人類未來的日子盡一份心力,感覺這樣的奉獻能夠輕鬆地流經你,而且你能更平靜地面對及接受任何結果。

　　來到此時此刻,覺察你的呼吸、平靜感、滿足感、充滿愛的感受……而且能輕鬆地安住於其中……

　　想像你把一個水果遞給某個人,無論對方是否收下,你都能心平氣和……了解這種只管付出不求回報及結果的心態是什麼感覺……

　　覺察你曾經做出的貢獻……你為家庭、工作、他人、其他生命及整個世界付出過什麼……或許付出時，你有過生命流經你身上的感受，把自己完全交託給這股強大的生命之流，讓它帶著你前進……

　　你也可以想像你帶著良好的意圖及善意，將要為這個世界做出新貢獻……在付出的同時，你知曉自己不可能完全掌控結果，你只需要關照後續發展，但要放下對特定結果的執著……

　　當你的內心完全平和時，你會如何說話及行動，明白那會帶給你什麼感覺……你在付出時，就已經處於滿足、愛及平靜之中了……

　　讓生命帶著你前進……讓生命自然且輕鬆地將你的付出傳遞給他人及這個世界。

繼續前行

　　據說佛陀開悟後依然在覺醒之路上「前行」[14]；當然，我們不用成為托缽苦修的僧人，也能體會到在「覺醒之路上前行」這句話所包含的熱切、尊嚴，以及走向全世界的那種感覺。

• 感謝你們讀完這本書

首先，我想謝謝讀者們願意閱讀這些並不輕鬆的內容。雖然我們可能不認識彼此，但我相信，每個人的修持都能以可見或不可見、已知或未知的方式來幫助其他的人。為此，我要謝謝你們！

• 簡單就好

我們已經探討了許多的概念與方法，現在可以讓它們在你的內心沉澱及扎根，看看隨著時間推移後，它們會對你產生什麼影響。雖然這些資訊很複雜，但我們可以簡單行動。

如果你從來沒有試過，可以考慮每天花一分鐘（或更長的時間）來冥想——你可以做正念呼吸或祈禱。把它當成你睡前做的最後一件事，但無論你在什麼時候進行，都要在這一分鐘（或更長的時間）內專心投入。

此外，你也可以選定一個想要做的簡單改變，然後專注完成。例如，每次生氣時，先做一次深呼吸再開口說話；晚餐前點一盞蠟燭；戒酒；起床時，許下一個新的生活目標，以此來展開新的一天；或者在日常冥想中，加入幾分鐘的慈悲冥想。

在任何時刻，你都可以觀照自己或他人的痛苦，也可以觀照自己或他人的快樂。透過這種簡單的覺察，就能自然放下某些痛苦的因，並滋養快樂的果。

> 我不清楚是否真有開悟的人，
> 但我確實知道有開悟的時刻。[15]
>
> ——鈴木禪師（Suzuki Roshi）

• 修持之樂

　　無論你的修持方式為何，要樂在其中才更有可能堅持下去。因此，請在你目前的修持內容中找到讓你開心、感到有意義的部分，或許還能再添加一些能讓你由衷感到愉悅的事情。問問自己是否勉強地在做某些修持功課，或是對這些內容感到枯燥乏味；想辦法讓它們變得更有激勵效果。有時不妨放下，騰出空間換成其他對你更有成效的修持方法。

　　讓修持變得更好玩、更快樂，這是很好的做法。看看你能否被自己的心智逗樂——它的反覆不定、它玩的把戲，以及它出乎意料帶給你的驚喜。我以前就是太嚴肅了，自我修持若是變得太沉重或太一板一眼，效果就可能沒那麼好。你可以把修持這件事玩得很開心！

　　試著為了他人而修持，就像為自己一樣。你可以在冥想時把他人放在心中，也可以在一天中以不同的方式善巧地照顧他人。

• 培養洞察力

你可以相信，你一定會把自己的見解與修持內容融入到日常生活當中。給自己一點時間。維護你所培養的有益品質，信任你的良善本質，信任我們共有的天性。

偶爾問問自己：「我還需要繼續把注意力放在這裡嗎？我需要去做那件事嗎？我需要因為那個人而感到不舒服嗎？」留意你給自己和他人施加的壓力，以及你如何把像雲朵般的動態過程，轉變為靜態的、堅實如磚的東西。

觀想你看到山中的一個水塘，風和暴雨都會在水塘激起波瀾，但水塘本身始終都是靜止的。心智就像水塘，其表面是覺知，而水塘的深處可以探向永恆。世俗的風吹來 [16]，泛起了念頭和感受的漣漪，但最終這些漣漪都會平息下來，再次回到平靜——與此同時，水塘始終都是靜止的。當你度過每一天時，都要對空及靜定保持覺知。你可以放下任何被擾動的漣漪，保持一直如是的狀態：完整、處於當下、關懷他人、平靜，並且歡迎各種可能性。

對你這一世最深切的渴望和最高的目的永遠保持覺知，讓它們時刻與你同在，帶著你一起同行。

• 享受這趟旅程

生命是瘋狂的。我們現在是在一顆圍繞著普通恆星運行的小行星上，這顆行星位於星系的邊緣，周圍還有數萬億顆其他星球 [17]。自從宇宙形成以來，已經過去了近一百四十億年，而現在我們就在這裡。無數的生命在這個過程中消亡，但他們本身能力的微小進步卻能透過越來越精細複雜的物種，在演化中逐漸穩定下來，最終出現在我們身上。有許許多多的事情發生，才有現在的我們。

　　生命也是奇怪的，不是嗎？你活著、愛著，然後就這樣離開了。我離去的時間終會到來，你與其他人也都一樣。同時，我們又對人世間的一切充滿敬畏及感恩，並應允每一天都要盡可能地享受生活、盡可能學習，以及盡可能奉獻自我。

　　在此過程中，我們吸收好的經驗，讓有益的經驗沉澱為持久的內在力量，編寫進我們的身體。即使在最艱難的時刻，也會有許多機會來培養正念。認清你是完整的，擁有美好及有益的特質，這些特質同樣可以在其他人及其他事物中發現。讓它們在你之內生根發芽，讓它們成為你。

　　我曾就某個經驗請教過內觀老師喬瑟夫・戈斯坦，當時的我不確定自己的思路是否正確。聽完後，他點點頭說：「沒錯，就是這樣。」然後又笑著對我說：「堅持下去。」[18]

致謝

我要感謝給予我有用回饋的讀者們，包括 James Austin、James Baraz、Leigh Brasington、Annette Brown、Alisa Dennis、Andrew Dreitcer、Peter Grossenbacher、Forrest Hanson、Jan Hanson、Kathy Kimber、John Kleiner、Edward Lewis、Richard Mendius）、Venerable Sanda Mudita、Stephanie Noble、Sui Oakland、Lily O'Brien、Jan Ogren、John Prendergast、Tina Rasmussen、Ratnadevi, Jane Razavet、John Schorling、Michael Taft、Marina Van Walsum、Stephanie Veillon、Roger Walsh 及 Jennifer Willis。以上名單若有錯漏之處，責任都在我。

我衷心地感謝我的老師們，其中有些人已在上列名單，其他包括阿姜‧阿瑪洛、蓋‧阿姆斯壯（Guy Armstrong）、史蒂夫‧阿姆斯壯、塔拉‧布萊克、尤金‧凱許（Eugene Cash）、克麗緹娜‧費德曼（Christina Feldman）、吉爾‧方斯戴（Gil Fronsdal）、喬瑟夫‧戈斯坦、一行禪師、傑克‧康菲爾德（Jack Kornfield）、卡瑪拉‧麥斯特（Kamala Masters）及阿姜‧蘇西托（Ajahn Succito）。我也曾從無著比丘、史蒂芬‧巴徹勒（Stephen Batchelor）、坦尼沙羅比丘（Thānissaro Bhikkhu）、菩提比丘、李察‧龔布齊（Richard Gombrich）、木松恩（Mu Soeng）和楊增善（Shinzen Young）身上受益良多。我還要感謝數千年來全世界更大更久遠的系譜和社群，創造、維護並滋長了無數智慧結晶。

科學家、學者、醫師與老師已經發展出對身體和心靈有用的理解，包括正念、冥想、慈悲心和其他覺醒面向的神經基礎，也為修持方法做出貢獻。相關人士眾多，非我所能一一列舉，但在此我特別對以下人士致上敬意：Bernard Baars、Richard Davidson、John Dunne、Bruce Ecker、Barbara Fredrickson、Chris Germer、Paul Gilbert、Timothea Goddard、Steve Hickman、Britta Holzel、Jon Kabat-Zinn、Dacher Keltner、Sara Lazar、Antoine Lutz、Jonathan Nash、Kristin Neff、Andrew Newberg、Stephen Porges、Jeffrey Schwartz、Shauna Shapiro、Dan Siegel、Ron Siegel、Evan Thompson、Fred Travis、David Vago、Cassandra Vieten、Alan Wallace、Mark Williams、Diana Winston、David Yaden，以及已故的 Francisco Varela。

我還要感謝參加過我靜修課程的學員，也感謝一同合作的老師們：Leslie Booker、Alisa Dennis、Peter Grossenbacher、Tara Mulay、Tina Rasmussen 及 Terry Vandiver。此外，我也要特別感謝組織並管理這些靜修活動的 Sui Oakland，以及將僻靜營活動發展為線上課程的 Kaleigh Isaacs。香巴拉山中心（Shambhala Mountain Center）這處美麗又神聖的家園，一直是我們舉辦僻靜營的地點。我打從心底感謝 Judi Bell、Stuart Bell、Tom Bowlin、Daniel Ellenberg、Lee Freedman、Laurel Hanson、Marc Lesser、Crystal Lim-Lange、Greg Lim-Lange、Susan Pollak、Lenny Stein、Bob Truog 及 Lienhard Valentin，謝謝你們的友誼，以及對「神經法」的支持！

我深深感謝這些年參加聖拉菲爾冥想聚會（San Rafael Meditation Gathering）的人，尤其是我們的聚會籌辦人員，包括 Tom Brown、Nan Herron、Sundara Jordan、Lily O'Brien、Laurie Oman、Rob Paul、Christine Pollock、Gabriel Rabu、Tarane Sayler、Bill Schwarz、Trisha Schwarz、Donna Simonsen、Mark Stefanski、Shilpa Tilwalli 及 Jerry White。

說真的，如果沒有我的經紀人 Amy Rennert 和她多年來的支持，我不可能完成這本書。同時，我也非常感謝專業又耐心過人的企鵝藍燈書屋（Penguin Random House）的編輯 Donna Loffredo，以及其他所有團隊成員。此外，所有和我一起在 Being Well 公司共事的同事們，都對本書得以出版有著相當重要的作用。他們是 Forrest Hanson、Michelle Keane、Sui Oakland、Marion Reynolds、Andrew Schuman、Paul Van de Riet 及 Stephanie Veillon。

最後也是最重要的，感謝我深愛的太太珍（Jan）。她為這本書及我的整個人生給予了無限的鼓勵與幫助。她總在夜裡聽我讀這本書的內容，並提出許多有用的建議──更重要的是，她對這本書的價值深具信心。在此以我全部的愛，說聲謝謝妳。

附註

················ • ················

題詞

《如是語經》（*Itivuttaka*），1-22：摘自 *Gemstones of the Good Dhamma: Saddhamma-mani-ratana*，com-piled and translated by Ven. S. Dhammika. Access to Insight (BCBS Edition), 30 November 2013, http://www.accesstoinsight.org/lib/authors/dhammika /wheel342.html.

第1章　心智之於生命

1. 心智之於生命的章名取自 Evan Thompson 探討同一主題的同名作品：*Mind in Life: Biology, Phenomenology, and the Sciences of Mind*。本書內容精彩，強烈推薦。還可參見 F. J. Varela 等人合著的作品 *The Embodied Mind: Cognitive Science and Human Experience*。

2. 此段經文的英文取自 Gil Fronsdal 的譯本：*The Dhammapada: A New Translation of the Buddhist Classic, with Annotations*. Shambhala, 2006, p. 75.

3. 或許確實有極少數人達到無法解釋的非凡轉變，並在之後活出崇高的境界，但像這樣的人非常罕見，很難用來作為我們自我成長的典範。

4. 七個覺醒練習是我整理出來的修持模式，但並不是探討覺醒（或其他相關概念）與其成因的唯一方式。這七個練習僅是將相關概念與練習方法組合起來，未能涵蓋覺醒的全部可能面向。

5. 曾經有過「自我超越經驗」的人都會想要再回到這樣的顛峰狀態，儘管這樣的體驗會為自己帶來某些改變，但最終都會落回一般狀態。開悟或覺醒的意思，就是指持續待在這樣的狀態中。參見 Yaden 等人的文章 "The Varieties of Self-Transcendent Experience."

　　在此我主要根據《南傳大藏經》經文和小乘佛教傳統對覺醒的概念來說明。這七個達到覺醒的步驟和結果並不神祕，都在一般心理學的範疇內。例如，無著比丘就曾在書裡提到，覺醒是「一種完全且持續的精神自由狀態」。Anālayo, *A Meditator's Life of the Buddha*, p. 46。

6. 想了解如何向一般人傳播大腦科學的問題，可以參閱 Barry Boyce 和神經科學家 Amishi

Jha、Clifford Saron 的訪談：https://www.mindful.org/the-magnificent-mysterious-wild-connected-and-interconnected-brain/。

7. 許多學者都曾探究大腦科學與深度冥想之間的關聯。關於這部分的資料可參見 Gellhorn and Kiely, "Mystical States of Consciousness"; Davidson, "The Physiology of Meditation"; McMahan and Braun, eds., *Meditation, Buddhism, and Science*; Wallace, *Mind in the Balance*; and Wright, *Why Buddhism Is True.*

8. 科學持續在進步，因此在神經學上永遠不會有所謂確定或最終的答案。但是，如果我們必須確切掌握一切後，才能去談論某個主題，那就永遠都等不到可以開口的機會了。我們不可避免地會有這樣批判性的疑問：對某件事需要了解多少，才足以談論呢？在相關論述中要多複雜，才算是做了適切的說明？像這樣的問題，答案因人而異。我個人則盡可能遵循以下三個原則：說明現有科學的局限性；盡可能多引用及參考已發表的文獻；以及將重點放在令人信服且可實際運用的發現上。

9. 這是我最嫻熟的方法，但當然，它並不是提升人類潛能的唯一途徑。

10. 在有文字紀錄之前，佛陀的教導就以口傳方式流傳了好幾個世紀，而最初記載佛陀教導的典籍就是以巴利文書寫的《南傳大藏經》。巴利文是一種古老的語言，很接近佛陀時代北印度地區使用的語言。這些文獻的早期版本有中文及梵文兩種。想了解佛陀生平，以及精密比較早期文獻的讀者，可以參考無著比丘的 *A Meditator's Life of the Buddha*。

　　佛陀當時究竟說了什麼，我們永遠無法確切得知。這一點也適用於本書中提到的一些人，例如生活於千年前的西藏聖者密勒日巴。像菩提比丘、坦尼沙羅比丘、Stephen Batchelor、Richard Gombrich、Leigh Brasington 和無著比丘等許多學者，都已盡量從史料及經文中篩選出最有用的記載，他們描繪出來的樣貌雖具啟發性，但並不精確。

　　我們當然可以在引用這些古老教導前，先加上如下說明：「據說他們曾經說過……」或「幾個世紀以來，許多人透過自己對史料的觀點來重新塑造了這些教導，其中的謬誤正在慢慢浮現……」但這樣一來，卻顯得冗贅。在本書中，我只是簡單地寫：「某某人說過……」以期能增進讀者對上下文的理解，並依據這些文字的價值自行評估。

11. 我從龐大的《南傳大藏經》和其他資料中選取一些段落，有時採用既有的譯文，有時則是根據本書目的改寫（請參見各自對應的附註條目）。

　　學者們對這些古代文獻的理解仍然眾說紛紜，更遑論佛教本身已經有超過兩千五百年的悠久歷史。現在我們所能接觸到的教義都是來自流傳已久的教導，以及後人對這些教導的評論、詮釋和在不同時空地點的實際運用。所謂「正確」的佛學是不存在的。我希望讀者能就我提到的內容去思考，而不是質疑它是否是「真正」的佛學。

　　如果你願意的話，可以透過禪修中心、佛學老師或相關網站及書籍來進一步了解佛法。如果要我推介一本佛教的入門書籍，我會選無著比丘的《念住》（*Satipaṭṭhāna*），這本書對禪修的根本佛典《念住經》（*Foundations of Mindfulness Sutra*）有紮實且完整的介紹。

12. 巴利文的 Ehipassiko，意思就是「親自見證」。Stephen Batchelor 曾在 *After Buddhism* 書中探討分別以教條主義和實用主義去了解真諦的差異之處。

13. 我相信佛陀開悟是真有其事，但同樣的，你可以從這個故事找到自己的觀點。在我眼中，佛陀是一名老師，而不是神一般的存在，他完成了人生的功課，並為他人指明道路。對我來說，佛法最可信且迷人之處，正是佛陀對人性的透澈了解。引述佛陀的話確實能提高權威感及可信度，但在此我更想透過佛陀修行成道的事蹟來作為修持的榜樣。

14. 目前已有許多學術論文與書籍以神經科學的角度來探討冥想、靈性或宗教的修行體驗，其中也不凡對這類研究的批評。這些研究除了發現相關體驗、修持與神經活動的關聯之外，也包括對名詞定義、研究方法與技術、精神藥物的使用、病理經驗、臨床應用和更廣泛的哲學與神學議題的相關探討。例如 Newberg, "The Neuroscientific Study of Spiritual Practices," p. 215, and *Principles of Neurotheology*; Josipovic and Baars, "What Can Neuroscience Learn?" p. 1731; Dietrich, "Functional Neuroanatomy"; Walach et al., *Neuroscience, Consciousness and Spirituality*; Jastrzebski, "Neuroscience of Spirituality"; Dixon and Wilcox, "The Counseling Implications of Neurotheology"; Weker, "Searching for Neurobiological Foundations"; and Geertz, "When Cognitive Scientists Become Religious."

15. 這段引文出自 "Your Liberation Is on the Line," *Buddhadharma*, spring 2019, p. 77.

16. dharma 這個字會因為語境不同而有不同含意。參見：https://en.wikipedia.org/wiki/Dharma for more on this. 。另參見 Stephen Batchelor 的 *After Buddhism*（第 5 章，包括第 119 頁），說明巴利文中代表真理的 sacca（諦）這個字與 dharma （法）究竟有何不同。

17. 從神經科學的角度來講佛法，可以更廣義地把它稱為一種生物佛法（biodharma）。除了我之外，還有其他人也曾經從自然因素去解釋佛學的思想和修行方法。一般來說，這些都可以稱為自然化佛法。例如 Flanagan, *The Bodhisattva's Brain*. 。其他以不同方式講佛法的還有：Loy, *Ecodharma*; Unstated author(s), *Recov-ery Dharma*; Williams et al., *Radical Dharma*; 以及 Gleig, *American Dharma*. 。

18. 關於以科學探討開悟的局限性，以及辨識不同傳承對開悟定義的重要性，請參見以下的出色論文：Davis and Vago, "Can Enlightenment Be Traced?"

19. 我認為經驗、資訊和物質（包括能量；$E = mc^2$）都是真實存在的，而這種存在的本質是無常的、合成的、相互依存的，也因此是「空」的。正如我們在第七章會見到的，事物（例如經驗、資訊與物質）確實存在……但其本質是空。有些事物是因為與其他事物的關係而存在，但這不表示它們不存在。

20. 關於這兩種方法的精彩討論，請見 Dunne, "Toward an Understanding of Non- dual Mindfulness."

21. 引用自 Zen master Chinul. Also listen to Joseph Goldstein's talk "Sudden Awakening, Gradual Cultivation" at www.dharmaseed.org.

22. 引用自 Ricard, *On the Path to Enlightenment*.

23. 引用自一行禪師詩集 *Call Me by My True Names: The Collected Poems of Thich Nhat Hanh*, Parallax Press, 2001。

24. 即沒有受到腦震盪或中風的損傷，也沒有受到神經化學物質的干擾。

25. 在我和 Forrest Hanson 合著的《力挺自己的 12 個練習》（*Resilient*）中也提過這個主題。

26. 節錄自 *Understanding Our Mind: 50 Verses on Buddhist Psychology*, Parallax Press, 2002.

27. 我提出的第七個練習借鑒了（但不限於）佛陀在《南傳大藏經》和大乘佛教的傳統教導。unconditioned 一字是一般對巴利文 asankhata（無為）的英譯，但確切譯法仍有爭議，也有人英譯為 unfabricated（Thanissaro Bhikkhu; https://www.dhammatalks.org/suttas/KN/Ud/ud8_3.html）或 uninclined（Stephen Batchelor, in *After Buddhism*）。當我在本書中提到無條件一詞時，僅就上下文內容進行探討，有時並非指涉任何字義與翻譯仍具爭議的巴利文（其他引文則不在此限）。

28. 例如，我選擇以英文的 suffering 和 bliss 來代表巴利文中關鍵的 dukkha（苦）和 piti（喜）這兩個字；歸納或引文時，我也採用了其他人的翻譯版本，並重新安排某些條目的順序。我根據自己的方式辨識並做出這些選擇，你可以自行判斷其優點或不足之處；還可參考其他資料（包括我提列的參考書目）。

29. 例如，Gross, *Buddhism After Patriarchy*; the fall 2019 issue of *Buddhadharma* magazine; 及 Weingast, *The First Free Women*..

30. 本書第一、二章的部分內容來自以下我曾發表過的文章："Positive Neuroplasticity," in *Advances in Contemplative Psychotherapy*, eds. Loizzo et al.; "Neurodharma: Practicing with the Brain in Mind," *Buddhist Meditative Praxis: Traditional Teachings and Modern Applications* (conference proceedings), ed. K. L. Dhammajoti (Hong Kong: University of Hong Kong, 2015), 227–44; "Mind Changing Brain Changing Mind: The Dharma and Neuroscience," *Exploring Buddhism and Science,* ed. C. Sheng and K. S. San; and "Seven Facts About the Brain That Incline the Mind to Joy," *Measuring the Immeasurable: The Scientific Case for Spirituality* (Sounds True, 2008).

31. 例如，某些強調深度冥想的修行法門——例如五世紀僧人覺音所著的《清淨道論》（見

Buddhaghosa, *Path of Purification*）中提到的「內觀階次」（Stages of Insight）——就提到恐懼、痛苦、憎惡和捨棄修行的念頭，都可能是覺醒路上必經的試煉。

　　因此，為這些經驗準備好內外在資源是很重要的，例如有經驗的老師與支持團體、穩定的心智、平靜的心態，以及明白所有受苦的經歷都是「空」，而且是人生旅程的一部分（參見 A. Grabovac, "The Stages of Insight"）。

　　雖然本書並不涉及密集的冥想練習，但任何關於個人成長的修持過程都有風險，對於脆弱、敏感的人來說更是如此（當然，有時不涉及自我成長的內容也會有風險，例如不能改善應對挑戰的能力，但這部分的風險較少被提及）。風險不必然會發生，但為了應對練習過程中確實會出現的挑戰，我們需要借助內外在的資源，而發展內在資源更是此處討論的重點。隨著修持越深入，如果出現令你不安的體驗，請向博學的老師或治療師尋求協助。此外，許多書籍也提供了一些有用的建議，例如 Culadasa et al., *The Mind Il-luminated*。

32. "The Varieties of Contemplative Experience." Willoughby Britton 也是這個主題的翹楚，see https://vivo.brown.edu/display/wbritton#.

第 2 章　大腦，潛力無限的魔法織布機

1. 引用自 Acharya Buddharakkhita 的英文翻譯版本，https://www.accesstoinsight.org/tipitaka/kn/dhp/dhp.09.budd.html.

2. 除此之外，還有數千億個支持細胞（即膠質細胞）。

3. 引用自 Hansotia, "A Neurologist Looks at Mind"。

4. suffering 是巴利文 dukkha（苦）的常見英文譯法，其他說法包括「壓力」（stress）、「不滿足」（dissatisfaction）及「不圓滿」（unsatisfactoriness）。

5. 我找不到確切的出處，可以參見 https://fakebuddhaquotes.com/pain-is-inevitable-suffering-is-optional/.

6. craving（渴求）是巴利文 tanha（貪愛）這個字的常見英文譯法，其他說法也包括「執著」（clinging）與「依附」（attachment）。參見 Stephen Batchelor's approach to these topics in "Turning the Wheel of Dhamma," beginning p. 18, https://www .stephenbatchelor.org/media/Stephen/PDF/Stephen_Batchelor-Pali_Canon -Website-02-2012.pdf。文中集結了《南傳大藏經》的重要篇章，值得一讀。

7. 即指八正道。包括正見、正思維、正語、正業、正命、正精進、正念及正定。

8. 我們可以把佛陀想成一位仁慈的醫生，透過這樣的方式來思考四聖諦。這醫生（1）認出

我們的疾病（苦）；（2）診斷病因（集）；（3）找到解藥（滅）；（4）開立處方（道）。參見 Anālayo, *Mindfully Facing Disease and Death*, pp. 9–10.

9. 人們曾以許多不同角度探討四聖諦，包括它究竟是不是「真理」。在以下兩個網址可以看見比較激進的討論觀點：https://tricycle.org/magazine/the-far-shore/；https://tricycle.org/magazine/understand-realize-give-develop/。也可參考 Stephen Batchelor 的精彩著作 *After Buddhism*。

　　我們可以問問自己，像「貪生苦」這樣的話是該用抽象方式來檢驗是否為真，還是該透過實際經驗來驗證呢？判斷真假當然和實際經驗有關，就像「沙漠中有綠洲」是否為真，與口渴之人實際探尋有關。然而，在此我想強調的是修持本身。為了不多贅述，我不會在每次開始陳述之前都先鼓勵讀者以自身的經驗去探索，但你始終都可以這麼做。

10. 《長部》第 16 經有多處提及佛陀的快樂。

11. 據科學家推測，地球至少在三十五億年前就有生命出現。https://en.wikipedia.org/wiki/Earliest_known_life_forms.

12. Kandel, *In Search of Memory*, p. 59。Grossenbacher 在 "Buddhism and the Brain"（2006, p. 10）也提到：「大腦是透過不同神經元的溝通交流，以及細胞間的訊息傳導過程而運作。神經元的主要功能就是生成訊號來影響其他細胞的活動。」

13. Kandel, *In Search of Memory*, p. 74.

14. 出處同上（p. 108）

15. 我把重點放在神經系統和大腦上，並不是要貶低或忽視其他的身體部位或生命本身的重要性。身體的許多系統都會影響神經系統的運作，例如腸道微生菌基因體（microbiome）和其他消化道因素，都會影響情緒與意識的其他面向。某些身體炎症（例如與細胞激素有關的發炎現象）也可能影響情緒。身體（尤其是大腦）究竟如何影響人類（或貓）的實際經驗，目前仍不清楚，還有許多疑問尚待解答與釐清。參見 Thompson 的 *Waking, Dreaming, Being*。

　　科學家曾經描述我們的經驗與神經的關聯性，但即使是這類研究發現，也尚未完全釐清真相。例如，大腦的結構與運作過程相當複雜，因此目前對大腦各部位功能的研究也都只是初步的估測。這就像看碎形圖，靠得越接近去看，就會發現它越複雜。關於這方面的例子，請參見 Christoff 的〈Specifying the Self〉一文。此外，許多神經系統的訊息處理過程是在我們沒有直接意識到的情況下發生的。

16. Tononi et al., "Integrated Information Theory," p. 450.

17. Koch et al., "Neural Correlates of Consciousness," p. 307.

18. 在此列舉幾個參考文獻，例如 Panksepp, *Affective Neuroscience*; Porges, *The Polyvagal The-*

ory; and Decety and Svetlova, "Putting Together Phylogenetic and Ontogenetic Perspectives."

19. 可以肯定的是，神經活動與心智活動之間的關聯是複雜且難以研究的。其中幾個關鍵的發現可以參見：Fazelpour and Thompson, "The Kantian Brain."，以及這個領域的兩位領導研究者 Francisco Varela, "Neurophenomenology: A Methodological Remedy" 及 Evan Thompson, "Neurophenomenology and Contemplative Experience."

　　要完全了解心智和大腦的關係，必定不能少了量子力學，包括意識可能在量子層次上影響神經元之間的互動。關於這部分的討論，可以參見 Schwartz et al., "Quantum Physics in Neuroscience and Psychology"; and Tarlaci, "Why We Need Quantum Physics."

20. 神經學家 Richard Mendius 的比喻。

21. Tononi et. al., "Integrated Information Theory," p. 450.

22. 可參見 Ott et al., "Brain Structure and Meditation."

23. Clopath, "Synaptic Consolidation"; and Whitlock et al., "Learning Induces Long-Term Potentiation."

24. Oh et al., "Watermaze Learning Enhances Excitability."

25. Day and Sweatt, "Epigenetic Mechanisms in Cognition"; Szyf et al., "Social Environment and the Epigenome."

26. Matsuo et al., "Spine-Type-Specific Recruitment"; and Löwel and Singer, "Selection of Intrinsic Horizontal Connections."

27. Spalding et al., "Dynamics of Hippocampal Neurogenesis"; Kempermann, "Youth Culture in the Adult Brain"; and Eriksson et al., "Neurogenesis in the Adult Human Hippocampus."

28. Davidson, "Well-Being and Affective Style."

29. Martin and Schuman, "Opting In or Out."

30. Underwood, "Lifelong Memories May Reside."

31. Hyman et al., "Neural Mechanisms of Addiction."

32. Bramham and Messaoudi, "BDNF Function."

33. Brodt et al., "Fast Track to the Neocortex."

34. Grosmark and Buzsáki, "Diversity in Neural Firing Dynamics"; and Karlsson and Frank, "Awake Replay of Remote Experiences."

35. Nadel et al., "Memory Formation, Consolidation."

36. Sneve et al., "Mechanisms Underlying Encoding."

37. Paller, "Memory Consolidation: Systems."

38. Hu et al., "Unlearning Implicit Social Biases"; and Cellini et al., "Sleep Before and After Learn-

ing."

39. 這些神經元中可能有一些是相同的，但多數是不同的。

40. Tononi et al., "Integrated Information Theory," p. 450.

41. 參見 Siegel, *The Mindful Brain*。丹尼爾‧席格博士是優秀且資歷豐富的作家和老師，近期許多著作都值得參考，例如 *Aware*。

42. 較新的評論可參見 Brandmeyer et al., "The Neuroscience of Meditation."

43. Creswell et al., "Alterations in Resting-State Functional Connectivity."

44. 可參見第六章的相關內容。

45. 腦幹以上的所有部位都是成對存在，因此實際上有兩個杏仁核、兩個海馬迴、兩個扣帶迴皮質等等。但傳統上英文都是以單數表示，本書也同樣沿用（雖然令人不解）。

46. Kral et al., "Impact of Short- and Long-Term Mindfulness Meditation."

47. Hölzel et al., "Investigation of Mindfulness Meditation Practitioners."

48. Tang et al., "Short-Term Meditation Training."

49. Lazar et al., "Meditation Experience Is Associated."

50. 同上

51. 精確來說，應該是大腦皮質的左半邊與右半邊。

52. Fox et al., "Is Meditation Associated with Altered Brain Structure?"

53. Lutz et al., "Altered Anterior Insula Activation."

54. Lutz et al., "Long-Term Meditators Self-Induce"。甚至睡眠期間也能發現增強的 γ 波，參見 Ferrarelli et al., "Experienced Mindfulness Meditators"。

55. 我記得 Sharon Begley 在 *Train Your Mind, Change Your Brain* 中首度使用了「大腦皮質實體」（cortical real estate）一詞。

56. Uhlhaas et al., "Neural Synchrony."

57. Josipovic and Baars, "What Can Neuroscience Learn?"

58. Mahone et al., "fMRI During Transcendental Meditation."

59. Hofmann et al., "Loving-kindness and Compassion Meditation."

60. Newberg et al., "Cerebral Blood Flow."

61. Newberg et al., "A Case Series Study."

62. 冥想方式很多，心智訓練的方式更多，每種方式無疑都會對大腦產生不同的細微影響。還有其他可能的影響因素，例如個人性情（天生冷靜的人可能更容易受到冥想吸引）、社群、宗教傾向、文化和道德觀等等。

63. Hölzel et al., "How Does Mindfulness Meditation Work?"

64. Goleman and Davidson, *Altered Traits*.

65. 例如，Baxter et al., "Caudate Glucose Metabolic Rate Changes"; Nechvatal and Lyons, "Coping Changes the Brain"; Tabibnia and Radecki, "Resilience Training That Can Change the Brain"; Lazar et al., "Functional Brain Mapping"; and Dusek et al., "Genomic Counter-Stress Changes."

66. 這是我從 James Baraz 老師那裡聽來的，引述自《中部》第 19 經：「諸比丘！比丘多隨想、從隨觀，應此而心之傾向生。」

67. 包括神經元之間的連結，以及神經化學物質的消長。

68. McGaugh, "Memory."

第 3 章　鍛鍊穩定的心智

1. 引用自 John Ireland（https://www .accesstoinsight.org/tipitaka/kn/snp/snp.2.08.irel.html）及坦尼沙羅比丘（https://www.dhammatalks.org/suttas/KN/StNp/StNp2_8.html）的翻譯版本。.

2. 巴利文的 Sutta 即梵文的 sutra，意思是經文。.

3. 戒的原文為美德（virtue）或譯為道德或持戒。

4. 戒、定、慧分別是巴利文中的 sila、panna 和 samadhi。我們在修持程中隨時可借助這三者的力量，同時也會隨著日積月累的修持而更加發展這三種力量。

5. 這只是定的其中一個面向，其他還包括心無雜念、純淨意圖和不尋常的意識狀態等。

6. 即巴利文的 Vipassana（內觀）。

7. 在巴利文中也被稱為奢摩他（samatha），意思是穩定、統合、專一、無煩惱，以專注的力量來安頓身心。

8. 這個段落摘述的內容來自 Andrew Olendzki 的翻譯（http://nebula.wsimg.com/bb54f2da6f46e24d191532b9ca8d1ea1?AccessKeyId=EE605ED40426C654A8C4&disposition=0&alloworigin=1），以及菩提比丘的 *In the Buddha's Words*，和 H. Gunaratana 的博士論文 "A Critical Analysis of the Jhānas in Theravāda Buddhist Meditation", American University, 1980（http://www.buddhanet.net/pdf_file/scrnguna.pdf）。

　　於佛典中重要名詞的英文譯法目前仍有爭議，可以參考其他翻譯版本比較，例如 Leigh Brasington（http://www.leighb.com/jhana_4factors.htm）、Shaila Catherine（http://www.imsb.org/wp-content/uploads/2014/09/FiveJhanaFactors.pdf）和無著比丘（Anālayo, *A Meditator's Life of the Buddha*）的用字。其中，包括 Brasington 在內的許多人尤其對巴利文的 vitakka（尋）和 vicara（伺）有異議，認為應譯為「思慮與檢視」（thought and examination）。

9. 四種禪那指的都是人們的心理狀態：既然禪那是心理狀態，理應與神經系統有關聯。例如 Leigh Brasington 就曾對此提出他的假設：http://www.leighb.com/jhananeuro.htm。

10. Leigh Brasington 指出同一個英文 cessation 有許多不同意思，在《南傳大藏經》中也有諸多運用。在此，我指的是終結凡俗意識，從而進入到涅槃狀態。

11. 如果想對禪那有更深入的了解，我推薦 Leigh Brasington、Tina Rasmussen 和 Stephen Snyder、Shaila Catherine 與 Richard Shankman 的著作及所經營的僻靜營。

12. 同時也需要有深厚的冥想基礎。

13. 引用自一行禪師的 *Understanding Our Mind: 50 Verses on Buddhist Psychology*. Parallax Press, 2002, ch. 42, p. 208.

14. 猴子心是一個傳統的比喻。

15. 這部分內容摘錄自我的另一本書《大腦快樂工程》（*Hardwiring Happiness*），書中有更詳細的討論。

16. 從古代的教學故事到現在的心理學研究，一直都高度重視耐心及安全感等內在資源的培養。例如，佛陀提到的開悟七要素：正念、深究、能量、歡喜、寧靜、專注及平靜，沒有一個是虛無縹緲或形而上的概念，每一項都是可以花時間培養而得的特質。

17. 達賴喇嘛及 Cutler, *The Art of Happiness*, p. 44.

18. 大部分的學習都是從實際經驗開始，例如一個念頭、感知（包括感官感受）、情緒、欲望或對某個行動的感覺。

19. 例如，Kiken 等人在 "From a State to a Trait" 一文提到的正念訓練，就是很好的例子。

20. 研究顯示，同樣的干預措施，實驗組的平均反應會比對照組大得多，但實驗組中仍可能有成員沒有出現任何可被測量的益處。或者即使狀態有所提升，從狀態轉化為特質的數據仍可能持平。例如，過去幾十年來心理治療領域出現了許多新概念與方法，但治療效果並沒有明顯的改善趨勢，事實上還有一些下降跡象。參見 Johnsen and Friborg, "The Effects of Cogni-tive Behavioral Therapy"; and Carey et al., "Improving Professional Psychological Practice."

21. Rozin and Royzman, "Negativity Bias, Negativity Dominance"; Vaish et al., "Not All Emotions"; Hamlin et al., "Three-Month-Olds Show."

22. Baumeister et al., "Bad Is Stronger Than Good."

23. Harkness et al., "Stress Sensitivity and Stress Sensitization"; and Load, "Beyond the Stress Concept."

24. 這是佛教的核心比喻，參見《中部》（*Nikaya*）第 22 經。

25. 例如 Barbara Fredrickson 等人提出的正向情緒擴展與建構理論（broaden-and-build theory）。參見 Fredrickson, "The Broaden- and Build Theory"; and Kok and Fredrickson, "Upward Spirals of the Heart."

　　　Fredrickson 提出的理論極具開創性且實用。在此我只簡單指出，建構效應通常被描述為一種（1）上升螺旋──即當你處於有益狀態，會帶來更多有益狀態，而不是建構持久的心理特質；或者（2）在非刻意的、偶然的情況下獲得的特質。

26. 想要從創傷中完全康復，可能必須要在連結（Link）步驟中加入負面材料。通常最好還是與有執照的專業人士一起合作。

27. Ranganath et al., "Working Memory Maintenance Contributes."

28. Packard and Cahill, "Affective Modulation."

29. Talmi, "Enhanced Emotional Memory"; and Cahill and McGaugh, "Modulation of Memory Storage."

30. 參見無著比丘的詮釋：「不需要迴避有益健康的快樂，因為它們能協助進入覺醒的過程……有些快樂是有害的，有些不是。其決定標準不是某個特定經驗的情感本質，而是在於它能否對身心有益。」（Anālayo, *A Meditator's Life of the Buddh*, p. 83）。

31. Madan, "Toward a Common Theory for Learning"; Sara and Segal, "Plasticity of Sensory Responses"; McDonald and Hong, "How Does a Specific Learning?"; Takeuchi et al., "The Synaptic Plasticity and Memory Hypothesis"; and Tully and Bolshakov, "Emotional Enhancement of Memory."

32. 例如，有些人特別容易受到正面環境的影響。這些個體差異可以透過心智訓練或其他經驗從後天習得，而不僅僅是由於遺傳、先天稟性或基因。更多新近的相關資料可參見 Moore and Depue, "Neurobehavioral Foundation of Environmental Reactivity."

33. 這句話我沒能找到出處，可能是中國諺語。

34. Anālayo, *A Meditator's Life of the Buddha*, p. 29.

35. Quiroga, "Neural Representations Across Species."

36. 「安全堡壘」（secure base）在依附理論中有特定含意，在此我採用較廣義的用法。

37. 更正式的說法是「迴向」，以下網站有更多例子：https://www.lionsroar.com/how-to-practice-dedicating-merit/。

38. 有時也稱為注意力「定錨」（anchor）。

39. 有時也稱為「開放覺察」（open monitoring）。

40. Diana Winston 老師稱之為「自然覺知」（natural awareness），參見 Winston, *The Little Book of Being*。

41. 第一章有提到相關內容。

42. 包括這個引導句在內，我提出的某些冥想引導詞來自《入出息念經》（*Anapanasati Sutta*）。

43. Gailliot et al., "Self-Control Relies on Glucose."

44. Benson and Klipper, *The Relaxation Response.*

45. 當催產素作用於神經系統之外時，會被稱為賀爾蒙。

46. 下一章我將提到，提高催產素的活性會刺激保護欲和有利「我們」的行為，也就是可能助長對「他們」的輕視或攻擊。

47. 催產素對杏仁核的影響很複雜。一方面可參考 Meyer-Lindenberg, "Impact of Prosocial Neuropeptides"；Huber et al., "Vasopressin and Oxytocin Excite"，以及 Liu et al., "Oxytocin Modulates Social Value Representations" 等文獻。另一方面，則要注意在成人和孩童身上可能出現不同反應，參見 Kritman et al., "Oxytocin in the Amygdala"。

48. Kritman et al., "Oxytocin in the Amygdala."

49. Sobota et al., "Oxytocin Reduces Amygdala Activity"; and Radke et al., "Oxytocin Reduces Amygdala Responses."

50. Taylor, "Tend and Befriend Theory."

51. : D'Esposito and Postle, "The Cognitive Neuroscience of Working Memory."

52. Braver and Cohen, "On the Control of Control"; and Braver et al., "The Role of Prefrontal Cortex."

53. 或許就是因為這樣的神經機制使得喜與樂成為初禪與二禪的要素，而到了三禪只剩下樂。到達禪那境界需要非常穩定的心智；事實上，喜與樂也是禪那的因素，持續的專注和入定也是禪那的要素。你可以在日常冥想中培養樂與持續的專注力，也可以體驗到喜和入定。這些要素並不是禪那本身，但根據我的個人經驗，這樣的體驗非常好且有助於穩定心智。

第 4 章　充滿慈悲的柔軟心

1. 這段引文取自《慈經》（*Metta Sutta*）的部分內容（出自《經集》第一部第八章），在本章接下來的段落能看到更完整的經文。

2. 引用自 Acharya Buddharakkhita（https://www.accesstoinsight.org/tipitaka/kn/dhp/dhp.19.budd.html）和坦尼沙羅比丘（https://www.dhammatalks.org/suttas/KN/Ud/ud8_3.html）的英譯本。

3. 加上捨，就是慈悲喜捨四梵柱（Brahmaviharas，也稱四梵行）。這是常駐聖者心中的四種心境，也是你我能透過修持達到的境界。

4. Birnie et al., "Exploring Self-Compassion"; Boellinghaus et al., "The Role of Mindfulness"; and Fredrickson et al., "Positive Emotion Correlates."

5. Mascaro et al., "The Neural Mediators of Kindness-Based Meditation"; and Engen and Singer, "Affect and Motivation Are Critical."

6. Lieberman and Eisenberger, "Pains and Pleasures of Social Life"; and Eisenberger, "The Neural Bases of Social Pain."

7. 包括基底核系統中的尾狀核（caudate nucleus）及腹側紋狀體（ventral striatum）。關於這個主題的精彩文獻綜述，請參見 Tabibnia and Lieberman, "Fairness and Cooperation Are Rewarding." 一般性論述請參見 Decety and Yoder, "The Emerging Social Neuroscience."。

8. Lieberman and Eisenberger, "Pains and Pleasures of Social Life"; and Eisenberger, "The Neural Bases of Social Pain."

9. Lippelt et al., "Focused Attention, Open Monitoring"; and Lee et al., "Distinct Neural Activity."

10. 其他部位包括腹側紋狀體。參見 Engen and Singer, "Compassion-Based Emotion Regulation."

11. Trautwein et al., "Decentering the Self ?"

12. Leung et al., "Increased Gray Matter Volume."

13. Salzberg, *Lovingkindness*.

14. 在此我想給悲一個更完整的定義，包括對他人痛苦的同理心、對受苦之人的善意，以及在能力範圍內減輕他人痛苦的願望。更多背景資訊可參見 Gilbert, "The Origins and Nature of Compassion Focused Therapy."

15. 巴利文是 Chandha。

16. Berridge and Kringelbach, "Pleasure Systems in the Brain."

17. metta 英文中通常譯為 lovingkindness。Leigh Brasington 為了取得這部經文最完整的翻譯版本，集結了 19 個不同來源，請參見：http://www.leighb.com/mettasuttas.htm. 本書使用的經文英文版即是引用自這個網站，尤其是菩提比丘和坦尼沙羅比丘的譯本。

18. "Understand, Realize, Give Up, Develop: A Conversation with Stephen Batchelor, Christina Feldman, and Akincano M. Weber," *Tricycle*, fall 2017, https://tricycle.org/magazine/understand-realize-give-develop/.

19. Gombrich, *What the Buddha Thought*.

20. 關於四致聖諦（四個「致聖」的真理），無著比丘也曾提出類似的概念。參見 Anālayo, *A Meditator's Life of the Buddha*, p. 143.

21. 參見 Sin and Lyubomirsky, "Enhancing Well-Being"。當然，推動心智放下痛苦和有害的想法，容許快樂和有益的訊息進入，只是這個練習的一部分而已。大多數時候，我們只是順勢而為。

22. 或者也可以稱為「麻煩人物」。有位朋友告訴我，如果用 difficult 來形容，可能會讓人以為對方很難相處，因此她建議我換個字眼。我採納了她的建議，改用了 challenging。

23. 引用自 Acharya Buddharakkhita 的翻譯版本。https://www.accesstoinsight.org/tiptaka/KN/dhp.15.budd.html.

24. 這句話有個重要的背景故事。就目前所知，成道前的佛陀大約在兩千五百年前成長於印度北方。二十九歲準備離家苦修時，妻子耶輸陀羅（Yaśodharā）生下了他們的第一個孩子。於是，捨離家人就成了佛陀開悟之路的起點。我們可以從現今和當時的社會標準來思考這件事，在我看來，佛陀是在掙扎過後才做出了這個決定，這讓我在理解他的教導時更為人性化，也更加豐富。

25. 《中部》第 61 經。

26. Palmo, *Reflections on a Mountain Lake*, p. 45.

27. Larry Yang, from "In the Moments of Non-Awakening," *Buddhadharma*, spring 2019, p. 95。為了強調重點，我修改了部分標點符號與格式。

28. Porges and Carter, "Polyvagal Theory and the Social Engagement System."

29. 尤其是延髓。

30. 正如前一章所述，慈心也能提高體內催產素的活性，有助於安撫出於恐懼的反應。

31. 引用自 Acharya Buddharakkhita 的翻譯版本：https://www.accesstoinsight.org/tipitaka/kn/dhp/dhp.01.budd.html.

32. 這部分我改寫自《南傳大藏經》，它們更像是我們可以採行的教導，而不是從上而下、不容違反的誡命。

33. 這些問題是根據正業內容組織而成，加上不妄語，就是出家人的五戒。

34. 一行禪師透過五個正念練習提供了美妙且強大的方法。參見：https://www.learnreligions.com/thich-nhat-hanhs-five-mindfulness-trainings-449601.

35. Trivers, "Evolution of Reciprocal Altruism"; and Bowles, "Group Competition, Reproductive Leveling."

36. 引用自 John Ireland 的翻譯版本：https://www.accesstoinsight.org/tipitaka/kn/iti/iti.1.024-027.irel.html.

37. 當然，這不是病態的利他主義，也不意味著要委屈或傷害自己，或是養成他人不當的依賴。參見 Oakley et al., *Pathological Altruism*。

38. 以下有更多的相關探討與實際建議，參見 Bluth and Neff, "New Frontiers"；Neff and Dahm," Self-Compassion: What It Is"；Neff, *Self-Compassion: The Proven Power*；Germer, *The Mindful Path to Self-Compassion*；Allen and Leary, "Self-Compassion, Stress, and Coping"；Germer and Neff, "Self-Compassion in Clinical Practice"。

39. 參見慈悲焦點治療（Compassion-Focused Therapy）創始人 Paul Gilbert 的精彩作品，包括 "Introducing Compassion Focused Therapy" 和 *Compassion Focused Therapy: Distinctive Features*。

40. 這也是 Chris Germer 及 Kristin Neff 強調的概念。

41. Leonard Cohen, "Anthem," *The Future,* Columbia Records, 1992.

42. 參見 https://centerformsc.org/.

43. Hill et al., "Co-residence Patterns in Hunter-Gatherer Societies"; and Boyd et al., "Hunter-Gatherer Population Structure."

44. 關於物競天擇在進化過程中如何在社會群體層面發揮作用的討論，可參見 Wilson and Wilson, "Rethinking the Theoretical Foundation of Sociobiology."

45. Dunbar, "The Social Brain Hypothesis"; and Lieberman, *Social*.

46. https://www.firstpeople.us/FP-Html-Legends/TwoWolves-Cherokee.html, see https://crossingenres.com/you-know-that-charming-story-about-the-two-wolves-its-a-lie-d0d93ea4ebff。由於我找不到確切出處，這一段我用最簡單的方式改寫了這則寓言，也不特別標註出處。

47. 可參見達賴喇嘛文章 "Don't Let Hatred Destroy Your Practice," in Buddhadharma, spring 2019, pp. 58–71, 摘自達賴喇嘛的 *Perfecting Patience: Buddhist Techniques to Overcome Anger*, trans. Thubten Jinpa. Shambhala, 2018.

48. Owens and Syedullah, *Radical Dharma*.

49. Angus et al., "Anger Is Associated"; and Bersani and Pasquini, "The 'Outer Dimensions.'"

50. 出自《清淨道論》（*Path of Purification*）IX 21.

51. Martin Buber, *I and Thou.*

52. De Dreu et al., "The Neuropeptide Oxytocin Regulates Parochial Altruism"; De Dreu et al., "Oxytocin Motivates Non-cooperation"; and De Dreu, "Oxytocin Modulates Cooperation."

53. "Journeys: What About My Retreat?" Buddhadharma, winter 2013. Also see https://www.lionsroar.com/journeys-what-about-my-retreat/.

54. 可參見 Preston, "The Rewarding Nature of Social Contact"; and Hung et al., "Gating of Social Reward."

第 5 章　自在圓滿

1. 採用坦尼沙羅比丘（https://www.dhammatalks.org/suttas/KN/StNp/StNp2_4.html）及 Piya-dassi Thera（https://www.accesstoinsight.org/tipitaka/KN/snp/snp.2.04.piya.html）的翻譯版本。「世間法」指的是稱、譏、毀、譽、利、衰、苦、樂等八種境界（又稱「八風」或其他名稱）。

2. Stephen Batchelor 指出苦痛也可能帶來貪或渴求（見 *After Buddhism*）。例如因遭拒而受苦，自然就會渴望獲得安慰與愛。透過正念覺察可以有效觀察壓力情境或情緒低潮如何讓內心貪念增生。渴求和痛苦會以惡性循環的方式相互助長。這一章也會提到渴求如何導致痛苦。

3. 我摘錄的是《相應部》56-11 的經文、坦尼沙羅比丘的觀點（https://www.accesstoinsight.org/lib/study/truths.html）以及 Stephen Batchelor 的 *After Buddhism*。

4. 杏仁核（更精確來說是兩個杏仁核）在胎兒八個月時就已經發育成熟。參見 Ulfig et al., "Ontogeny of the Human Amygdala"。

5. 更多評述可參見 Semple et al., "Brain Development in Rodents and Humans"。

6. 也稱為自傳式記憶（autobiographical memories）。

7. 此一大腦發展特徵在慣用左手的人身上會出現相反的情況，但作用是一樣的。請參見 Schore, *Affect Regulation and the Origin of the Self*。

8. Semple et al., "Brain Development in Rodents and Humans."

9. See Rothschild, *The Body Remembers.*

10. Welwood, "Principles of Inner Work."

11. 臨床上用來處理心理痛苦的方法包括 Francine Shapiro 首創的「眼動身心重建法」（EMDR）和其他形式的雙側刺激（bilateral stimulation）、Paul Gilbert 的慈悲焦點治療、Peter Levine 的身體經驗創傷療法（Somatic Experiencing），以及 Bruce Ecker 的相干療法（Coherence Therapy）。美國心理學會針對後創傷壓力症候群（PTSD）制定了「臨床治療準則」，以及針對個人與家庭的相關資源，可以參考以下網址：https://www.apa.org/ptsd-guideline/。個人療癒（有時也用於臨床治療）包括 Eugene Gendlin 的澄心法（Focusing）、David Treleaven 的創傷正念療法（trauma-sensitive mindfulness）以及 Sue Jones 首創的 TIMBo 瑜伽療法。

12. 本書摘錄的是一般性的「連結」步驟，可用於臨床治療或個人練習，此外也可應用在許多不同的需求及情境中。

13. 目前我們並不知道記憶重新鞏固窗口會持續多長時間，但似乎不會超過六個小時。參見

Nader et al., "Fear Memories" 及 Alberini and LeDoux, "Memory Reconsolidation"。關於臨床上的運用還可以參考這篇精彩的文獻綜述：Ecker, "Memory Reconsolidation Understood"。

14. 我只是梗概介紹，想了解更詳細的資訊，可以查閱上一條目的參考文獻，以及我在《大腦快樂工程》與「連結」有關的內容。

15. 諸行皆苦的巴利文為 Sabbe sankhara dukkha。

16. 還可以涵蓋所有具有神經系統的生物。

17. 無著比丘也曾對意識的所有元素都在受苦發表看法，參見 Anālayo, *A Meditator's Life of the Buddha*, chap. 16。

18. 引用自 Gil Fronsdal 的翻譯版本 The *Dhammapada: A New Translation of the Buddhist Classic, with Annotation*s. Shambhala, 2006, p. 88。

19. See https://en.wikipedia.org/wiki/Attachment_theory.

20. 更多資訊可見 https://en.wikipedia.org/wiki/Pali。

21. 我不是要批評出家或寺院在佛教中的作用。我對傳承二十五個世紀的佛教傳統，以及曾經教導過我的僧人、尼師們都非常感激。

22. 我曾聽過一位禪師說過「不遺餘力的修持」這句話，但找不到明確的出處。

23. 引用自坦尼沙羅比丘的翻譯版本 , https://www.dhammatalks.org/suttas/KN/Ud/ud2_2.html.

24. 在此我省略了許多資料。想要了解相關背景，建議參考 Kent Berridge、Terry Robinson 和 Morten Kringelbach 的論文。例如 Berridge and Robinson, "What Is the Role of Dopamine?"; Berridge et al., "Dissecting Components of Reward"; and Kringelbach and Berridge, "Neuroscience of Reward, Motivation, and Drive."

25. 練習辨別非常有用，在接下來幾章會談到更多。

26. 這三種滿足需求的方式——避開、取得、依附——也可以理解為退避、進入、停留；預防、促進、堅持；以及毀壞、創造和保留的不同組合。

27. 大腦這三個部分，彼此之間的功能及構造仍無法明確劃分，所在部位也有爭議。下皮質區（我採用這個說法）包括杏仁核、海馬迴、基底核、視丘及下視丘。除了下視丘之外，下皮質區的其他構造都是成對的。其他相關部分包括腦幹上部的腦橋，以及腦橋頂端的腹側被蓋區（ventral tegmental area）。下皮質區還有其他稱法，但這是最被廣泛使用的一種。可參見 Keuken et al., "Large Scale Structure-Function Mappings"。

28. 想了解更多細節，可以參考我的另一本書《大腦快樂工程》第三章。

29. 警覺網絡的主要組成部分包括新皮質區的前腦島（anterior insula）和背側前扣帶迴皮質（dorsal anterior cingulate cortex）；下皮質區的杏仁核和伏隔核（nucleus accumbens）；

以及腦幹頂端的腹側被蓋區。關於腦區的部位用字：anterior ＝前側；posterior ＝後側；dorsal ＝背側；ventral ＝腹側；medial ＝中部；lateral ＝外側。可參見 Seeley et al., "Dissociable Intrinsic Connectivity Networks" 及 Menon, "Salience Network"。

30. 預設模式網絡的主要組成部分集中在前額葉皮質內側、後扣帶迴皮質、楔前葉與海馬迴等部位。參見 Raichle et al., "Default Mode of Brain Function"；以及 Vago 和 Zeidan, "The Brain on Silent"。預設模式網絡有時也稱作「休息狀態神經網絡」（resting state network）或「內在網絡」（intrinsic network）。

31. 執行控制網絡的主要組成部位於背外側前額葉皮質和側後頂葉皮質。參見 Habas et al., "Distinct Cerebellar Contributions"。

32. 用巴利文來說，快樂調性即指經驗中的 vedana（受），也經常被英譯為 feeling tones，但與情緒無關。

33. Laricchiuta and Petrosini, "Individual Differences in Response to Positive and Negative Stimuli."

34. Boll et al., "Oxytocin and Pain Perception"; and Shiota et al., "Beyond Happiness."

35. Stephen Batchelor 在 *After Buddhism* 書（第 121 頁）提到「反應（reactivity）」就等同於貪或渴求。

36. Robert Sapolsky 在他討論壓力的經典著作 *Why Zebras Don't Get Ulcers* 中也用到這個說法。

37. 參見下一章關於中線皮質網絡和「行動」模式的內容。

38. 也可能因前額葉皮質連結減弱，使得評判與自律能力逐步減弱。參見 Datta and Arnsten, "Loss of Prefrontal Cortical Higher Cognition"。

39. 關於佛陀描述自己的開悟經歷，可在以下網站看到《南傳大藏經》的極佳翻譯版本，包括不侵心、不滯留的開悟過程（《中部》第 36 經）：https://www.accesstoinsight.org/ptf/buddha.html。

40. 達到第三聖諦（滅諦）的狀態：https://www.stephenbatchelor.org/media/Stephen/PDF/Stephen_Batchelor-Pali_Canon-Website-02-2012.pdf, p. 18.

41. 引用自坦尼沙羅比丘的翻譯版本：https://www.dhammatalks.org/suttas/KN/Ud/ud4_4.html。

42. 《增支部》（*Anguttara Nikaya*）8-6。

43. 箭（darts）有時譯為 arrows（《相應部》36-6）。

44. 這個說法大致與 Viktor Frankl 的這段話有一定的關聯：「刺激和反應之間存在一個空間。在這個空間裡，我們有自由及力量選擇如何反應。在我們的回應裡，我們得以成長、得到自由。」事實上，我是從 Stephen Covey 那裡聽來的，Covey 提到自己是從 Frankl 的書中看到的。參見：https://quoteinvestigator.com/2018/02/18/response/#note-17978-8。

45. 來自《念住經》，即《中部》（Majjhima Nikāya）第10經。「住」有「定」的意思。

46. 透過正念覺察身體的疼痛並不是什麼神奇的療法，但通常對緩解疼痛有幫助，特別是伴隨疼痛而生的情緒。請見 Hilton et al., "Mindfulness Meditation for Chronic Pain"。想了解實際可用的工具，可以參考 Vidyamala Burch 和 Toni Bernhard 的著作。

47. 這個動作也可稱為「標記」（noting）。

48. Creswell et al., "Neural Correlates of Dispositional Mindfulness"; Burklund et al., "The Common and Distinct Neural Bases"; and Torrisi et al., "Advancing Understanding of Affect Labeling."

49. 在此我只做了簡短的說明。想要更系統性地了解適用於不同情境的方法，請參考我的另兩本著作《大腦快樂工程》及《力挺自己的12個練習》。

50. 爬蟲腦的用法並不嚴謹，因為在爬蟲動物出現之前，腦幹就已開始演化了。

51. 哺乳腦的用法也不嚴謹。某些爬蟲動物的神經結構和哺乳腦下皮質的結構也很類似。參見 Naumann et al., "The Reptilian Brain" 及 Pritz, "Crocodilian Forebrain"。

52. 這是透過我個人聯繫 Xiankuan（Donald Sloane）取得的翻譯版本，可參見他出色的作品：*Six Pathways to Happiness: Mindfulness and Psychology in Chinese Buddhism*, vol. 1, Outskirts Press, 2019。

53. 想更了解相關的基礎資料，可參見 Fredrickson, "What Good Are Positive Emotions?"

54. 想了解自主神經系統對身體的益處，包括壓力管理，可參考 Kreibig, "Autonomic Nervous System"。

55. Shiota et al., "Beyond Happiness."

56. Sneddon, "Evolution of Nociception in Vertebrates."

57. Berridge and Kringelbach, "Pleasure Stems in the Brain."

58. Burkett et al., "Activation of μ-Opioid Receptors"; Schweiger et al., "Opioid Receptor Blockade"; and Eisenberger, "Attachment Figures Activate."

59. Shiota et al., "Beyond Happiness."

60. 可參考第三章與催產素有關的內容。也可參見 Sobota et al., "Oxytocin Reduces Amygdala Activity"；以及 Radke et al., "Oxytocin Reduces Amygdala Responses"。

61. De Dreu et al., "Oxytocin Enables Novelty Seeking."

第6章　成為一個完整的人

1. 無門慧開的這首詩引用自 Judy Roitman, "Six Facts About Kong-ans," *Buddhadharma*, fall 2018, p. 85.。

2. 這兩種網絡截然不同，而且還是負相關：一方活躍時，另一方就會趨緩。參見 Josipovic, "Neural Correlates of Nondual Awareness"。

3. Mullette-Gillman and Huettel, "Neural Substrates of Contingency Learning"; and Corbetta et al., "The Reorienting System of the Human Brain"。中線網絡的前部也很靠近前一章提到的「執行控制網絡」（位於前額葉皮質兩側）。

4. Farb et al., "The Mindful Brain and Emotion Regulation"; Northoff and Bermpohl, "Cortical Midline Structures and the Self "; Brewer et al.,"What About the 'Self ' Is Processed?" 除了在中線網絡後方的「預設模式」啟動時會激發自我感，當前方任務導向的部分被活化時，也同樣會激起自我感。參見 Christoff et al., "Specifying the Self"。

5. 參見 https://www.lexico.com/en/definition/affective.

6. Raichle, "The Restless Brain."

7. Smallwood and Andrews-Hanna,"Not All Minds That Wander Are Lost."

8. 例如，「在後現代情境下，心理時間旅行的狂熱不安成了日常活動的特徵。」（節錄自 Vago 和 Zeidan, "The Brain on Silent" 「討論」章節的第一段）。

9. Farb et al., "Minding One's Emotions"; and Cooney et al., "Neural Correlates of Rumination."

10. Christoff et al., "Experience Sampling During fMRI."

11. Killingsworth and Gilbert, "A Wandering Mind."

12. 同上；以及 Vago and Zeidan, "The Brain on Silent."

13. Farb et al., "Attending to the Present"; and Brewer et al., "Meditation Experience Is Associated."

14. Craig, "How Do You Feel?"

15. Brach, *Radical Acceptance.*

16. 當我們工作時，大腦的中線網絡前側就會被活化。請見 Josipovic, "Neural Correlates of Nondual Awareness"。而當後方的預設模式網絡啟動時，雖然我們仍然忙著做白日夢或反芻思考，但與「行動」的連結性並不強。

17. 例如，表格「行動模式」欄位的內容還未能完全對應到中線周圍腦區的神經活動。參見 Christoff et al., "Specifying the Self"。

18. 還有許多人也提到了行動模式與同在模式的不同，從老子（見 Xiankuan, *Six Pathways to Happiness*）到當代學者與治療師，例如 John Teasdale 與 Zindel Segal（*The Mindful Way*

Through Depression）；Marsha Linehan（*Cognitive Behavioral Treatment of Borderline Personality Disorder*）；以及 Stephen Hayes（*The Act in Context*）。

19. 在第八章我們會更深入談到「外顯之我」（the apparent self）的概念。

20. 慣用左手的人，情況正好相反。

21. Farb et al., "The Mindful Brain."

22. Farb et al.," Minding One's Emotions."

23. 這呼應了《婆醯經》（*Bahiya Sutta*）的內容，也就是「汝應如是學：『汝見唯如見⋯⋯知唯如知故。』」（《自說經》1-10，採用 John Ireland 的翻譯版本：https://www.access-toinsight.org/tipitaka/kn/ud/ud.1.10.irel.html）。在第八章我們會更詳細探討這段經文。

24. 這是韓國禪宗強調的重點。參見 Seung Sahn, *Only Don't Know*; and Shrobe, *Don't-Know Mind*.。

25. 這個說法是我從一位朋友那裡聽來的，對方則是轉述 Tsoknyi Rinpoche 的說法。可惜我記不起更多細節了。

26. 我聽到這段引導詞時，對方表示這應該是來自藏傳佛教的用法。

27. 例如，《中部》第 118 經《入出息念經》就提到「吸氣，我覺知整個身體⋯⋯呼氣，我覺知整個身體。」（節錄自 Anālayo, *Meditator's Life of the Buddha,* 第 64 頁）。後續在冥想練習中「留意胸腔左側⋯⋯右側⋯⋯同時留意左右兩側」的做法是來自 Richard Miller 的引導詞。

28. 這段來自 Pema Chödrön 的引言經常被轉述，但我未能找到確切的出處。

29. 其他六個元素是觀照、探究、能量、喜悅、專注、平等心。想了解佛法的更多核心概要，包括開悟七元素，可參見 B. Thānissaro, *The Wings to Awakening*。

30. 《中部》，引用自 Bodhi and Nanamoli, *The Middle Length Discourses*。

31. 把睡眠蓋譯為疲憊和懶散，是我最常採用的譯法，有時也譯為 torpor and sloth。

32. 感謝 Leigh Brasington 提供的好建議。

33. 佛陀曾對冥想時昏昏欲睡的狀態提供詳盡的建議（我覺得這些建議非常吸引人），參見《增支部》7-58——「瞌睡經」（https://www.accesstoinsight.org/tipitaka/an/an07/an07.058.than.html）。

34. 具體出處我不清楚。

35. 可以參考我另一本書《力挺自己的 12 個練習》中談「動機」與「願望」的兩個章節。

36. 出自 "The Summer Day," in M. Oliver, *Devotions: The Selected Poems of Mary Oliver*. Penguin Press, 2017, p. 316.

37. 在我與 Forrest Hanson 合著的《力挺自己的 12 個練習》中寫過相關的內容；也可以參考

其他書籍，例如 Tara Brach, *Radical Acceptance*。

38. 心理造作的巴利文是 papanca（戲論、妄想）。

39. 我通常用心智（mind）一詞來表示神經系統中的所有訊息，其中大部分訊息是無意識的。但我在這裡提到的「把心智當成整體來體驗」，指的是心智中有意識的那些部分。

40. 有時也稱為開放覺察（open monitoring）。

41. Dan Siegel 在 *Aware* 一書中，曾提出一個包含四種意識層次的意識之輪冥想練習。

42. 第三章曾經提到，Diana Winston 將此稱為「自然覺知」。

43. 可以用許多方式來描述「安住在意識中」的狀態，也包括「非二元覺知」。想了解學界的論述，可參見 Josipovic, "Neural Correlates of Nondual Awareness"；想了解更多個人修持經驗，可參考 John Prendergast 的傑作 *The Deep Heart*。

44. Diana Winston 在 *The Little Book of Being: Practices and Guidance for Uncovering Your Natural Awareness* 一書中非常清楚地描述這個過程。

45. 關於覺知在簡單生物身上的作用，參見 Earl, "The Biological Function of Consciousness"。

46. 既然蒼蠅無法回報本身的經驗，那麼牠們對周圍環境的原始覺知，很可能是完全無意識的反射動作。關於這個主題的不同觀點，參見 Barron and Klein, "What Insects Can Tell Us" 及 Key et al., "Insects Cannot Tell Us"。

　　那青蛙呢？鱷魚呢？松鼠呢？狗呢？猩猩呢？在進化的階梯上，我們可以看出從人類到貓到青蛙或甚至（可能）蒼蠅，在意識的神經基礎和行為表現上的連續性。關於人類與非人類動物研究的有趣綜述，參見 Boly et al, "Consciousness in Humans and Non-human Animals"。 要了解頭足類動物（章魚）的意識，可參見 Mather, "Cephalopod Consciousness"。

47. Baars, "Global Workspace Theory"。很巧合也很榮幸的是，Baars 博士正是我博士論文審查委員會的重要評委。

　　想對構建意識的神經結構有全面性了解，可參見 Damasio, *The Feeling of What Happens*。想了解「意識高階理論」的相關討論，可參見維基百科：https://en.wikipedia.org/wiki/Higherorder_theories_of_consciousness。Harris 則透過 *Conscious* 這本書描述發展意識科學理論所遭遇到的挑戰。

48. Koch et al., "Neural Correlates of Consciousness."

49. 在第八章和第九章會更仔細討論漩渦這個比喻。

50. John Prendergast 指出某些宗教傳統（例如印度吠檀多的不二論及譚崔濕婆教〔Tantric Shaivism〕）認為人類意識能發展出超越凡俗現實的涅槃境界。我們會在第九章更深入討論這部分。

51. 引用自 *True Meditation*, https://www.adyashanti.org/teachings/library/writing/subject/16#true-meditation.

52. 超越個人的自我認知；請見 https://en.wikipedia.org/wiki/Transpersonal。

第7章　安住於當下

1. William Stafford, from "You Reading This, Be Ready," in Stafford, *The Way It Is*.

2. https://www.theatlantic.com/international/archive/2017/12/buddhism-and-neuroscience/548120/（大約在文章四分之一後的內容）。此文摘錄自 M. Ricard and W. Singer, *Beyond the Self: Conversations Between Buddhism and Neuroscience*. MIT Press, 2017. Also see Ricard, *Happiness*.

3. 也受到其他因素影響，例如其他身體系統或人際關係、事件、文化與自然等等。

4. Muller, *Now*, pp. 293, 294, and 304.

5. 例如，天文學家可以測量到相距遙遠的星系全都以某種速度遠離彼此。

6. 道元禪師是十三世紀前半的日本禪宗大師，引文節錄自他的文章 "The Time Being"，採用 Norman Fischer 的翻譯版本 "For the Time Being," (*New York Times*, August 7, https://opinionator.blogs.nytimes.com/2009/08/07/for-the-time-being/)。其他翻譯版本可見 https://www.thezensite.com/ZenTeachings/Dogen_Teachings/Uji_Welch.htm。

7. Langner and Eickhoff, "Sustaining Attention to Simple Tasks."

8. 參見 Posner and Petersen, "The Attention System of the Human Brain"; and Petersen and Posner, "The Attention System of the Human Brain: 20 Years After"。這兩位作者用的是 alert 這個字，而我用的是 vigilance。請注意，在許多慣用左手的人身上，關於右腦的研究發現可能會出現於左腦。

9. Corbetta et al., "The Reorienting System."

10. 包括額葉眼動區（frontal eye fields）和頂內溝（intraparietal sulcus）。

11. 為了簡化說明，在此我使用「定向」二字來涵蓋找出地點（locating）及辨識（identifying）這兩個不同功能。

12. 位於前額葉皮質、腦島與顳頂交界。

13. Austin, "Zen and the Brain."

14. 引用自 Andrew Olendzki 的翻譯版本，請見：https://www.accesstoinsight.org/tipitaka/sn/sn01/sn01.010.olen.html。

15. 對許多慣用左手的人來說，這會發生在左腦。此後提到右腦時，我不會再針對這一點另做說明。

16. 這是我妻子在讀過這一章後給我的評論，不失為很好的總結。

17. Austin, "Zen and the Brain."

18. . 分別為內觀禪修學社（The Insight Meditation Society）及巴瑞佛教研究中心（Barre Center for Buddhist Studies）。

19. Corbetta et al., "The Reorienting System"。

20. 例如，可參見《中部》第 18 經《蜜丸經》（https://www.accesstoinsight.org/tipitaka/mn/mn.018.than.html）。這裡提到的架構通常稱為五「蘊」（巴利文 khandhas，是集合或聚集的意思）。在我的模型中，可以看到和五蘊的異同之處。例如，我提到 forms（色蘊）和 perceptions（想蘊）時都用複數表示，因為英文讀起來更合適。

21. 在此把五蘊中的色蘊譯為 forms，包括整個物質世界及其感官體驗。我的模型只和我的經驗有關。

22. 正如第五章提到的，這些通常被稱為感覺基調（feeling tones）或快樂調性，儘管它們本身與情緒無關。

23. 在本書初稿中，我把感知（想蘊）排在了第二位，因為刺激源的快樂調性通常是從「那是什麼」的感知形成的（這可能是下意識的自動運作）。路上我看的是蛇嗎？？還是藤蔓？許多文獻都曾探討過感知如何影響人們對刺激源的快樂調性反應。此外，在感知的最初時刻，快樂調性和情緒因素的影響較低，也因此把感知（想蘊）放在形體（色蘊）之後，會和我們的修持走向更為一致。也就是，我們要練習將注意力放在形體及感知上，它們位於神經心理系統處理過程的前端，這時大量的痛苦還沒有開始形成。

　　另一方面，有時在接觸新刺激的當下，會在感知系統未來得及運作之前，就清楚知道經驗是苦是樂（快樂調性），例如觸碰熱爐子的那個瞬間。根據佛陀的教導，「受」在「想」之前，而 Leigh Brasington 等老師也曾提出強而有力的論點佐證，並強調我們都應據此順序練習。考量上述一切，在本書中我選擇維持《南傳大藏經》的順序。

24. 識（巴利文 vinnana）通常英譯為 consciousness（意識）。但我喜歡譯為 awareness（覺知），因為意識有兩種不同的意思。首先，意識可以單純指一種覺知狀態，例如：「你現在意識到了什麼？」其次，意識又可用於指稱覺知及覺知的內容（例如意識流）。由於前述四種經驗的組成部分不等同於它們發生的「場域」，因此用「覺知」一詞似乎更清楚、更適切。此外，意識還有一種更形而上的含意，可以代表某種永恆不滅的「宇宙意識」。先前章節曾提到，佛陀所說的 vinnana 是因緣而生的，並不是自外於有為法的框架之外。最後，「意識」似乎是人類獨有的，也只對人類有特殊意義，但覺知是人類及其他動物都會出現的一種自然過程。因此，當我在書中使用意識一詞時，代表的是覺知本身及其內容。

25. 引用自 Gil Fronsdal 的翻譯版本，參見 *The Dhammapada: A New Translation of the Buddhist Classic with Annotations*. Shambhala, 2006, p. 72。

26. 快樂調性也包括痛苦和令人不舒服的部分，但不包括主要造就痛苦的複雜情緒及經驗中自我指涉的部分。

27. 《如是語經》58。

28. Bar, "The Proactive Brain"; Manuello et al., "Mindfulness Meditation and Consciousness"; and Friston, "The History of the Future of the Bayesian Brain."

29. Sokolov et al., "The Cerebellum."

30. 這是對科幻驚悚歌舞劇《洛基恐怖秀》（*The Rocky Horror Picture Show*）的小小致敬。

31. Seth et al., "An Interoceptive Predictive Coding Model."

32. 2019 年 7 月，Roshi Hogen Bays 在我所在的小組中就說了這段話。

33. 動作計畫是指大腦在身體做出動作前的準備。

34. Grabovac, "The Stages of Insight"。

35. Winnicott, "Primary Maternal Preoccupation"。想了解更多 Winnicott 的作品，可參見 http://www.mythosandlogos.com/Winnicott.html.

36. 可參見 B. O'Brien, "The Enlightenment of the Buddha: The Great Awakening," https://www.learnreligions.com/the-enlightenment-of-the-buddha-449789.

37. Esch and Stefano, "The Neurobiology of Stress Management."

38. 引用自 Howard Cohn 的一段話，但我找不到正確出處，以下網址有更多關於 Howard Cohn 的資訊：http://www.missiondharma.org/our-teacher---howard-cohn.html。

39. 例如，佛陀在最後的教導中。鼓勵人們持續修持四念住，讓自己成為自己的依歸（即避風港）。參見 Anālayo, *A Meditator's Life of the Buddha*, pp. 168–69。

40. 我所說的關鍵避風港是指佛教三寶：佛寶、法寶及僧寶。

41. 《相應部》45-2 中有一段相當動人的經文：佛陀侍者阿難向佛陀提到身邊的僧侶，稱這樣的同修即是「半梵行」（阿難說：「得善友故，遠離惡友，以是義故，方知善友是半梵行。」）佛陀回答：「阿難陀勿作是言……由是因緣若得善伴與其同住，乃至涅槃事無不辦，故名全梵行。」

42. 這一點也可擴展到除佛教之外的許多修行法門。

43. https://tricycle.org/magazine/perfect-balance/。更多關於 Gil Fronsdal 的資訊，可參見 https://en.wikipedia.org/wiki/Gil_Fronsdal。對於班迪達尊者（U Pandita）的美好追憶，可參見 https://www.spiritrock.org/the-teachings/article-archive/article-sayadaw-u-pandita.

44. 例如，與心有關的訊息必定與耳的訊息不同，否則就會造成混亂。

45. 這是我在某次冥想時實際發生的事。

46. 以下連結可以看到更豐富的討論 https://en.wikipedia.org/wiki/Śūnyatā

47. 僅僅因為某物是組成的，並不意味著它不存在。例如，眼睛所見的草地是確實存在的，即便視覺本身並不具有實際的本質。同樣的，即使草地是由分子、原子及質子等所組成的，並不代表它不存在於物質界。在第一章的附註中也有相關說明。

48. 從認知科學的 4E 觀點來看，心智具有體現（embodied）、嵌合（embedded）、擴展（extended）和引動（enacted）四個特性。參見 A. Newen, L. De Bruin, and S. Gallagher eds., *The Oxford Handbook of 4E Cognition*. Oxford University Press。這樣的心智也同樣是無常的、合成的、相互依存的，其本質為空。

49. Kempermann et al., "Human Adult Neurogenesis."

50. Yuan et al., "Diversity in the Mechanisms of Neuronal Cell Death."

51. Shors, "Memory Traces of Trace Memories."

52. Paolicelli et al., "Synaptic Pruning."

53. Roxin et al., "On the Distribution of Firing Rates."

54. 對此的預估值還未有定論。參見 Herculano-Houzel, "The Remarkable, Yet Not Extraordinary"; and Lent et al., "How Many Neurons."

55. *Buddhadharma*, Summer 2019, p. 52; from Thich Nhat Hanh, *Understanding Our Mind*. ReadHowYouWant.com, 2008.

56. Dzyubenko et al., "Neuron-Glia Interactions in Neural Plasticity."

57. Lew Richmond, *Tricycle*, fall 2018, p. 10.

58. 引用自 *No Ajahn Chah—Reflections*, Dhamma Garden, #101. 參見 http://ajahnchah.org/pdf/no_ajahn_chah.pdf and https://www.abhayagiri.org/reflections/83-quotes-from-no-ajahn-chah.

第 8 章　從「我」到萬有

1. 這段話非常經典，有很多英文的翻譯版本。我採用的是 Kosen Nishiyama 與 John Stevens 翻譯的版本（*Dogen Zenji's Shobogenzo: The Eye and Treasury of the True Law*, www.thezensite.com）。同時我將原文中的「佛學之道」（the Buddhist way）改成了其他翻譯版本常見的「佛陀之道」（the Buddha way）。更多資訊可參見 https://buddhismnow.com/2015/02/15/study-the-self-by-maezumi-roshi/ 和 http://www.thezensite.com/ZenTeachings/Dogen_Teachings/GenjoKoan8.htm#mas4。至於最後一句中的「明白」，其他常見的翻譯還有「實

現」或「啟蒙」，但我個人的理解是：「忘掉自己就是與萬物同在」。

2. 出自《自說經》1-10，採用坦尼沙羅比丘的翻譯版本（https://www.dhammatalks.org/KN/Ud/ud1_10.html）和 John Ireland 的翻譯版本（www.leighb.com/ud1_10.htm），並融入 Leigh Brasington 的見解。根據 Brasington 的說法，巴利文沒有英文 *the* 的用法，因此更精準的英文譯法應該是 "in reference to seen, there will be only seen"……以此類推。但英文這樣的語法很奇怪，因此他建議使用像 seeing 這樣的動名詞。這樣的用法同樣能帶領讀者領會佛陀所說的修持方式，本書採用他的建議。

3. 如同我在第二章與第七章所說的，我相信我們是確實存在的……只不過本質為空。關於這點，有許多重要而細緻的論述，我在本書中並不是以傳統佛教的觀點來表述。參見 http://leighb.com/sn12_15.htm，其中有一段經文提到佛陀似乎說過，我們應捨棄關於存在或不存在的想法。

4. 引用自 John Ireland 的翻譯版本（https://www.accesstoinsight.org/tipitaka/kn/ud/ud.2.01.irel.html）。

5. 厭離的巴利文為 nibbidā。

6. 此處是從生物進化的角度來說。

7. 許多老師和傳承也提過類似的建議，例如 Dahl et al. 的 "Reconstructing and Deconstructing the Self"，尤其是其中關於「解構家庭」（deconstructive family）的冥想練習。

8. Leary, *The Curse of the Self.*

9. Dambrun and Ricard, "Self-Centeredness and Selflessness."

10. Thubten, *No Self, No Problem*。我在其他地方也聽過這樣的說法。

11. Baumeister, *Meanings of Life*; and Mosig, "Conceptions of the Self."

12. J. Goldstein: "Dreaming Ourselves into Existence," *Buddhadharma*, fall 2018, p. 69.

13. Stephen Batchelor 在 *In Beyond Buddhism*（第 95 頁）中，用「內在核心自我的不易發現性」（the unfindability of a core self within）來形容這樣的狀態。

14. Gillihan and Farah, "Is Self Special?"; and Legrand and Ruby, "What Is Self-Specific?"

15. Anālayo, *A Meditator's Life of the Buddha*, p. 50.

16. Watts, *The Book: On the Taboo Against Knowing Who You Are.*

17. 有個很好的資源可以用來幫助別人處理這些問題，也可以幫你發展出自己的見解，那就是 Vieten and Scammell, *Spiritual and Religious Competencies*。

18. Engler, "Being Somebody and Being Nobody." Also see http://blogs.warwick.ac.uk/zoebrigley/entry/being_somebody_and/.

19. 在有限的篇幅裡，很難詳細說明一些重要的主題，包括如何在孩童時期培養安全的依附關係和健康的自我價值，以及如何療癒匱乏感、如何挺身為自己和他人辯護而不自以為是或使用不當的手段。

20. 參見 James Austin: See Austin, *Selfless Insight* and "Zen and the Brain"。感謝奧斯丁教授撥冗閱讀了我在這個段落的論述，並善意地給了我一些建議。

21. 雖然像這樣的「一體性」或「非二元對立」的體驗可能發生在宗教或靈性修行中，例如禪宗所說的明心見性或頓悟，但我在此探討的體驗並不限於這樣的情境。

22. Maslow, *Religions, Values, and Peak-Experiences*.

23. 參見 Yaden et al., "The Varieties of Self-Transcendent Experience" 的精闢見解。

24. 這是一行禪師優美的文字。

25. Zaehle et al., "The Neural Basis of the Egocentric and Allocentric."

26. Galati et al., "Multiple Reference Frames."

27. 背側（dorsal）是用於描述大腦頂部的術語，就像 dorsal fin of a shark 指的是鯊魚的背鰭一樣。

28. 這裡我省略了許多細節，想了解更多資訊可參考 Austin 的論述。

29. Austin, "Zen and the Brain."

30. ventral（腹側）在此指的是大腦兩側較低的部位。

31. 第七章討論過相關的內容。

32. 第六章討論過相關的內容。

33. Hood et al., *The Psychology of Religion*, p. 4. Also see Kornfield, *After the Ecstasy, the Laundry*; Boyle, Realizing *Awakened Consciousness*; and Vieten et al., "Future Directions in Meditation Research."

34. 參見 https://en.wikipedia.org/wiki/James_H._Austin。原始出處是 J. H. Austin, *Zen and the Brain: Toward an Understanding of Meditation and Consciousness*. MIT Press, 1999, p. 537.

35. Yaden et al., "The Varieties of Self-Transcendent Experience"。 這些經歷的細微差別因人而異，也會因文化及宗教背景而有不同的特色或詮釋方式。非二元論在哲學與神學領域有許多論辯，維基百科總結了諸多細節與爭議：https://en.wikipedia.org/wiki/Nondualism

36. Austin, *Zen-Brain Reflections*.

37. Austin, "Zen and the Brain," p. 7.

38. 來源同上，尤其是第 4–5 頁。

39. 左右腦各有一個丘腦。

40. 尤其是內側及背外側前額葉皮質、後扣帶迴皮質與後壓部皮質（retrosplenial cortex）。

41. 包括網狀核（reticular nucleus）、未定區（zona incerta）和四疊體前核（anterior pretectal

nucleus）。

42. GABA 指的是 γ-胺基丁酸（gamma-aminobutyric acid），這是一種關鍵的抑制型神經傳導物質，更多資訊可參見：https://en.wikipedia.org/wiki/Gamma-Aminobutyric_acid。

43. Austin, "How Does Meditation Train Attention?"

44. 以下文章也提到相關的論點，請見 Newberg and Iversen, "Neural Basis"；以及 Newberg et al., "The Measurement of Regional Cerebral Blood Flow"。

45. 和頂葉的某些部分有關，想了解更多資訊，可參見 Newberg et al., "The Measurement of Regional Cerebral Blood Flow"; Farrer and Frith, "Experiencing Oneself Versus Another Person"; Azari et al., "Neural Correlates of Religious Experience"; Beauregard and Paquette, "Neural Correlates of a Mystical Experience"; and Johnstone et al., "Right Parietal Lobe-Related 'Selflessness.'"

46. 這是 A.B. 的親身經驗，透過我個人聯繫取得。

47. 引用自 Gil Fronsdal, *Realizing Awakened Consciousness*, ed. Boyle, p124。

48. 公案是禪宗用語，通常是挑戰既有思維且發人深省的提問或故事。

49. 這是 Shinzen Young 的親身經驗，出處同上（第 25 頁）。Shinzen 是一位修行多年的老師，開發出許多創新有效的正念練習與修持方式。想了解更多資訊，可參考 https://www.shinzen.org/ 以及他的多本著作，包括 S. Young, *The Science of Enlightenment: How Meditation Works*. Sounds True, 2016。

50. 不排除有其他超乎尋常的因素，但在這一章中，我主要聚焦在「自然框架」下的神經心理學因素。

51. 除此之外還有其他神經心理學的解釋，和我在此提出的觀點並不違背並有部分重合，例如 Boyle 的 "Cracking the Buddhist Code"。此外，也可將「敘事我」（narrative self）的干擾考量在內。觸發敘事我的腦區位於內側前額葉皮質與後扣帶迴皮質（預設模式網絡的相關腦區）。相關資訊可參見 Denny 等人的 "A Meta-analysis of Functional Neuroimaging Studies"。這可能使「極簡的現象式自我」（minimal phenomenal self）成為當下最鮮明、最深刻的經驗，被觸發的腦區包括前腦島、顳頂葉交會處與下視丘（以及其他與維持基本體內平衡有關的腦區）。更多資訊可參考 Gallagher, "Philosophical Conceptions of the Self"；以及 Damasio, *Self Comes to Mind*。

　　我個人的感覺是，典型的非二元或「自我超越」經驗很可能與上述所有系統都有關。然而，至今尚不清楚的是：如此戲劇性的神經變化以及相關聯的戲劇性神經變化是如何觸發的？

52. 其他誘發條件還包括迷幻藥、靈視、儀式及密集的身體修持（如瑜伽）。在 Pollan 的

How to Change Your Mind 書中有更多例子。

53. 感謝 Jan Ogren 提供這個觀點。

54. 我曾經在靈岩冥想中心的感恩小屋（Gratitude Hut）看見一個翻譯版本，但在此我採用的是 James Baraz 老師提供的一個更被廣泛流傳的版本，但當時的網頁出處現在已找不到了。Lama Palden 在我們私下聯繫時告訴我，這可能是改寫自卡盧仁波切和達賴喇嘛在 *Luminous Mind* 書中的一段話。

55. 除丘腦外，也會影響神經系統的其他部分，可帶來寧靜及舒緩的有益體驗。

56. Austin, *Selfless Insight*.

57. Fazelpour and Thompson, "The Kantian Brain."

58. Austin, *Selfless Insight*.

59. 也叫千代野。更多資訊可見 https://en.wikipedia.org/wiki/Mugai_Nyodai。想了解更多女性覺醒的故事，可參見小品故事集 Caplow and Moon, *The Hidden Lamp*。

60. Mary Swigonski. See "Chiyone and the Bottomless Bucket," https://justalchemy.com/2014/03/17/chiyono-and-the-bottomless-bucket/.

61. 來自我和神經科學家 Wil Cunningham 私下聯繫的內容。

62. 我是從 Adi Da 老師那裡第一次聽到這樣的說法，而後 Ray Lynch 的同名專輯我也相當喜歡。另參考 Jack Kornfield 的冥想導引：https://jackkornfield.com/a-mind-like-sky/。

63. Leary et al., "Allo-inclusive Identity."

64. Muir, *My First Summer in the Sierra*, p. 110. 以下網址有更多相關背景資訊，包括對繆爾的錯誤引述：https://vault.sierraclub.org/john_muir_exhibit/writings/misquotes.aspx#1.

65. 我採取比較保留的說法，因為宇宙中有某些面向似乎是恆常存在的，例如普朗克常數。不過，至少世間萬物都是因大爆炸而誕生。

66. 參見 https://en.wikipedia.org/wiki/Great_Red_Spot.

67. Hanh, *Inside the Now*.

68. 一行禪師，*The World We Have*。

69. 參見 http://www.fritjofcapra.net/werner-heisenberg-explorer-of-the-limits-of-human-imagination/.

70. 關於這個事件的極佳描述，可參見 D. Preston, "The Day the Dinosaurs Died," New Yorker, April 8, 2019，https://www.newyorker.com/magazine/2019/04/08/the-day-the-dinosaurs-died。

71. Yogis, *All Our Waves Are Water*.

第 9 章　無生亦無死，永恆是歸處

1. 引用自一行禪師的 "Becoming Truly Alive" 一文（*Buddhadharma*, winter 2009）。文中，一行禪師以這段話談《中部》第 143 經對將死之人的教誨。在此我僅援引禪師字面上的含意，不涉及禪師對《中部》的經文探討。

2. 關於佛陀的生平和尋道動機有許多說法，最關鍵的概要可參見《中部》第 26 經《聖求經》。參見 https://www.accesstoinsight.org/tipitaka/mn/mn.026.than.html。

3. Bodhi, *In the Buddha's Words,* p. 183.

4. 菩提比丘的《佛語錄》（*In the Buddha's Words*）

5. 以下網址有更多摘錄：https://www.accesstoinsight.org/ptf/dhamma/sacca/sacca3/nibbana.html. 巴利文的重要名詞如何翻譯，會大大影響讀者對其意義的解讀。在 Batchelor 的 *After Buddhism* 書中第五章提到許多例子。

6. Bodhi, *In the Buddha's Words*, p. 55.

7. 同上，第 364 頁。

8. 同上，第 365 頁。

9. 採用 Acharya Buddharakkhita 的翻譯版本。這段重要經文還有許多並未使用 unconditioned 這個字的英文翻譯版本。例如坦尼沙羅比丘翻譯版本（https://www.accesstoinsight.org/lib/authors/Thānissaro/dhammapada.pdf）。而 Gil Fronsdal 對同一段經文的翻譯如下："House-builder, you are seen! You will not build a house again! All the rafters are broken, The ridgepole destroyed; The mind, gone to the Unconstructed, Has reached the end of craving!"

10. 引用自 Piyadassi Thera 的翻譯版本，參見：https://www.accesstoinsight.org/tipitaka/an/an10/an10.060.piya.html.

11. 引用自坦尼沙羅比丘和 John Ireland 的翻譯版本，參見：https://www.accesstoinsight.org/tipitaka/kn/iti/iti.2.028-049.than.html#iti-043 及 https://www.accesstoinsight.org/tipitaka/kn/iti/iti.2.042-049x.irel.html.

12. 引用自坦尼沙羅比丘的翻譯版本，請見：https://www.dhammatalks.org/suttas/KN/Ud/ud8_3.html

13. 例如 Stephen Batchelor 的幾本著作，包括 *After Buddhism*、*Buddhism Without Beliefs* 和 *Confession of a Buddhist Atheist*。也可以參考 Sam Harris 的作品，例如 *Waking Up*。

14. 在此我以最模糊的方式來表達超覺經驗，並不是在暗示超覺經驗一定是超越現實的物件、名物或任何具體的東西。

15. 例如，哲學思辨「帕斯卡契約」（Pascal's wager）就是像這樣的例子；參見 https://

en.wikipedia.org/wiki/Pascal%27s_wager。

16. 如果說有什麼主題在佛學圈子引起最激烈的論辯，那必定就是無神論者與信神論者對於超覺經驗的爭議與相關討論。例如無神論者 Richard Dawkins 的 *The God Delusion*，以及 Thomas Crean 的 *God Is No Delusion*。

17. 在整部《南傳大藏經》中，對提婆等神靈人物及前世之類的描寫比比皆是。此外，在世界各地的其他宗教典籍及靈修法門中，也經常包括超自然的元素。許多人都說自己有過不可思議的經歷，並以此認為超自然是確實存在的。例如 Meg Madde 就在我們私下聯繫時提到：「自然界存在著非本地的智慧之靈，只要透過冥想就能感應到。祂帶著愛與覺知存在於有情萬物之中，包括石頭、樹木和任何我們能想到的萬物。我曾發現，某些連結到這種智慧的動植物或甚至山巒，確實比某些人類還高等。或許我們可以說，這就是覺醒。」也可參見 Vieten et al., "Future Directions in Meditation Research"。

　　然而，我們還是要問超自然是否確實存在，以及假設超自然確實存在是否有助於修行。理性的人很可能對此持不贊成的意見。我自己則曾經多次思考以下這個來自 Stephen Batchelor 和 Robert Thurman 關於輪迴的論辯：Batchelor and Thurman, "Reincarnation: A Debate"。

18. 這是關於英文中 the 這個用字的討論。巴利文裡沒有定冠詞與不定冠詞，所以英文翻譯中最常用的是 the 或 a/an（更多討論可見 https://palistudies.blogspot.com/2018/05/pali-pro-nouns.html）。在詞語前加上定冠詞（例如 the unconditioned）是不精確但也最普遍的翻譯方式。此外，像 the unconditioned 或 the transcendental 的說法，都有可能讓人誤以為是特指某個東西，但就英文而言，捨去 the 又會顯得奇怪。因此，我在寫本書時都盡可能少用 the 這類字眼，因為我知道這小小的一個字也需要慎用。

19. 很酷的是，神經學家及作家 Richard Mendius 告訴我，當一個人接近光速時，時間會慢下來。於是，對以光速前進的光子而言，時間是不存在的。因此在某種意義上，光可能是沒有時間性的……也就是說，無時的狀態可能充滿了光！

20. 這和超現實的心智狀態（非臆造的、非造作的及究竟的）不一樣，而是證得涅槃的另一個途徑。

21. Berry, "Sabbaths—1982," *A Timbered Choir*. See https://www.goodreads.com/work/quotes/141101-a-timbered-choir-the-sabbath-poems-1979-1997.

22. 多瑪斯・牟敦是特拉普會（Trappist）的修行僧侶，但對佛學很感興趣，更多資訊可見 https://en.wikipedia.org/wiki/Thomas_Merton。此處文字引用自 "In Silence," Merton and Szabo, *In the Dark Before Dawn*。造訪以下網址可看見全詩及牟敦觸動人心的照片 https://www.innerdirections.org/the-poetry-of-thomas-merton/。

23. Muller, *Now*; also see Schwartz et al., "Quantum Physics in Neuroscience and Psychology."

24. 英文翻譯分別引用自菩提比丘（https://suttacentral.net/mn29/en/bodhi）、Bhikkhu Sujato（https://suttacentral.net/mn29/en/sujato）、坦尼沙羅比丘（https://www.dhammatalks.org/suttas/MN/MN30.html）及 I. B. Horner（https://suttacentral.net/mn30/en/horner）的翻譯版本。心材的比喻也出現在經文多處。

25. 引用自 Andrew Olendzki 的翻譯版本：https://tricycle.org/magazine/modest-awakening/。

26. 這段經文提到火和燃料的比喻，火和燃料不僅用於佛陀時代舉行的宗教儀式，在日常生活中也經常使用。佛陀還經常用到一個相關的比喻——養分（nutriments），巴利文作 ahara（食物）。這些比喻充分對應到佛陀身處的農業社會與田園景象。涅槃的根本意思是「寂滅」，就像吹熄一盞油燈的火焰一樣；也因此有平息、滅盡（quenched）之意。想對佛陀身處的時代、佛法根源及用字有更多了解，可參考 Gombrich, *What the Buddha Thought*。

27. 第三章和第六章也曾提到這個概念。

28. 參見 https://en.wikipedia.org/wiki/Tat_Tvam_Asi。

29. 採用 Gil Fronsdal 的翻譯版本，出自 *The Dhammapada: A New Translation of the Buddhist Classic with Annotations*. Shambhala, 2006, p. 90.

30. Mark Coleman 老師認為這句話是祖古烏金仁波切（Tulku Urgyen Rinpoche）說的。

31. 參見維基百科相關說明：https://en.wikipedia.org/wiki/Quantum_foam。

32. 例如 Kraft, *Buddha's Map*。

33. 雖然目前仍無法確定彼此之間的神經關聯性。例如 Vago 和 Zeidan 在 "The Brain on Silent" 一文提到：「無形無狀……在認知神經科學中尚未有明確區分。」

34. 引用自 *In the Buddha's Words*, pp. 397– 98.。第二章有更完整的說明。

35. 參見《增支部》9-34 的《涅槃樂經》（https://www.accesstoinsight.org/tipitaka/an/an09/an09.034.than.html），更多解釋可見 http://leighb.com/epractices.htm。

36. 採用 Bodhi 在 *Connected Discourses of the Buddha* 書中前言對《相應部》經文的翻譯。

37. 例如，A. Khema（1994）在 "All of Us: Beset by Birth, Decay, and Death" 一文中就曾寫道：「證道得果〔達致涅槃〕的那一刻，是一切了然、翻轉存在觀點的時刻。」（https://www.accesstoinsight.org/lib/authors/khema/allofus.html）。全文非常精彩，其中包括許多關於涅槃的評論。

38. 這段話來自白隱慧鶴禪師以日文題書的畫卷，維基百科對這段話的翻譯是："Direct pointing at the mind of man, seeing one's nature and becoming Buddha"（https://en.wikipedia.org/wiki/Hakuin_Ekaku）。

第 10 章　豐碩之路

1. 據說這是佛陀生前所說的最後一段話。此處採用的翻譯版本為 Stephen Batchelor, *After Buddhism*（第 102 頁）。也可參見 https://www.buddhistinquiry.org/article/the-buddhas-last-word-care/。除了這個版本，也有其他的翻譯版本，例如菩提比丘的翻譯是："Conditioned things are subject to vanish. Achieve the goal by means of heedfulness"（通過私人聯繫取得）。

2. 想了解 Steve Armstrong 的更多資訊，可參見 http://vipassanametta.org/。

3. 我相信這是一句西藏諺語，但找不到確切出處。

4. 例如《相應部》1-7 經文提到：「彼等正證知，以平行不平。」

5. Schaper, *40-Day Journey with Howard Thurman*.

6. 這可以稱為一種參與實踐，例如「入世佛教」（engaged Buddhism）。世界各地有許多人及組織都推崇這樣的方法，從簡單的個人行為提升到更大規模的社會運動。

7. 引用自 "Ash Wednesday," Eliot, *Collected Poems 1909–1962*.

8. 這個例子來自阿姜查的教導，在我另一本書《力挺自己的 12 個練習》也有提及。

9. 出自《自說經》3-2。

10. 在我另一本書《力挺自己的 12 個練習》也說過這個故事。

11. 每一個派別都各自衍生出其他支系。此外，最主要的流派是否僅為這四種也有爭議，尤其還有中國的禪宗（可參見維基百科的說明：https://en.wikipedia.org/wiki/Chan_Buddhism）。

12. 可參見 Wallace and Shapiro, "Mental Balance and Well-Being"。

13. 例如以正念認知療法來治療憂鬱症，參見 Segal et al., *Mindfulness-Based Cognitive Therapy*.

14. 參見《經集》3-1；gone forth 也有出家之意。

15. 引用自 D. Penick, "Love Passing Beneath Shadows," *Tricycle*, Spring 2019。本文參考了 Sarah Ruhl 和 Max Ritvo 的 *Letters from Max: A Book of Friendship*（Milkweed Editions, 2018）。據說，這段話出自詩人禪師 Philip Whalen。

16. 指的是八風：利、衰、毀、譽、稱、譏、苦、樂。

17. E. Siegel, "This Is How We Know There Are Two Trillion Galaxies in the Universe," Forbes.com, Oct. 18, 2018, https://www.forbes.com/sites/startswithabang/2018/10/18/this-is-how-we-know-there-are-two-trillion-galaxies-in-the-universe/#f512d625a67b。

18. 我在《力挺自己的 12 個練習》也提過這個故事。

參考書目

———

Adyashanti, *The Deep Heart: Our Portal to Presence*, J. J. Prendergast, Boulder, CO: Sounds True, 2019.

Alberini, C. M., and J. E. LeDoux. "Memory Reconsolidation." *Current Biology* 23, no. 17 (2013): R746–50.

Allen, A. B., and M. R. Leary. "Self-Compassion, Stress, and Coping." *Social and Personality Psychology Compass* 4, no. 2 (2010): 107–18.

Anālayo. *A Meditator's Life of the Buddha: Based on the Early Discourses*. Cambridge, UK: Windhorse Publications, 2017.

———. *Mindfully Facing Disease and Death: Compassionate Advice from Early Buddhist Texts*. Cambridge, UK: Windhorse Publications, 2016.

———. *Satipaṭṭhāna: The Direct Path to Realization*. Cambridge, UK: Windhorse Publications, 2004.

Angus, D. J., et al. "Anger Is Associated with Reward-Related Electrocortical Activity: Evidence from the Reward Positivity." *Psychophysiology* 52, no. 10 (2015): 1271–80.

Armstrong, G. *Emptiness: A Practical Guide for Meditators*. New York: Simon & Schuster, 2017.

Austin, J. H. "How Does Meditation Train Attention?" *Insight Journal* 32 (2009): 16–22.

———. *Selfless Insight: Zen and the Meditative Transformations of Consciousness*. Cambridge, MA: MIT Press, 2011.

———. "Zen and the Brain: Mutually Illuminating Topics." *Frontiers in Psychology* 4 (2013): 784.

———. *Zen-Brain Reflections: Reviewing Recent Developments in Meditation and States of Consciousness*. Cambridge, MA: MIT Press, 2006.

Azari, N. P., et al. "Neural Correlates of Religious Experience." *European Journal of Neuroscience* 13, no. 8 (2001): 1649–52.

Baars, B. J. "Global Workspace Theory of Consciousness: Toward a Cognitive Neuroscience of Human Experience." *Progress in Brain Research* 150 (2005): 45–53.

Bar, M. "The Proactive Brain: Using Analogies and Associations to Generate Predictions." *Trends in Cognitive Sciences* 11, no. 7 (2007): 280–9.

Baraz, J. *Awakening Joy: 10 Steps That Will Put You on the Road to Real Happiness*. New York: Bantam, 2010.

Barron, A. B., and C. Klein. "What Insects Can Tell Us About the Origins of Consciousness." *Proceedings of the National Academy of Sciences* 113, no. 18 (2016): 4900–08.

Batchelor, S. *After Buddhism: Rethinking the Dharma for a Secular Age*. New Haven, CT: Yale University Press, 2015.

———. *Buddhism Without Beliefs: A Contemporary Guide to Awakening*. New York: Penguin, 1998.

———. *Confession of a Buddhist Atheist*. New York: Random House, 2010.

———, and R. Thurman. "Reincarnation: A Debate." *Tricycle: The Buddhist Review,* summer 1997: http://www. tricycle. com/feature/reincarnation-debate.

Baumeister, R. F. *Meanings of Life*. New York: Guilford Press, 1991.

———, et al. "Bad Is Stronger Than Good." *Review of General Psychology* 5, no. 4 (2001): 323–70.

Baxter, L. R., et al. "Caudate Glucose Metabolic Rate Changes with Both Drug and Behavior Therapy for Obsessive-Compulsive Disorder." *Archives of General Psychiatry* 49, no. 9 (1992): 681–9.

Beauregard, M., and V. Paquette. "Neural Correlates of a Mystical Experience in Carmelite Nuns." *Neuroscience Letters* 405, no. 3 (2006): 186–90.

Begley, S. *Train Your Mind, Change Your Brain: How a New Science Reveals Our Extraordinary Potential to Transform Ourselves*. New York: Random House, 2007.

Benson, H., and M. Z. Klipper. *The Relaxation Response*. New York: William Morrow, 1975.

Berridge, K. C., et al. "Dissecting Components of Reward: 'Liking,' 'Wanting,' and 'Learning.'" *Current Opinion in Pharmacology* 9, no. 1 (2009): 65–73.

Berridge, K. C., and M. L. Kringelbach. "Pleasure Systems in the Brain." *Neuron* 86, no. 3 (2015): 646–4.

Berridge, K. C., and T. E. Robinson. "What Is the Role of Dopamine in Reward: Hedonic Impact, Reward Learning, or Incentive Salience?" *Brain Research Reviews* 28, no. 3 (1998): 309–69.

Berry, W. *A Timbered Choir: The Sabbath Poems, 1979–1997*. Washington, DC: Counterpoint, 1998.

Bersani, F. S., and M. Pasquini. "The 'Outer Dimensions': Impulsivity, Anger/Aggressiveness, Activation." In *Dimensional Psychopathology*, edited by M. Biondi et al., Basel: Springer, 2018, pp. 211–32.

Birnie, K., et al. "Exploring Self-Compassion and Empathy in the Context of Mindfulness-Based Stress Reduction (MBSR)." *Stress and Health* 26, no. 5 (2010): 359–71.

Bluth, K., and K. D. Neff. "New Frontiers in Understanding the Benefits of Self-Compassion." *Self and Identity* 17, no. 6 (2018): 605–8.

Bodhi, B. *In the Buddha's Words: An Anthology of Discourses from the Pali Canon*. New York: Simon & Schuster, 2005.

———, and B. Nanamoli. *The Middle Length Discourses of the Buddha: A Translation of the Majjhima Nikaya*. Sommerville, MA: Wisdom Publications, 2009.

Boellinghaus, I. F., et al. "The Role of Mindfulness and Loving-Kindness Meditation in Cultivating Self-Compassion and Other-Focused Concern in Health Care Professionals." *Mindfulness* 5, no. 2 (2014): 129–38.

Boll, S., et al. "Oxytocin and Pain Perception: From Animal Models to Human Research." *Neuroscience* 387 (2018): 149–61.

Boly, M., et al. "Consciousness in Humans and Non-human Animals: Recent Advances and Future Directions." *Frontiers in Psychology* 4 (2013): 625.

Bowles, S. "Group Competition, Reproductive Leveling, and the Evolution of Human Altruism." *Science* 314, no. 5805 (2006): 1569–72.

Boyd, R., et al. "Hunter-Gatherer Population Structure and the Evolution of Contingent Cooperation." *Evolution and Human Behavior* 35, no. 3 (2014): 219–27.

Boyle, R. P. "Cracking the Buddhist Code: A Contemporary Theory of First-Stage Awakening." *Journal of Consciousness Studies* 24, no. 9–10 (2017): 156–80.

———. *Realizing Awakened Consciousness: Interviews with Buddhist Teachers and a New Perspective on the Mind.* New York: Columbia University Press, 2015.

Brach, T. *Radical Acceptance: Embracing Your Life with the Heart of a Buddha.* New York: Bantam, 2004.

———. *Radical Compassion: Learning to Love Yourself and the World with the Practice of RAIN.* New York: Viking Press, 2019.

———. *True Refuge: Finding Peace and Freedom in Your Own Awakened Heart.* New York: Bantam, 2012.

Brahm, A. *Mindfulness, Bliss, and Beyond: A Meditator's Handbook.* New York: Simon & Schuster, 2006.

Bramham, C. R., and E. Messaoudi. "BDNF Function in Adult Synaptic Plasticity: The Synaptic Consolidation Hypothesis." *Progress in Neurobiology* 76, no. 2 (2005): 99–125.

Brandmeyer, T., et al. "The Neuroscience of Meditation: Classification, Phenomenology, Correlates, and Mechanisms." *Progress in Brain Research* 244 (2019), 1–29.

Braver, T., and J. Cohen. "On the Control of Control: The Role of Dopamine in Regulating Prefrontal Function and Working Memory." In *Control of Cognitive Processes: Attention and Performance* 18, edited by S. Monsel and J. Driver. Cambridge, MA: MIT Press, 2000.

Braver, T., et al. "The Role of Prefrontal Cortex in Normal and Disordered Cognitive Control: A Cognitive Neuroscience Perspective." In *Principles of Frontal Lobe Function*, edited by D. T. Stuss and R. T. Knight. New York: Oxford University Press, 2002.

Brewer, J. *The Craving Mind: From Cigarettes to Smartphones to Love? Why We Get Hooked and How We Can Break Bad Habits.* New Haven, CT: Yale University Press, 2017.

Brewer, J. et al. "Meditation Experience Is Associated with Differences in Default Mode Network Activity and Connectivity." *Proceedings of the National Academy of Sciences* 108, no. 50 (2011): 20254–59.

———, et al. "What About the 'Self' Is Processed in the Posterior Cingulate Cortex?" *Frontiers in Human Neuroscience* 7 (2013): 647.

Brodt, et al. "Fast Track to the Neocortex: A Memory Engram in the Posterior Parietal Cortex." *Science* 362, no. 6418 (2018): 1045–48.

Buddharakkhita, A., trans. *The Dhammapada: The Buddha's Path of Wisdom.* Kandy, Sri Lanka: Buddhist Publication Society, 1985.

Burkett, J. P., et al. "Activation of μ-Opioid Receptors in the Dorsal Striatum Is Necessary for Adult Social Attachment in Monogamous Prairie Voles." *Neuropsychopharmacology* 36, no. 11 (2011): 2200.

Burklund, L. J., et al. "The Common and Distinct Neural Bases of Affect Labeling and Reappraisal in Healthy Adults." *Frontiers in Psychology* 5 (2014): 221.

Cahill, L., and J. L. McGaugh. "Modulation of Memory Storage." *Current Opinion in Neurobiology* 6, no. 2 (1996): 237–42.

Cahn, B. R., and J. Polich. "Meditation States and Traits: EEG, ERP, and Neuroimaging Studies." *Psychological Bulletin* 132, no. 2 (2006): 180.

Caplow, F., and S. Moon, eds. *The Hidden Lamp: Stories from Twenty-Five Centuries of Awakened Women*. Somerville, MA: Wisdom Publications, 2013.

Carey, T. A., et al. "Improving Professional Psychological Practice Through an Increased Repertoire of Research Methodologies: Illustrated by the Development of MOL." *Professional Psychology: Research and Practice* 48, no. 3 (2017): 175.

Cellini, N., et al. "Sleep Before and After Learning Promotes the Consolidation of Both Neutral and Emotional Information Regardless of REM Presence." *Neurobiology of Learning and Memory* 133 (2016): 136–44.

Chödrön, P. *When Things Fall Apart: Heart Advice for Difficult Times*. Boulder, CO: Shambhala Publications, 2000.

Christoff, K., et al. "Experience Sampling During fMRI Reveals Default Network and Executive System Contributions to Mind Wandering." *Proceedings of the National Academy of Sciences* 106, no. 21 (2009): 8719–24.

———, et al. "Specifying the Self for Cognitive Neuroscience." *Trends in Cognitive Sciences* 15, no. 3 (2011): 104–12.

Clopath, C. "Synaptic Consolidation: An Approach to Long-Term Learning." *Cognitive Neurodynamics* 6, no. 3 (2011): 251–7.

Cooney, R. E., et al. "Neural Correlates of Rumination in Depression." *Cognitive, Affective, & Behavioral Neuroscience* 10, no. 4 (2010): 470–8.

Corbetta, et al. "The Reorienting System of the Human Brain: From Environment to Theory of Mind." *Neuron* 58, no. 3 (2008): 306–24.

Craig, A. D. "How Do You Feel? Interoception: The Sense of the Physiological Condition of the Body." *Nature Reviews Neuroscience* 3, no. 8 (2002): 655.

Crean, T. *God Is No Delusion: A Refutation of Richard Dawkins*. San Francisco: Ignatius Press, 2007.

Creswell, J. D., et al. "Alterations in Resting-State Functional Connectivity Link Mindfulness Meditation with Reduced Interleukin-6: A Randomized Controlled Trial." *Biological Psychiatry* 80, no. 1, (2016): 53–61.

———, et al. "Neural Correlates of Dispositional Mindfulness During Affect Labeling." *Psychosomatic Medicine* 69, no. 6 (2007): 560–65.

Culadasa, et al. *The Mind Illuminated: A Complete Meditation Guide Integrating Buddhist Wisdom and*

Brain Science for Greater Mindfulness. New York: Atria Books, 2017.

Dahl, C. J., et al. "Reconstructing and Deconstructing the Self: Cognitive Mechanisms in Meditation Practice." *Trends in Cognitive Sciences* 19, no. 9 (2015): 515–23.

Dalai Lama and H. Cutler. *The Art of Happiness: A Handbook for Living.* New York: Riverhead Books, 2009.

Damasio, A. R. *The Feeling of What Happens: Body and Emotion in the Making of Consciousness.* Boston: Houghton Mifflin Harcourt, 1999.

———. *Self Comes to Mind: Constructing the Conscious Brain.* New York: Vintage Books, 2012.

Dambrun, M., and M. Ricard. "Self-Centeredness and Selflessness: A Theory of Self-Based Psychological Functioning and Its Consequences for Happiness." *Review of General Psychology* 15, no. 2 (2011): 138–57.

Dass, R. *Be Here Now.* New York: Harmony Books, 2010.

Datta, D., and A. F. Arnsten. "Loss of Prefrontal Cortical Higher Cognition with Uncontrollable Stress: Molecular Mechanisms, Changes with Age, and Relevance to Treatment." *Brain Sciences* 9, no. 5 (2019): 113.

Davidson, J. M. "The Physiology of Meditation and Mystical States of Consciousness." *Perspectives in Biology and Medicine* 19, no. 3 (1976): 345–80.

Davidson, R. J. "Well-Being and Affective Style: Neural Substrates and Biobehavioural Correlates." *Philosophical Transactions: Biological Sciences* 359, no. 1449 (2004): 1395 1411.

Davis, J. H., and D. R. Vago. "Can Enlightenment Be Traced to Specific Neural Correlates, Cognition, or Behavior? No, and (a Qualified) Yes." *Frontiers in Psychology* 4 (2013): 870.

Dawkins, R. *The God Delusion.* New York: Random House, 2016.

Day, J. J., and J. D. Sweatt. "Epigenetic Mechanisms in Cognition." *Neuron* 70, no. 5 (2015): 813–29.

Decety, J., and M. Svetlova. "Putting Together Phylogenetic and Ontogenetic Perspectives on Empathy." *Developmental Cognitive Neuroscience* 2, no. 1 (2011): 1–24.

Decety, J., and K. J. Yoder. "The Emerging Social Neuroscience of Justice Motivation." *Trends in Cognitive Sciences* 21, no. 1 (2017): 6–14.

De Dreu, C. K. "Oxytocin Modulates Cooperation Within and Competition Between Groups: An Integrative Review and Research Agenda." *Hormones and Behavior* 61, no. 3 (2012): 419–28.

———, et al. "The Neuropeptide Oxytocin Regulates Parochial Altruism in Intergroup Conflict Among Humans." *Science* 328, no. 5984 (2010): 1408–11.

———, et al. "Oxytocin Enables Novelty Seeking and Creative Performance Through Upregulated Approach: Evidence and Avenues for Future Research." *Wiley Interdisciplinary Reviews: Cognitive Science* 6, no. 5 (2015): 409–17.

———, et al. "Oxytocin Motivates Non-cooperation in Intergroup Conflict to Protect Vulnerable In-Group Members." *PLoS One* 7, no. 11 (2012): e46751.

Denny, B. T., et al. "A Meta-analysis of Functional Neuroimaging Studies of Self- and Other Judgments

Reveals a Spatial Gradient for Mentalizing in Medial Prefrontal Cortex." *Journal of Cognitive Neuroscience* 24, no. 8 (2012): 1742–52.

D'Esposito, M., and B. R. Postle. "The Cognitive Neuroscience of Working Memory." *Annual Review of Psychology* 66 (2015): 115–42.

Dietrich, A. "Functional Neuroanatomy of Altered States of Consciousness: The Transient Hypofrontality Hypothesis." *Consciousness and Cognition* 12, no. 2 (2004): 231–56.

Dixon, S., and G. Wilcox. "The Counseling Implications of Neurotheology: A Critical Review." *Journal of Spirituality in Mental Health* 18, no. 2 (2016): 91–107.

Dunbar, R. I. "The Social Brain Hypothesis." *Evolutionary Anthropology: Issues, News, and Reviews* 6, no. 5 (1998): 178–90.

Dunne, J. "Toward an Understanding of Non-dual Mindfulness." *Contemporary Buddhism* 12, no. 1 (2011): 71–88.

Dusek, J. A., et al. "Genomic Counter-Stress Changes Induced by the Relaxation Response." *PLoS One* 3, no. 7 (2008): e2576.

Dzyubenko, E., et al. "Neuron-Glia Interactions in Neural Plasticity: Contributions of Neural Extracellular Matrix and Perineuronal Nets." *Neural Plasticity* (2016): 5214961.

Earl, B. "The Biological Function of Consciousness." *Frontiers in Psychology* 5, (2014): 697.

Ecker, B. "Memory Reconsolidation Understood and Misunderstood." *International Journal of Neuropsychotherapy* 3, no. 1 (2015): 2–46.

———, et al. *Unlocking the Emotional Brain: Eliminating Symptoms at Their Roots Using Memory Reconsolidation*. London: Routledge, 2012.

Eisenberger, N. I. "The Neural Bases of Social Pain: Evidence for Shared Representations with Physical Pain." *Psychosomatic Medicine* 74, no. 2 (2012): 126.

———, et al., "Attachment Figures Activate a Safety Signal-Related Neural Region and Reduce Pain Experience." *Proceedings of the National Academy of Sciences* 108, no. 28 (2011): 11721–26.

Eliot, T. S. *Collected Poems 1909–1962*. London: Faber & Faber, 2009.

Engen, H. G., and T. Singer. "Affect and Motivation Are Critical in Constructive Meditation." *Trends in Cognitive Sciences* 20, no. 3 (2016): 159–60.

———. "Compassion-Based Emotion Regulation Up-regulates Experienced Positive Affect and Associated Neural Networks." *Social Cognitive and Affective Neuroscience* 10, no. 9 (2015): 1291–301.

Engler, J. "Being Somebody and Being Nobody: A Re-examination of the Understanding of Self in Psychoanalysis and Buddhism." In *Psychoanalysis and Buddhism: An Unfolding Dialogue*, edited by J. D. Safran. Boston: Wisdom Publications, 2003, pp. 35–79.

Eriksson, P. S., et al. "Neurogenesis in the Adult Human Hippocampus." *Nature Medicine* 4, no. 11 (1998): 1313–17.

Esch, T., and G. B. Stefano. "The Neurobiology of Stress Management." *Neuroendocrinology Letters* 31, no. 1 (2010): 19–39.

Farb, N. A., et al. "Attending to the Present: Mindfulness Meditation Reveals Distinct Neural Modes of Self-reference." *Social Cognitive and Affective Neuroscience* 2, no. 4 (2007): 313–22.

———, et al. "The Mindful Brain and Emotion Regulation in Mood Disorders." *Canadian Journal of Psychiatry* 57, no. 2 (2012): 70–77.

———, et al. "Minding One's Emotions: Mindfulness Training Alters the Neural Expression of Sadness." *Emotion* 10, no. 1 (2010): 25.

Farrer, C., and C. D. Frith. "Experiencing Oneself Versus Another Person as Being the Cause of an Action: The Neural Correlates of the Experience of Agency." *NeuroImage* 15, no. 3 (2002): 596–603.

Fazelpour, S., and E. Thompson. "The Kantian Brain: Brain Dynamics from a Neurophenomenological Perspective." *Current Opinion in Neurobiology* 31 (2014): 223–29.

Ferrarelli, F., et al. "Experienced Mindfulness Meditators Exhibit Higher Parietal-Occipital EEG Gamma Activity During NREM Sleep." *PLoS One*, no. 8 (2013): e73417.

Flanagan, O. *The Bodhisattva's Brain: Buddhism Naturalized*. Cambridge, MA: MIT Press, 2011.

Fox, K. C., et al. "Is Meditation Associated with Altered Brain Structure? A Systematic Review and Meta-analysis of Morphometric Neuroimaging in Meditation Practitioners." *Neuroscience & Biobehavioral Reviews* 43 (2014): 48–73.

Fredrickson, B. L. "The Broaden-and-Build Theory of Positive Emotions." *Philosophical Transactions of the Royal Society of London, Series B: Biological Sciences*, 359, no. 1449 (2004): 1367–77.

———. "What Good Are Positive Emotions?" *Review of General Psychology* 2, no. 3 (1998): 300–19.

———, et al. "Positive Emotion Correlates of Meditation Practice: A Comparison of Mindfulness Meditation and Loving-kindness Meditation." *Mindfulness* 8, no. 6 (2017): 1623–33.

Friston, K. "The History of the Future of the Bayesian Brain." *NeuroImage* 62, no. 2 (2012): 1230–33.

Fronsdal, G. *The Dhammapada: A New Translation of the Buddhist Classic with Annotations*. Boulder, CO: Shambhala Publications, 2006.

Gailliot, M. T., et al. "Self-Control Relies on Glucose as a Limited Energy Source: Willpower Is More Than a Metaphor." *Journal of Personality and Social Psychology* 92, no. 2 (2007): 325.

Galati, et al. "Multiple Reference Frames Used by the Human Brain for Spatial Perception and Memory." *Experimental Brain Research* 206, no. 2 (2010), 109–20.

Gallagher, S. "Philosophical Conceptions of the Self: Implications for Cognitive Science." *Trends in Cognitive Sciences* 4, no. 1 (2000): 14–21.

Geertz, A. W. "When Cognitive Scientists Become Religious, Science Is in Trouble: On Neurotheology from a Philosophy of Science Perspective." *Religion* 39, no. 4 (2009): 319–24.

Gellhorn, E., and W. F. Kiely. "Mystical States of Consciousness: Neurophysiological and Clinical Aspects." *Journal of Nervous and Mental Disease* 154, no. 6 (1972): 399–405.

Germer, C. *The Mindful Path to Self-Compassion: Freeing Yourself from Destructive Thoughts and Emotions*. New York: Guilford Press, 2009.

———, and K. D. Neff. "Self-Compassion in Clinical Practice." *Journal of Clinical Psychology* 69, no. 8

(2013): 856–67.

Gilbert, P. *Compassion Focused Therapy: Distinctive Features*. London: Routledge, 2010.

———. "Introducing Compassion-Focused Therapy." *Advances in Psychiatric Treatment* 15, no. 3 (2009): 199–208.

———. "The Origins and Nature of Compassion Focused Therapy." *British Journal of Clinical Psychology* 53, no. 1 (2014): 6–41.

Gillihan, S. J., and M. J. Farah. "Is Self Special? A Critical Review of Evidence from Experimental Psychology and Cognitive Neuroscience." *Psychological Bulletin* 131, no. 1 (2005): 76.

Gleig, A. *American Dharma: Buddhism Beyond Modernity*. New Haven, CT: Yale University Press, 2019.

Goldstein, J. *The Experience of Insight: A Simple and Direct Guide to Buddhist Meditation*. Boulder, CO: Shambhala Publications, 2017.

———. *Mindfulness: A Practical Guide to Awakening*. Boulder, CO: Sounds True, 2013.

Goleman, D., and R. J. Davidson. *Altered Traits: Science Reveals How Meditation Changes Your Mind, Brain, and Body*. New York: Penguin, 2017.

Gombrich, R. F. *What the Buddha Thought*. Sheffield, UK: Equinox, 2009.

Grabovac, A. "The Stages of Insight: Clinical Relevance for Mindfulness-Based Interventions." *Mindfulness* 6, no. 3 (2015): 589–600.

Grosmark, A. D., and G. Buzsáki. "Diversity in Neural Firing Dynamics Supports Both Rigid and Learned Hippocampal Sequences." *Science* 351, no. 6280 (2016): 1440–43.

Grossenbacher, P. "Buddhism and the Brain: An Empirical Approach to Spirituality." Paper prepared for "Continuity + Change: Perspectives on Science and Religion," June 3–7, 2006, in Philadelphia, PA. https://www.scribd.com/document/283480254/Buddhism-and-the-Brain.

Gross, R. M. *Buddhism After Patriarchy: A Feminist History, Analysis, and Reconstruction of Buddhism*. Albany: SUNY Press, 1993.

Habas, C., et al. "Distinct Cerebellar Contributions to Intrinsic Connectivity Networks." *Journal of Neuroscience* 29, no. 26 (2009): 8586–94.

Halifax, J. *Standing at the Edge: Finding Freedom Where Fear and Courage Meet*. New York: Flatiron Books, 2018.

Hamlin, J. K., et al. "Three-Month-Olds Show a Negativity Bias in Their Social Evaluations." *Developmental Science* 13, no. 6 (2010): 923–29.

Hanh, T. N. *Being Peace*. Berkeley, CA: Parallax Press, 2008.

———. *Inside the Now: Meditations on Time.* Berkeley, CA: Parallax Press, 2015.

———. *The World We Have: A Buddhist Approach to Peace and Ecology.* Berkeley, CA: Parallax Press, 2004.

Hanson, R. *Buddha's Brain: The Practical Neuroscience of Happiness, Love, and Wisdom*. Oakland, CA: New Harbinger Publications, 2009.

———. *Hardwiring Happiness: The New Brain Science of Contentment, Calm, and Confidence*. New

York: Harmony Books, 2013.

———, and F. Hanson. *Resilient: How to Grow an Unshakable Core of Calm, Strength, and Happiness.* New York: Harmony Books, 2018.

Hansotia, P. "A Neurologist Looks at Mind and Brain: 'The Enchanted Loom.'" *Clinical Medicine & Research* 1, no. 4 (2003): 327–32.

Harkness, K. L., et al. "Stress Sensitivity and Stress Sensitization in Psychopathology: An Introduction to the Special Section." *Journal of Abnormal Psychology* 124 (2015): 1.

Harris, A. *Conscious: A Brief Guide to the Fundamental Mystery of the Mind.* New York: Harper, 2019.

Harris, S. *Waking Up: A Guide to Spirituality Without Religion.* New York: Simon & Schuster, 2014.

Hayes, S. *The Act in Context: The Canonical Papers of Steven C. Hayes.* New York: Routledge, 2015.

Herculano-Houzel, S. "The Remarkable, Yet Not Extraordinary, Human Brain as a Scaled-Up Primate Brain and Its Associated Cost." *Proceedings of the National Academy of Sciences* 109, Supplement 1 (2012): 10661–68.

Hill, K. R., et al. "Co-residence Patterns in Hunter-Gatherer Societies Show Unique Human Social Structure." *Science* 331, no. 6022 (2011): 1286–89.

Hilton, L., et al. "Mindfulness Meditation for Chronic Pain: Systematic Review and Meta-analysis." *Annals of Behavioral Medicine* 51, no. 2 (2016): 199–213.

Hofmann, S., et al. "Loving-kindness and Compassion Meditation: Potential for Psychological Interventions." *Clinical Psychology Review* 31, no. 7 (2011): 1126–32.

Hölzel, B. K., et al. "How Does Mindfulness Meditation Work? Proposing Mechanisms of Action from a Conceptual and Neural Perspective." *Perspectives on Psychological Science* 6, no. 6 (2011): 537–59.

———, et al. "Investigation of Mindfulness Meditation Practitioners with Voxel-Based Morphometry." *Social Cognitive and Affective Neuroscience* 3 (2008): 55–61.

Hood R. W., et al. *The Psychology of Religion: An Empirical Approach*, 5th ed. New York: Guilford Press, 2018.

Hu, X., et al. "Unlearning Implicit Social Biases During Sleep." *Science* 348, no. 6238 (2015): 1013–15.

Huber, D., et al. "Vasopressin and Oxytocin Excite Distinct Neuronal Populations in the Central Amygdala." *Science* 308, no. 5719 (2005): 245–48.

Hung, L. W., et al. "Gating of Social Reward by Oxytocin in the Ventral Tegmental Area." *Science* 357, no. 6358 (2017): 1406–11.

Huxley, A. *The Perennial Philosophy*. Toronto: McClelland & Stewart, 2014.

Hyman, S. E., et al. "Neural Mechanisms of Addiction: The Role of Reward-Related Learning and Memory." *Annual Review of Neuroscience* 29, no. 1 (2006): 565–98.

Jastrzebski, A. K. "The Neuroscience of Spirituality." *Pastoral Psychology* 67 (2018): 515–24.

Johnsen, T. J., and O. Friborg. "The Effects of Cognitive Behavioral Therapy as an Anti-depressive Treatment Is [*sic*] Falling: A Meta-analysis." *Psychological Bulletin* 141, no. 4 (2015): 747.

Johnstone, B., et al. "Right Parietal Lobe-Related 'Selflessness' as the Neuropsychological Basis of

Spiritual Transcendence." *International Journal for the Psychology of Religion* 22, no. 4 (2012): 267–84.

Jones, S. *There Is Nothing to Fix: Becoming Whole Through Radical Self-Acceptance*. Somerville, MA: LAKE Publications, 2019.

Josipovic, Z. "Neural Correlates of Nondual Awareness in Meditation." *Annals of the New York Academy of Sciences* 1307, no. 1 (2014): 9–18.

———, and B. J. Baars. "What Can Neuroscience Learn from Contemplative Practices?" *Frontiers in Psychology* 6 (2015): 1731.

Kalu Rinpoche and the Dalai Lama. *Luminous Mind: The Way of the Buddha*. Somerville, MA: Wisdom Publications, 1993.

Kandel, E. R. *In Search of Memory: The Emergence of a New Science of Mind*. New York: W. W. Norton, 2007.

Karlsson, M. P., and L. M. Frank. "Awake Replay of Remote Experiences in the Hippocampus." *Nature Neuroscience* 12, no. 7 (2009): 913–18.

Keltner, D. *Born to Be Good: The Science of a Meaningful Life*. New York: W. W. Norton, 2009.

Kempermann, G. "Youth Culture in the Adult Brain." *Science* 335, no. 6073 (2012): 1175–76.

———, et al. "Human Adult Neurogenesis: Evidence and Remaining Questions." *Cell Stem Cell* 23, no. 1 (2018): 25–30.

Keuken, M. C., et al. "Large Scale Structure-Function Mappings of the Human Subcortex." *Scientific Reports* 8, no. 1 (2018): 15854.

Key, B., et al. "Insects Cannot Tell Us Anything About Subjective Experience or the Origin of Consciousness." *Proceedings of the National Academy of Sciences* 113, no. 27 (2016): E3813.

Kiken, L. G., et al. "From a State to a Trait: Trajectories of State Mindfulness in Meditation During Intervention Predict Changes in Trait Mindfulness." *Personality and Individual Differences* 81 (2015): 41–46.

Killingsworth, M. A., and D. T. Gilbert. "A Wandering Mind Is an Unhappy Mind." *Science* 330, no. 6006 (2010): 932.

Koch, C., et al. "Neural Correlates of Consciousness: Progress and Problems." *Nature Reviews Neuroscience* 17, no. 5 (2016): 307–21.

Kok, B. E., and B. L. Fredrickson. "Upward Spirals of the Heart: Autonomic Flexibility, as Indexed by Vagal Tone, Reciprocally and Prospectively Predicts Positive Emotions and Social Connectedness." *Biological Psychology* 85, no. 3 (2010): 432–36.

Kornfield, J. *After the Ecstasy, the Laundry*. New York: Bantam, 2000.

———. *A Path with Heart: A Guide Through the Perils and Promises of Spiritual Life*. New York: Bantam, 2009.

Kraft, D. *Buddha's Map: His Original Teachings on Awakening, Ease, and Insight in the Heart of Meditation*. Grass Valley, CA: Blue Dolphin Publishing, 2013.

Kral, T. R. A., et al. "Impact of Short- and Long-Term Mindfulness Meditation Training on Amygdala Re-activity to Emotional Stimuli." *NeuroImage* 181 (2018): 301–13.

Kreibig, S. D. "Autonomic Nervous System Activity in Emotion: A Review." *Biological Psychology* 84, no. 3 (2010): 394–421.

Kringelbach, M. L., and K. C. Berridge. "Neuroscience of Reward, Motivation, and Drive." In *Recent Developments in Neuroscience Research on Human Motivation*, edited by K. Sung-il et al. Bingley, UK: Emerald Group Publishing, 2016, pp. 23–35.

Kritman, M., et al. "Oxytocin in the Amygdala and Not the Prefrontal Cortex Enhances Fear and Impairs Extinction in the Juvenile Rat." *Neurobiology of Learning and Memory* 141 (2017): 179–88.

Langner, R., and S. B. Eickhoff. "Sustaining Attention to Simple Tasks: A Meta-analytic Review of the Neural Mechanisms of Vigilant Attention." *Psychological Bulletin* 139, no. 4 (2013): 870.

Laricchiuta, D., and L. Petrosini. "Individual Differences in Response to Positive and Negative Stimuli: Endocannabinoid-Based Insight on Approach and Avoidance Behaviors." *Frontiers in Systems Neuroscience* 8 (2014): 238.

Lazar, S. W., et al. "Functional Brain Mapping of the Relaxation Response and Meditation." *Neuroreport* 11, no. 7 (2000): 1581–85.

———, et al. "Meditation Experience Is Associated with Increased Cortical Thickness." *Neuroreport* 16 (2005): 1893–97.

Leary, M. R. *The Curse of the Self: Self-Awareness, Egotism, and the Quality of Human Life*. New York: Oxford University Press, 2007.

———, et al. "Allo-inclusive Identity: Incorporating the Social and Natural Worlds into One's Sense of Self." In *Decade of Behavior. Transcending Self-Interest: Psychological Explorations of the Quiet Ego*, edited by H. A. Wayment and J. J. Bauer. Washington, DC: American Psychological Association, 2008, pp. 137–47.

Lee, T. M., et al. "Distinct Neural Activity Associated with Focused-Attention Meditation and Loving-kindness Meditation." *PLoS One* 7, no. 8 (2012): e40054.

Legrand, D., and P. Ruby. "What Is Self-Specific? Theoretical Investigation and Critical Review of Neuroimaging Results." *Psychological Review* 116 (2009): 252.

Lent, R., et al. "How Many Neurons Do You Have? Some Dogmas of Quantitative Neuroscience Under Revision." *European Journal of Neuroscience* 35, no. 1 (2012): 1–9.

Leung, M. K., et al. "Increased Gray Matter Volume in the Right Angular and Posterior Parahippocampal Gyri in Loving-kindness Meditators." *Social Cognitive and Affective Neuroscience* 8, no. 1 (2012): 34–39.

Lieberman, M. D. *Social: Why Our Brains Are Wired to Connect*. New York: Oxford University Press, 2013.

———, and N. I. Eisenberger. "Pains and Pleasures of Social Life." *Science* 323, no. 5916 (2009): 890–91.

Lindahl, J. R., et al. "The Varieties of Contemplative Experience: A Mixed-Methods Study of Meditation-Related Challenges in Western Buddhists." *PLoS One* 12, no. 5 (2017): e0176239.

Linehan, M. *Cognitive-Behavioral Treatment of Borderline Personality Disorder*. New York: Guilford Press, 2018.

Lippelt, D. P., et al. "Focused Attention, Open Monitoring and Loving Kindness Meditation: Effects on Attention, Conflict Monitoring, and Creativity—A Review." *Frontiers in Psychology* 5 (2014): 1083.

Liu, Y., et al. "Oxytocin Modulates Social Value Representations in the Amygdala." *Nature Neuroscience* 22, no. 4 (2019): 633.

Loizzo, J. J., et al., eds. *Advances in Contemplative Psychotherapy: Accelerating Healing and Transformation*. New York: Routledge, 2017.

Löwel, S., and W. Singer. "Selection of Intrinsic Horizontal Connections in the Visual Cortex by Correlated Neuronal Activity." *Science* 255, no. 5041 (1992): 209–12.

Loy, D. *Ecodharma: Buddhist Teachings for the Ecological Crisis*. Somerville, MA: Wisdom Publications, 2019.

Lupien, S. J., et al. "Beyond the Stress Concept: Allostatic Load—A Developmental Biological and Cognitive Perspective." In *Developmental Psychopathology*, vol. 2: *Developmental Neuroscience*, 2nd ed., edited by D. Cicchetti and D. Cohen. Hoboken, NJ: Wiley, 2006, pp. 578–628.

Lutz, A., et al. "Altered Anterior Insula Activation During Anticipation and Experience of Painful Stimuli in Expert Meditators." *NeuroImage* 64 (2013): 538–46.

———, et al. "Long-Term Meditators Self-Induce High-Amplitude Gamma Synchrony During Mental Practice." *PNAS* 101 (2004): 16369–73.

Madan, C. R. "Toward a Common Theory for Learning from Reward, Affect, and Motivation: The SIMON Framework." *Frontiers in Systems Neuroscience* 7 (2013): 59.

Maharaj, N., et al. *I Am That: Talks with Sri Nisargadatta Maharaj*, translated by M. Frydman. Durham, NC: Acorn Press, 1973.

Mahone, M. C., et al. "fMRI During Transcendental Meditation Practice." *Brain and Cognition* 123 (2018): 30–33.

Manuello, J., et al. "Mindfulness Meditation and Consciousness: An Integrative Neuroscientific Perspective." *Consciousness and Cognition* 40 (2016): 67–78.

Martin, K. C., and E. M. Schuman. "Opting In or Out of the Network." *Science* 350, no. 6267 (2015): 1477–78.

Mascaro, J. S., et al. "The Neural Mediators of Kindness-Based Meditation: A Theoretical Model." *Frontiers in Psychology* 6 (2015): 109.

Maslow, A. H. *Religions, Values, and Peak-Experiences*, vol. 35. Columbus: Ohio State University Press, 1964.

Mather, J. A. "Cephalopod Consciousness: Behavioural Evidence." *Consciousness and Cognition* 17, no. 1 (2008): 37–48.

Matsuo, N., et al. "Spine-Type-Specific Recruitment of Newly Synthesized AMPA Receptors with Learning." *Science* 319, no. 5866 (2008): 1104–7.

McDonald, R. J., and N. S. Hong. "How Does a Specific Learning and Memory System in the Mammalian Brain Gain Control of Behavior?" *Hippocampus* 23, no. 11 (2013): 1084–102.

McGaugh, J. L. "Memory: A Century of Consolidation." *Science* 287, no. 5451 (2000): 248–51.

McMahan, D. L., and E. Braun, eds. *Meditation, Buddhism, and Science*. New York: Oxford University Press, 2017.

Menon, V. "Salience Network." In *Brain Mapping: An Encyclopedic Reference*, vol. 2, edited by A. W. Toga. Cambridge, MA: Academic Press, 2015, pp. 597–611.

Merton, T. *In the Dark Before Dawn: New Selected Poems*, edited by L. R. Szabo. New York: New Directions Publishing, 2005.

Meyer-Lindenberg, A. "Impact of Prosocial Neuropeptides on Human Brain Function." *Progress in Brain Research* 170 (2008): 463–70.

Mitchell, S. *Tao Te Ching: A New English Version*. New York: Harper Perennial Modern Classics, 1988.

Moore, S. R., and R. A. Depue. "Neurobehavioral Foundation of Environmental Reactivity." *Psychological Bulletin* 142, no. 2 (2016): 107.

Mosig, Y. D. "Conceptions of the Self in Western and Eastern Psychology." *Journal of Theoretical and Philosophical Psychology* 26, no. 1–2 (2006): 3.

Muir, J. *My First Summer in the Sierra.* Illustrated Anniversary Edition. Boston: Houghton Mifflin Harcourt, 2011.

Muller, R. A. *Now: The Physics of Time*. New York: W. W. Norton, 2016.

Mullette-Gillman, O., and S. A. Huettel. "Neural Substrates of Contingency Learning and Executive Control: Dissociating Physical, Valuative, and Behavioral Changes." *Frontiers in Human Neuroscience* 3 (2009): 23.

Nadel, L., et al. "Memory Formation, Consolidation and Transformation." *Neuroscience & Biobehavioral Reviews* 36, no. 7 (2012): 1640–45.

Nader, K., et al. "Fear Memories Require Protein Synthesis in the Amygdala for Reconsolidation After Retrieval." *Nature* 406, no. 6797 (2000): 722.

Nanamoli, B. *The Path of Purification: The Classic Manual of Buddhist Doctrine and Meditation*. Kandy, Sri Lanka: Buddhist Publication Society, 1991.

Naumann, R. K., et al. "The Reptilian Brain." *Current Biology* 25, no. 8 (2015): R317–21.

Nechvatal, J. M., and D. M. Lyons. "Coping Changes the Brain." *Frontiers in Behavioral Neuroscience* 7 (2013): 13.

Neff, K. *Self-Compassion: The Proven Power of Being Kind to Yourself.* New York: William Morrow, 2011.

———, and K. A. Dahm. "Self-Compassion: What It Is, What It Does, and How It Relates to Mindfulness." In *Handbook of Mindfulness and Self-Regulation*, edited by B. D. Ostafin et al. New York:

Springer, 2015, pp. 121–37.

Newberg, A. B. "The Neuroscientific Study of Spiritual Practices." *Frontiers in Psychology* 5 (2014): 215.

———. *Principles of Neurotheology*. Farnham, UK: Ashgate Publishing, 2010.

———, et al. "A Case Series Study of the Neurophysiological Effects of Altered States of Mind During Intense Islamic Prayer." *Journal of Physiology–Paris* 109, no. 4–6 (2015): 214–20.

———, et al. "Cerebral Blood Flow During Meditative Prayer: Preliminary Findings and Methodological Issues." *Perceptual and Motor Skills* 97, no. 2 (2003): 625–30.

———, et al. "The Measurement of Regional Cerebral Blood Flow During the Complex Cognitive Task of Meditation: A Preliminary SPECT Study." *Psychiatry Research: Neuroimaging* 106, no. 2 (2001): 113–22.

———, and J. Iversen. "The Neural Basis of the Complex Mental Task of Meditation: Neurotransmitter and Neurochemical Considerations." *Medical Hypotheses* 61, no. 2 (2003): 282–91.

Newen, A., et al., eds. *The Oxford Handbook of 4E Cognition*. New York: Oxford University Press, 2018.

Northoff, G., and F. Bermpohl. "Cortical Midline Structures and the Self." *Trends in Cognitive Sciences* 8, no. 3 (2004): 102–7.

Oakley, B., et al., eds. *Pathological Altruism*. New York: Oxford University Press, 2011.

Oh, M., et al. "Watermaze Learning Enhances Excitability of CA1 Pyramidal Neurons." *Journal of Neurophysiology* 90, no. 4 (2003): 2171–79.

Ott, U., et al. "Brain Structure and Meditation: How Spiritual Practice Shapes the Brain." In *Neuroscience, Consciousness and Spirituality*, edited by H. Walach et al. Berlin: Springer, Dordrecht, 2011, pp. 119–28.

Owens, L. R., and J. Syedullah. *Radical Dharma: Talking Race, Love, and Liberation*. Berkeley, CA: North Atlantic Books, 2016.

Packard, M. G., and L. Cahill. "Affective Modulation of Multiple Memory Systems." *Current Opinion in Neurobiology* 11, no. 6 (2001): 752–56.

Paller, K. A. "Memory Consolidation: Systems." *Encyclopedia of Neuroscience* 1 (2009): 741–49.

Palmo, A. T. *Reflections on a Mountain Lake: Teachings on Practical Buddhism*. Boulder, CO: Shambhala Publications, 2002.

Panksepp, J. *Affective Neuroscience: The Foundations of Human and Animal Emotions*. New York: Oxford University Press, 1998.

Paolicelli, R. C., et al. "Synaptic Pruning by Microglia Is Necessary for Normal Brain Development." *Science* 333, no. 6048 (2011), 1456–58.

Pasanno, A., and A. Amaro. *The Island*. Redwood Valley, CA: Abhayagiri Monastic Foundation, 2009.

Petersen, S. E., and M. I. Posner. "The Attention System of the Human Brain: 20 Years After." *Annual Review of Neuroscience* 35 (2012): 73–89.

Pollan, M. *How to Change Your Mind: What the New Science of Psychedelics Teaches Us About Consciousness, Dying, Addiction, Depression, and Transcendence*. New York: Penguin Books, 2018.

Porges, S. W. *The Polyvagal Theory: Neurophysiological Foundations of Emotions, Attachment, Communication, and Self-Regulation.* New York: W. W. Norton, 2011.

———, and C. S. Carter. "Polyvagal Theory and the Social Engagement System." In *Complementary and Integrative Treatments in Psychiatric Practice*, edited by P. L. Gerbarg et al. New York: American Psychiatric Association Publishing, 2017, pp. 221–39.

Posner, M. I., and S. E. Petersen. "The Attention System of the Human Brain." *Annual Review of Neuroscience* 13, no. 1 (1990): 25–42.

Prendergast, J. *The Deep Heart: Our Portal to Presence.* Boulder, CO: Sounds True, 2019.

Preston, S. D. "The Rewarding Nature of Social Contact." *Science* 357, no. 6358 (2017): 1353–54.

Pritz, M. B. "Crocodilian Forebrain: Evolution and Development." *Integrative and Comparative Biology* 55, no. 6 (2015): 949–61.

Quiroga, R. Q. "Neural Representations Across Species." *Science* 363, no. 6434 (2019): 1388–89.

Radke, S., et al. "Oxytocin Reduces Amygdala Responses During Threat Approach." *Psychoneuroendocrinology* 79 (2017): 160–6.

Raichle, M. E. "The Restless Brain: How Intrinsic Activity Organizes Brain Function." *Philosophical Transactions of the Royal Society of London, Series B: Biological Sciences* 370, no. 1668 (2015): 20140172.

———, et al. "A Default Mode of Brain Function." *Proceedings of the National Academy of Sciences* 98, no. 2 (2001): 676–82.

Ranganath, C., et al. "Working Memory Maintenance Contributes to Long-Term Memory Formation: Neural and Behavioral Evidence." *Journal of Cognitive Neuroscience* 17, no. 7 (2005): 994–1010.

RecoveryDharma.org. *Recovery Dharma: How to Use Buddhist Practices and Principles to Heal the Suffering of Addiction.* 2019.

Ricard, M. *Happiness: A Guide to Developing Life's Most Important Skill.* London: Atlantic Books, 2015.

———. *On the Path to Enlightenment: Heart Advice from the Great Tibetan Masters.* Boulder, CO: Shambhala Publications, 2013.

———, et al. *The Quantum and the Lotus: A Journey to the Frontiers Where Science and Buddhism Meet.* New York: Three Rivers Press, 2001.

Rothschild, B. *The Body Remembers: The Psychophysiology of Trauma and Trauma Treatment.* New York: W. W. Norton, 2000.

Roxin, A., et al. "On the Distribution of Firing Rates in Networks of Cortical Neurons." *Journal of Neuroscience* 31, no. 45 (2011): 16217–26.

Rozin, P., and E. B. Royzman. "Negativity Bias, Negativity Dominance, and Contagion." *Personality and Social Psychology Review* 5, no. (2001): 296–320.

Sahn, S., and S. T. S nsa. *Only Don't Know: Selected Teaching Letters of Zen Master Seung Sahn.* Boulder, CO: Shambhala Publications, 1999.

Salzberg, S. *Lovingkindness: The Revolutionary Art of Happiness.* Boulder, CO: Shambhala Publications,

2004.

———. *Real Love: The Art of Mindful Connection*. New York: Flatiron Books, 2017.

Sapolsky, R. M. *Why Zebras Don't Get Ulcers: The Acclaimed Guide to Stress, Stress-Related Diseases, and Coping*. New York: Holt Paperbacks, 2004.

Sara, S. J., and M. Segal. "Plasticity of Sensory Responses of Locus Coeruleus Neurons in the Behaving Rat: Implications for Cognition." *Progress in Brain Research* 88 (1991): 571–85.

Schaper, D., ed. *40-Day Journey with Howard Thurman*. Minneapolis: Augsburg Books, 2009.

Schore, A. N. *Affect Regulation and the Origin of the Self: The Neurobiology of Emotional Development*. New York: Routledge, 2015.

Schwartz, J. M., et al. "Quantum Physics in Neuroscience and Psychology: A Neurophysical Model of Mind-Brain Interaction." *Philosophical Transactions of the Royal Society of London, Series B: Biological Sciences* 360, no. 1458 (2005): 1309–27.

Schweiger, D., et al. "Opioid Receptor Blockade and Warmth-Liking: Effects on Interpersonal Trust and Frontal Asymmetry." *Social Cognitive and Affective Neuroscience* 9, no. 10 (2013): 1608–15.

Seeley, W. W., et al. "Dissociable Intrinsic Connectivity Networks for Salience Processing and Executive Control." *Journal of Neuroscience* 27, no. 9 (2007): 2349–56.

Segal, Z., et al. *Mindfulness-Based Cognitive Therapy for Depression*, 2nd ed. New York: Guilford Press, 2018.

Semple, B. D., et al. "Brain Development in Rodents and Humans: Identifying Benchmarks of Maturation and Vulnerability to Injury Across Species." *Progress in Neurobiology* 106 (2013): 1–16.

Seth, A. K., et al. "An Interoceptive Predictive Coding Model of Conscious Presence." *Frontiers in Psychology* 2 (2012): 395.

Shiota, M. N., et al. "Beyond Happiness: Building a Science of Discrete Positive Emotions." *American Psychologist* 72, no. 7 (2017): 617.

Shors, T. J. "Memory Traces of Trace Memories: Neurogenesis, Synaptogenesis and Awareness." *Trends in Neurosciences* 27, no. 5 (2004): 250–56.

Shrobe, R., and K. Wu. *Don't-Know Mind: The Spirit of Korean Zen*. Boulder, CO: Shambhala Publications, 2004.

Siegel, D. *Aware: The Science and Practice of Presence, The Groundbreaking Meditation Practice*. New York: Penguin, 2018.

———. *The Mindful Brain*. New York: W. W. Norton, 2007.

Sin, N. L., and S. Lyubomirsky. "Enhancing Well-Being and Alleviating Depressive Symptoms with Positive Psychology Interventions: A Practice-Friendly Meta-analysis." *Journal of Clinical Psychology* 65, no. 5 (2009): 467–87.

Smallwood, J., and J. Andrews-Hanna. "Not All Minds That Wander Are Lost: The Importance of a Balanced Perspective on the Mind-Wandering State." *Frontiers in Psychology* 4 (2013): 441.

Smith, H. "Is There a Perennial Philosophy?" *Journal of the American Academy of Religion* 55, no. 3

2004.

———. *Real Love: The Art of Mindful Connection*. New York: Flatiron Books, 2017.

Sapolsky, R. M. *Why Zebras Don't Get Ulcers: The Acclaimed Guide to Stress, Stress-Related Diseases, and Coping*. New York: Holt Paperbacks, 2004.

Sara, S. J., and M. Segal. "Plasticity of Sensory Responses of Locus Coeruleus Neurons in the Behaving Rat: Implications for Cognition." *Progress in Brain Research* 88 (1991): 571–85.

Schaper, D., ed. *40-Day Journey with Howard Thurman*. Minneapolis: Augsburg Books, 2009.

Schore, A. N. *Affect Regulation and the Origin of the Self: The Neurobiology of Emotional Development*. New York: Routledge, 2015.

Schwartz, J. M., et al. "Quantum Physics in Neuroscience and Psychology: A Neurophysical Model of Mind-Brain Interaction." *Philosophical Transactions of the Royal Society of London, Series B: Biological Sciences* 360, no. 1458 (2005): 1309–27.

Schweiger, D., et al. "Opioid Receptor Blockade and Warmth-Liking: Effects on Interpersonal Trust and Frontal Asymmetry." *Social Cognitive and Affective Neuroscience* 9, no. 10 (2013): 1608–15.

Seeley, W. W., et al. "Dissociable Intrinsic Connectivity Networks for Salience Processing and Executive Control." *Journal of Neuroscience* 27, no. 9 (2007): 2349–56.

Segal, Z., et al. *Mindfulness-Based Cognitive Therapy for Depression*, 2nd ed. New York: Guilford Press, 2018.

Semple, B. D., et al. "Brain Development in Rodents and Humans: Identifying Benchmarks of Maturation and Vulnerability to Injury Across Species." *Progress in Neurobiology* 106 (2013): 1–16.

Seth, A. K., et al. "An Interoceptive Predictive Coding Model of Conscious Presence." *Frontiers in Psychology* 2 (2012): 395.

Shiota, M. N., et al. "Beyond Happiness: Building a Science of Discrete Positive Emotions." *American Psychologist* 72, no. 7 (2017): 617.

Shors, T. J. "Memory Traces of Trace Memories: Neurogenesis, Synaptogenesis and Awareness." *Trends in Neurosciences* 27, no. 5 (2004): 250–56.

Shrobe, R., and K. Wu. *Don't-Know Mind: The Spirit of Korean Zen*. Boulder, CO: Shambhala Publications, 2004.

Siegel, D. *Aware: The Science and Practice of Presence, The Groundbreaking Meditation Practice*. New York: Penguin, 2018.

———. *The Mindful Brain*. New York: W. W. Norton, 2007.

Sin, N. L., and S. Lyubomirsky. "Enhancing Well-Being and Alleviating Depressive Symptoms with Positive Psychology Interventions: A Practice-Friendly Meta-analysis." *Journal of Clinical Psychology* 65, no. 5 (2009): 467–87.

Smallwood, J., and J. Andrews-Hanna. "Not All Minds That Wander Are Lost: The Importance of a Balanced Perspective on the Mind-Wandering State." *Frontiers in Psychology* 4 (2013): 441.

Smith, H. "Is There a Perennial Philosophy?" *Journal of the American Academy of Religion* 55, no. 3

(1987): 553–66.

Sneddon, L. U. "Evolution of Nociception in Vertebrates: Comparative Analysis of Lower Vertebrates." *Brain Research Reviews* 46, no. 2 (2004): 123–30.

Sneve, M. H., et al. "Mechanisms Underlying Encoding of Short-Lived Versus Durable Episodic Memories." *Journal of Neuroscience* 35, no. 13 (2015): 5202–12.

Snyder, S., and T. Rasmussen. *Practicing the Jhānas: Traditional Concentration Meditation as Presented by the Venerable Pa Auk Sayada.* Boulder, CO: Shambhala Publications, 2009.

Sobota, R., et al. "Oxytocin Reduces Amygdala Activity, Increases Social Interactions, and Reduces Anxiety-Like Behavior Irrespective of NMDAR Antagonism." *Behavioral Neuroscience* 129, no. 4 (2015): 389.

Soeng, M. *The Heart of the Universe: Exploring the Heart Sutra.* New York: Simon & Schuster, 2010.

Sofer, O. J. *Say What You Mean: A Mindful Approach to Nonviolent Communication.* Boulder, CO: Shambhala Publications, 2018.

Sokolov, A., et al. "The Cerebellum: Adaptive Prediction for Movement and Cognition." *Trends in Cognitive Sciences* 21, no. 5 (2017): 313–32.

Spalding, K. L., et al. "Dynamics of Hippocampal Neurogenesis in Adult Humans." *Cell* 153, no. 6 (2013): 1219–27.

Stafford, W. *The Way It Is: New and Selected Poems.* Minneapolis: Graywolf Press, 1999.

Szyf, M., et al. "The Social Environment and the Epigenome." *Environmental and Molecular Mutagenesis* 49, no. 1 (2008), 46–60.

Tabibnia, G., and M. D. Lieberman. "Fairness and Cooperation Are Rewarding: Evidence from Social Cognitive Neuroscience." *Annals of the New York Academy of Sciences* 1118, no. 1 (2007): 90–101.

Tabibnia, G., and D. Radecki. "Resilience Training That Can Change the Brain." *Consulting Psychology Journal: Practice and Research* 70 (2018): 59.

Taft, M. *The Mindful Geek: Secular Meditation for Smart Skeptics.* Oakland, CA: Cephalopod Rex, 2015.

Takeuchi, T., et al. "The Synaptic Plasticity and Memory Hypothesis: Encoding, Storage and Persistence." *Philosophical Transactions of the Royal Society of London, Series B, Biological Sciences* 369, no. 1633 (2014): 1–14.

Talmi, D. "Enhanced Emotional Memory: Cognitive and Neural Mechanisms." *Current Directions in Psychological Science* 22, no. 6 (2013): 430–36.

Tang, Y., et al. "Short-Term Meditation Training Improves Attention and Self-Regulation." *Proceedings of the National Academy of Sciences* 104, no. 43 (2007): 17152–56.

Tannen, D. *You Just Don't Understand: Women and Men in Conversation.* New York: William Morrow, 1990.

Tarlaci, S. "Why We Need Quantum Physics for Cognitive Neuroscience." *NeuroQuantology* 8, no. 1 (2010): 66–76.

Taylor, S. E. "Tend and Befriend Theory." Chapter 2 of *Handbook of Theories of Social Psychology,* vol. 1, edited by P. A. M. Van Lange et al. London: Sage Publications, 2011.

Teasdale, J., and S. Zindel. *The Mindful Way Through Depression: Freeing Yourself from Chronic Unhappiness*. New York: Guilford Press, 2007.

Thānissaro, B. *The Wings to Awakening*. Barre, MA: Dhamma Dana Publications, 1996.

Thompson, E. *Mind in Life: Biology, Phenomenology, and the Sciences of Mind*. Cambridge, MA: Harvard University Press, 2010.

―――. "Neurophenomenology and Contemplative Experience." In *The Oxford Handbook of Religion and Science*, edited by Philip Clayton. New York: Oxford University Press, 2006.

―――. *Waking, Dreaming, Being: Self and Consciousness in Neuroscience, Meditation, and Philosophy*. New York: Columbia University Press, 2014.

Thubten, A. *No Self, No Problem: Awakening to Our True Nature*. Boulder, CO: Shambhala Publications, 2013.

Tononi, G., et al. "Integrated Information Theory: From Consciousness to Its Physical Substrate." *Nature Reviews Neuroscience* 17 (2016): 450–61.

Torrisi, S. J., et al. "Advancing Understanding of Affect Labeling with Dynamic Causal Modeling." *NeuroImage* 82 (2013): 481–88.

Trautwein, F. M., et al. "Decentering the Self? Reduced Bias in Self- Versus Other-Related Processing in Long-Term Practitioners of Loving-Kindness Meditation." *Frontiers in Psychology* 7 (2016): 1785.

Treleaven, D. A. *Trauma-Sensitive Mindfulness: Practices for Safe and Transformative Healing*. New York: W. W. Norton, 2018.

Trivers, R. L. "The Evolution of Reciprocal Altruism." *Quarterly Review of Biology* 46, no. 1 (1971): 35–57.

Tully, K., and V. Y. Bolshakov. "Emotional Enhancement of Memory: How Norepinephrine Enables Synaptic Plasticity." *Molecular Brain* 3, no. 1 (2010): 15.

Uhlhaas, P. J., et al. "Neural Synchrony and the Development of Cortical Networks." *Trends in Cognitive Sciences* 14, no. 2 (2010): 72–80.

Ulfig, N., et al. "Ontogeny of the Human Amygdala." *Annals of the New York Academy of Sciences* 985, no. 1 (2003): 22–33.

Underwood, E. "Lifelong Memories May Reside in Nets Around Brain Cells." *Science* 350, no. 6260 (2015): 491–92.

Vago, D. R., and F. Zeidan. "The Brain on Silent: Mind Wandering, Mindful Awareness, and States of Mental Tranquility." *Annals of the New York Academy of Sciences* 1373, no. 1 (2016): 96–113.

Vaish, A., et al. "Not All Emotions Are Created Equal: The Negativity Bias in Social-Emotional Development." *Psychological Bulletin* 134, no. 3 (2008): 383.

Varela, F. J. "Neurophenomenology: A Methodological Remedy for the Hard Problem." *Journal of Consciousness Studies* 3, no. 4 (1996): 330–49.

―――, et al. *The Embodied Mind: Cognitive Science and Human Experience*. Cambridge, MA: MIT

Press, 2017.

Vieten, C., and S. Scammell. *Spiritual and Religious Competencies in Clinical Practice: Guidelines for Psychotherapists and Mental Health Professionals*. New York: New Harbinger Publications, 2015.

———, et al. "Future Directions in Meditation Research: Recommendations for Expanding the Field of Contemplative Science." *PLoS One* 13, no. 11 (2018): e0205740.

Walach, H., et al. *Neuroscience, Consciousness and Spirituality*, vol. 1. Berlin: Springer Science & Business Media, 2011.

Wallace, B. A. *Mind in the Balance: Meditation in Science, Buddhism, and Christianity*. New York: Columbia University Press, 2014.

———, and S. L. Shapiro. "Mental Balance and Well-Being: Building Bridges Between Buddhism and Western Psychology." *American Psychologist* 61, no. 7 (2006): 690.

Watson, G. *Buddhism AND*. Oxford, UK: Mud Pie Books, 2019.

Watts, A. W. *The Book: On the Taboo Against Knowing Who You Are*. New York: Vintage Books, 2011.

Weingast, M. *The First Free Women: Poems of the Early Buddhist Nuns*. Boulder, CO: Shambhala Publications, 2020.

Weker, M. "Searching for Neurobiological Foundations of Faith and Religion." *Studia Humana* 5, no. 4 (2016): 57–63.

Welwood, J. "Principles of Inner Work: Psychological and Spiritual." *Journal of Transpersonal Psychology* 16, no. 1 (1984): 63–73.

Whitlock, J. R., et al., "Learning Induces Long-Term Potentiation in the Hippocampus." *Science* 313, no. 5790 (2006): 1093–97.

Williams, A. K., et al. *Radical Dharma: Talking Race, Love, and Liberation*. Berkeley, CA: North Atlantic Books, 2016.

Wilson, D. S., and E. O. Wilson. "Rethinking the Theoretical Foundation of Sociobiology." *Quarterly Review of Biology* 82, no. 4 (2007): 327–48.

Winnicott, D. W. "Primary Maternal Preoccupation." In *The Maternal Lineage: Identification, Desire, and Transgenerational Issues*, edited by P. Mariotti. New York: Routledge, 2012, pp. 59–66.

Winston, D. *The Little Book of Being: Practices and Guidance for Uncovering Your Natural Awareness*. Boulder, CO: Sounds True, 2019.

Wright, R. *Why Buddhism Is True: The Science and Philosophy of Meditation and Enlightenment*. New York: Simon & Schuster, 2017.

Xiankuan (Donald Sloane). *Six Pathways to Happiness: Mindfulness and Psychology in Chinese Buddhism*, vol. 1. Parker, CO: Outskirts Press, 2019.

Yaden, D., et al. "The Varieties of Self-Transcendent Experience." *Review of General Psychology* 21, no. 2 (2017): 143–60.

Yogis, J. *All Our Waves Are Water: Stumbling Toward Enlightenment and the Perfect Ride*. New York: Harper Wave, 2017.

———. *Saltwater Buddha: A Surfer's Quest to Find Zen on the Sea.* Somerville, MA: Wisdom Publications, 2009.

Yuan, J., et al. "Diversity in the Mechanisms of Neuronal Cell Death." *Neuron* 40, no. 2 (2003): 401–13.

Zaehle, T., et al. "The Neural Basis of the Egocentric and Allocentric Spatial Frame of Reference." *Brain Research* 1137 (2007): 92–103.

國家圖書館出版品預行編目資料

心福潛能：經典智慧與科學驗證的七項幸福實踐法
則 / 瑞克．韓森作；鄭百雅譯. -- 初版. -- 臺北市：
三采文化股份有限公司, 2021.12
　面；　　公分. -- (Spirit；33)
譯 自：Neurodharma：new science,ancient wis-
dom,and seven practices of the highest happi-
ness.
ISBN 978-957-658-639-2(平裝)

1. 生理心理學 2. 靈修

172.1　　　　　　　　　　110013668

◎封面圖片提供：
Toria ╱ Shutterstock.com

suncolor
三采文化集團

Spirit 33

心福潛能：

經典智慧與科學驗證的七項幸福實踐法則

作者｜瑞克．韓森博士 Rick Hanson, PhD　　譯者｜鄭百雅
企劃主編｜張芳瑜　　特約執行主編｜莊雪珠
美術主編｜藍秀婷　　封面設計｜高郁雯　　內頁排版｜曾綺惠　　校對｜黃薇霓

發行人｜張輝明　　總編輯｜曾雅青　　發行所｜三采文化股份有限公司
地址｜台北市內湖區瑞光路 513 巷 33 號 8 樓
傳訊｜TEL:8797-1234　FAX:8797-1688　　網址｜www.suncolor.com.tw
郵政劃撥｜帳號：14319060　　戶名：三采文化股份有限公司
本版發行｜2021 年 12 月 17 日　　定價｜NT$480